KB148034

페이스북을
떠나
진짜 세상을
만나다

페이스북을 떠나 진짜 세상을 만나다

초판 1쇄 펴낸날 | 2015년 12월 10일

지은이 | 랜디 저커버그
옮긴이 | 구본권
펴낸이 | 이동국
펴낸곳 | (사)한국방송통신대학교출판문화원
03088 서울시 종로구 이화장길 54
전화 02-3668-4764
팩스 02-741-4570
홈페이지 http://press.knou.ac.kr
출판등록 1982년 6월 7일 제1-491호

출판문화원장 | 권수열
편집 | 장웅수
마케팅 | 이상혁
편집 디자인 | 티디디자인
표지 디자인 | 디자인붐

ISBN 978-89-20-01785-8 03320

값 15,000원

※ 잘못 만들어진 책은 바꾸어 드립니다.

이 도서의 국립중앙도서관 출판예정도서목록(CIP)은 서지정보유통지원시스템 홈페이지(http://seoji.nl.go.kr)와 국가자료공동목록시스템(http://www.nl.go.kr/kolisnet)에서 이용하실 수 있습니다.(CIP제어번호: CIP2015030984)

DOT COMPLICATED

페이스북을 떠나 진짜 세상을 만나다

기술과 삶의 균형을 찾아주는 행복 레시피

랜디 저커버그 지음 · **구본권** 옮김

지식의날개

"두 얼굴의 사나이?"

2014년 가을, 스티브 잡스가 숨진 지 3년이 지난 어느 날 그에 관한 새로운 사실이 알려졌다. 그가 10대인 자신의 세 아이들에게는 첨단 디지털 기기를 허용하지 않은 '구식' 부모였다는 사실이었다. 주변에서는 당혹감과 배신감이 섞인 반응을 보였다.

잡스에 관한 새로운 정보라서 흥미롭긴 했지만, 내 생각은 '이럴 수가?'가 아니라 '역시나'였다. 기자로서 정보기술(IT) 분야를 취재하면서 만나 온 이 분야 전문가와 경영자들의 일반적인 모습과 크게 다르지 않았기 때문이다. 정보기술 기업들은 디지털 기술이 우리들을 반짝이는 멋진 세상으로 데려다줄 거라고 밤낮 홍보해 대지만, 정작 이동통신 기업이나 포털, 게임업체에 다니는 임직원들을 개인적으로 만나 보면 뜻밖의 사실을 알게 된다. 이들은 여느 부모들과 달리 자녀들의 스마트폰과 인터넷 사용에 대해 엄격한 기준과 원칙을 적용하고 있는 경우가 많다. 아이폰이나 잡스가 사악한 게 아니다. 정보기술의 빛과 그늘을 함께 알고 자녀교육에서 이를 항상 염두에 두는 사람과, 이에 관련한 지식이 부족하고 광채에 눈이 멀어 어둠과 밤의 존재를 잊은 사람의 차이일 뿐이다.

나는 스마트폰이 가져다주는 변화를 숨가쁘게 따라가면서 보도하는 중에, 관련 전문가들에게서 거듭 확인되는 비슷한 풍경에 주목하게 됐다. 점점 더 많은 사람들이 스마트폰과 SNS를 쓰게 되었고, 더 많은 시간을 모바일에 접속한 채 보내는 게 일상인 세상이다. 스마트폰이 대중화되면서, 디지털 격차(digital divide)가 기기 보유 격차에서 디지털 기술 이해 정도에 따른 삶의 질 차이로 확대되어 나타나고 있다. 스마트폰과 SNS의 속성에 대한 이해를 지닌 현명한 사용자와 그렇지 않은 사용자들 간의 삶의 질 차이가 점점 벌어지고 있다. SNS에 개인적 정보를 올리거나 한때의 격정적인 감정을 분출한 뒤 두고두고 후회하는 사람들이 있는가 하면, 새로운 사람과 정보를 연결하고 즐기는 편리한 도구로 사용하는 현명한 사용자들이 있다.

스마트폰처럼 늘 휴대하면서 수많은 용도로 쓰이는 도구는 일찍이 없었다. 마법 같은 매력을 지닌 까닭이다. 하지만 스마트폰과 SNS만큼 이해되지 않은 채 널리 쓰이는 도구도 없다. 온갖 기능이 포함되어 있으면서 한 번의 터치로 세상 반대편에 있는 상대나 정보에 연결시켜 준다. 한 번 흔적을 남기면 지울 길도 없다. 뱃사람들을 유혹하는 세이렌(Seiren)의 노래처럼 치명적인 매력이다. 그런데 우리는 첨단기술의 밝은 쪽과 긍정적 기대만을 바라보고, 이 위험천만한 기술을 누구보다도 빨리 전면적으로 받아들여 왔다.

여기에서 디지털 사회의 문제가 생겨난다. 우리가 스마트폰과 SNS에 더 깊이 빠져들수록 심각성은 점점 더 커질 것이다. 이 문제에 대한 해결책을 찾기 위해 나는 사람과디지털연구소 설립을 제안하고, 디지털 기술을 유익하고 지혜롭게 쓰는 방법을 연구하고 알리는 '디지털 리터러시' 높이기 활동에 뛰어들었다.

디지털 세상이 지닌 두 얼굴을 알리기 위해 책을 쓰고 국내외의 다양한 자료들을 검토하다가 만난 랜디 저커버그의 이 책은 내가 생각한 용도에 안성맞춤이었다. 저자는 페이스북(Facebook) CEO 마크 저커버그(Mark Zuckerberg)의 누나다. 페이스북 초창기부터 요직을 거치면서 SNS가 불러오는 새로운 변화를 최일선에서 경험하고 전도사 노릇을 해 온 사람이다. 저자는 실리콘밸리 기업의 핵심 인력인 공학기술자가 아니라, 하버드 대학에서 심리학을 전공한 여성이다. 기술적 해결책과 효율성을 추구하는 실리콘밸리 정보기술 기업들의 주류 인력인 남성 기술자들이 주목하지 못한 '미묘한 인간관계'가 정보기술로 인해 어떻게 달라지는지를 제대로 볼 수 있는 눈을 가진 사람이었다. 페이스북의 '테키(Techie: 기술전문가)'로 일하던 그녀는 아기를 갖게 되면서, 디지털 기술에 대한 기존의 태도를 돌아보고 기술을 새로운 관점에서 바라보게 된다.

저자는 세계적 인터넷기업 한복판에서 맹목적으로 첨단기술을 수용하고 찬양하던 태도를 버렸다. 아기가 태블릿피시에서 눈을 떼지 못하는 현실을 목격하고는 깨달음을 얻게 된다. 랜디 저커버그는 한창 잘나가던 페이스북을 그만두고 나와 '저커버그 미디어'라는 자신의 회사를 세워 '디지털 리터러시'를 일깨우는 일을 시작했다. 이 책은 저자가 미국을 비롯한 세계 여러 나라를 돌아다니며 강연 투어를 하고, 관련한 사람들을 만난 경험을 바탕으로 만들어 낸 책이다.

정보기술에 관한 다른 책들과 달리, 이 책은 딱딱한 기술용어 대신 흥미로운 좌충우돌 경험담으로 가득하다. 또한 정보기술업계의 새로운 아이콘이 된 마크 저커버그의 누나가 생생하게 들려주는 페이스북의 기업 내부 이야기도 흥미롭다. 전형적인 실리콘밸리 기업인 페이스북의 초창기 멤버로서, 사람들을 좋아하며 도전 정신과 모험심이 풍부한 젊은 미국 여성이 겪는 솔직한 직장생활 분투기이기도 하다. 수다쟁이 친구 같은 랜디의 이야기를 즐겁게 따라서 읽다 보면, 디지털 세상과 SNS에서 사용자로서 명심해야 할 정보와 가치를 독자 스스로 깨닫게 된다. 그러고 나면 독자들은 스마트폰과 SNS를 사용할 때, 랜디 저커버그가 직장과 직업을 한순간에 바꾼 것처럼은 아닐지라도 저마다 새로운 결정과 시도를 하게 될 것이다.

구본권
사람과디지털연구소장

인생은 단 한 번뿐이다. 그래서 우리는 낯선 사람들에게 인정받기를 갈망하면서 날마다 15시간씩을 인터넷에 쏟아붓는다.

–@ChriaRockOz

지난 8년 동안 나는 기술과 모바일 기기 그리고 소셜 미디어가 어떻게 우리 삶의 모습을 변화시키고, 향상시키고, 복잡미묘하게 만들어 왔는지를 맨 앞줄에 앉아 지켜봤다. 친구들과 소통하는 방식에서부터 대통령을 선출하는 방법에 이르기까지, 또 어떻게 경력 관리를 해야 하는지부터 우리가 열정을 품고 있는 조직을 지원하는 방법에 이르기까지, 그리고 연애 상대를 구하는 방법부터 아이를 기르는 방법에 이르기까지 모든 게 달라졌다.

온라인에서 다른 사람들과 연결되는 지점은 새롭고 신선하고 아주 특별할뿐더러 모바일 기기로 도달할 수 있다는 점에서 거의 마술적이다. 우리가 지금 온라인을 통해 다른 사람들과 언제든지 연결될 수 있다는 사실은, 우리 자신을 둘러싼 세계를 돌아보거나 자기 삶을 즐기는 것마저 종종 잊은 채 스크린 너머의 사람들과 손쉽게 상호작용할 수 있는 세계로 재빨리 이동하게 만든다.

이 책에서 나는 이러한 놀라운 변화를 직접 목격한 사람으로서 내 경험을 독자들에게 소개하고 우리가 사는 세상을 소셜 미디어가 어떻게 변형시켜 왔는지에 대해 내가 관찰한 것을 다른 사람들과 공유하려 한다.

우리는 엄청난 기술을 손 안에 지니고 있다. 그러나 온라인으로 연결되려는 욕망이 오프라인에서의 삶과 관계를 방해하지 않도록 해야 한다. 전 세계 수백만 명의 사람들과 연결된다는 것과 바로 내 곁의 사랑하는 사람들과 함께 있는 것 사이에서 균형을 찾아야 한다.

그것은 물론 복잡미묘한 일이다.

지난 수년 동안 나는 '기술과 삶의 균형'이라는 개념에 대해 오래 생각해 왔다. 기술과 삶의 균형은 무슨 의미인가? 어떻게 그 균형을 찾을 수 있나? 지속적으로 연결되어 있고, 24시간 항상 스마트폰과 함께 있는 시대에 이런 균형이라는 게 과연 가능하기는 할까?

우정, 가족, 관계, 경력, 공동체 안에서 기술과 삶의 균형을 찾아나서는 데 대해 내 생각을 펼치기 전에, 내 인생의 짧은 순간에 불과했지만 균형 잡힌 삶을 살았던 몇 년 전 시절을 다음에서 소개하고자 한다. 오늘날 우리들에게 그렇게 많은 즐거움과 불안을 함께 선사한 바로 그 도구를 만들어 내기 위해 지칠 줄 모르고 맹렬히 일했던 때다.

어쩌면 당신은 소셜 미디어를 통해서 나와 연결되어 있기 때문에 이 책을 집어 들었을 수도 있다. 아니 어쩌면 당신은 처음부터 열성적인 페이스북 사용자였을지도 모른다. 그리고 어쩌면 당신은 필자인 나는 누군지 전혀 모르지만 내 동생 마크 저커버그만큼은 대단하다고 생각하는 사람일지도 모른다. 당신이 지금 왜 이 책을 읽고 있는지 모르지만, 어쨌거나 여기 존재한다. 어떤 사연으로 이 책이 당신의 손에 도달했는지 나는 모르지만, 이 모험에 함께할 수 있어서 고맙게 생각한다. 당신이 나에게 관심을 가져준다고 생각하니 떨리고 흥분된다. 이 책이 기술에 대해 관심을 기울이게 하고 첨단 기기를 성찰적으로 의미 있게 사용하는 방법에 대한 대화를 이끌어 내어 우리 삶을 진정으로 고양시킬 수 있게 되기를 바란다.

이 책은 한편으로는 개인적인 이야기이고, 일부는 미래에 대한 나의 생각이며, 한편으로는 우리 삶에서 기술과의 올바른 균형을 찾기 위한 안내로 이루어져 있다.

옮긴이의 글 … 5

책머리에 … 9

제 1 장 | 페이스북, 그리고 내 동생 마크 저커버그 … 15

모험의 시작 / 캘리포니아에서의 나날들

제 2 장 | 페이스북을 떠나 새로운 시작을 … 49

기술은 목적이 아니라 수단이다 / 디지털 기술을 두려워하는 당신에게

제 3 장 | 복잡미묘한 인터넷 세상 … 85

기술의 덫에 걸린 저커버그 패밀리 / 바로 지금이 터닝 포인트다

제 4 장 | 인터넷 세상의 자아 찾기:
진실은 언제나 힘이 세다 … 113

회색지대로 진입하다 / '사적인 것'과 '개인적인 것' 사이의 미묘하지만 중요한 차이

제 5 장 | 연결해야 할 때, 끊어야 할 때:
기술과 삶에서 균형을 찾는 법 … 133

관심을 화폐로 계산한다면 / 지금은 잠시 스마트폰을 내려놓을 때 / 삶은, 언제나 우선이다

제 6 장 | 페이스북 시대의 사랑:
진실하라, 사랑은 아직 변하지 않았다 … 163

데이트 현장을 생중계하는 사람들 / '태그'로 처리할 수 없는 친밀한 관계 / 당신을 공유하시겠습니까? / 되돌릴 수 없는 한 번의 클릭 / 자신의 프로필에 솔직하라 / 온라인에서 겪는 이별

제 7 장 | 인터넷 시대의 육아:
부모가 만들어 주는 아이의 좋은 디지털 습관 ... 197

우리의 어린 시절과 지금은 얼마나 다른가 / 디지털 네이티브인 우리 아이들을 위해 / 무엇을 어떻게 공유할 것인가 / 아이들에게 가르쳐야 할 9가지 규칙

제 8 장 | 일의 세계와 인터넷 공간:
진실한 나를 지키며 사는 법 ... 239

직업인로서의 나, 엄마로서의 나, 친구로서의 나 / 온라인에서 스스로를 매력적인 브랜드로 만드는 법 / 인터넷에서 발생한 문제에 대처하는 방법

제 9 장 | 인터넷 커뮤니티의 힘:
세상을 향한 선한 영향력 ... 275

시작은 미약하나 / 스토리텔링의 힘 / 글로벌하게 생각하라

제10장 | 모두가 미디어인 세상:
진실한 당신을 방송하라 ... 309

기술은 새로운 대중문화다 / 다시 문제는 콘텐츠다 / 커뮤니케이션 도구, TV와 인터넷

맺는말 ... 347

일러두기

* 본문의 각주는 모두 옮긴이의 주입니다.

제 1 장

페이스북,
그리고 내 동생 마크 저커버그

• • •

2005년 여름의 그 운명적인 저녁, 텅 빈 페이스북의
조용한 사무실에서 내 인생의 새로운 장이 시작되고 있었다.
오늘날 사람들은 내게 묻는다. "지금 당신이 알고 있는 것을
그때도 알고 있었다면 다른 결정을 했을까요?"

• • •

인생에서는 모든 게 변하는 순간이 있다.

때로는 이런 순간이 숨어 있다가 난데없이 나타난다. 어떤 때는 멀리서부터 다가오기도 하지만, 천천히 예측한 대로 도달해서 이런 변화가 전혀 놀랍지 않은 경우도 있다.

그리고 어떤 때 이 순간은 당신이 입을 다물지 못한 채 가슴 속 생각을 쏟아 내는 순간처럼 가장 우연적이고 놀라운 기회가 되기도 한다. 내 인생이 바뀐 그 순간은 2011년 4월 20일이었다.

그날 아침 페이스북 사무실의 내 책상에 앉아 업무를 보면서 나는 이 날이 내 인생에서 가장 중요한 날이 되고, 내 꿈과 경력 그리고 기술과 사회에 대해 다양한 방식으로 내 생각을 규정하게 되리라고는 전혀 예상치 못했다. 그러나 나는 이 날이 아주 특별한 날이 되리라는 것은 이미 느끼고 있었다. 혹은 적어도 아주 독특한 날이 되리라는 것은.

그날 나는 하던 일을 중단하고 책상 앞에 앉아 잠시 쉬고 있었다. 피곤하게 하루를 시작하지는 않았다. 더구나 나는 모닝커피를 마시지 않아도 항상 일할 준비가 돼 있을 정도로 매우 활기찬 타입의 아침형 인간이다. 그러나 나는 당시 임신 35주째였고, 아기 몸무게는 마치 50파운드(약 23kg)나 되는 것처럼 느껴졌다.

거의 80시간 가까이 계속 일을 하는 중이었고, 업무는 가까스로 제자리를 잡아가고 있었다. 책상은 촬영 계획서와 무대 배치도 그리고 배달시켜 먹은 음식 포장들로 가득했다. 나는 의자에 털썩 주저앉아 잠시 스스로를 추스르고 있었다.

갑자기 서류 더미가 붕붕거리기 시작했다. 전화기를 찾으려 서류 밑을 성급하게 더듬었고 이내 전화기를 찾아 귀에 댔다.

"랜디!!!" 열정적인 목소리가 울려나왔다. "나 론이야."

실리콘밸리의 전설적인 벤처투자가인 론 콘웨이(Ron Conway)였다. 그를 위해서라면 어떤 경우에라도 항상 시간을 낼 수 있는, 내 소중한 친구다. 정확히 말하면, '항상'은 아니고 '거의 대부분'의 경우에 말이다. 그때 나는 지친 상태로 의자에 걸터앉아 있었다. 이른 시간인데다 그런 활기찬 인사를 응대하기에는 너무 지쳐 있었다.

"안녕, 론." 나는 실제 상태보다는 덜 무겁게 들리길 바라며, 가능한 한 활기찬 목소리로 대답했다. "웬일이야?"

론은 잠시 멈칫했다. 그리고 언제나처럼 진지하고 진심 어린 태도로 말했다. "있잖아, 랜디. 대통령 방문 행사 때 엠시 해머(M.C. Hammer)*

* 1962년생으로 본명 스탠리 커크 버렐인 미국의 전설적 래퍼이자 힙합 · 댄스 가수. 1991년 발표한 「투 레짓 투 큇(Too Legit to Quit)」으로 공전의 히트를 기록했으며, 2012년 말 아메리칸 뮤직 어워드(AMA)에서 싸이와 함께 「강남스타일」과 「투 레짓 투 큇」을 리믹스한 공연을 선보이기도 했다.

자리도 하나 만들어 놔 줘!"

잠시 동안 머릿속은 내가 방금 들은 말이 터무니없다는 생각에 혼란스러웠다. 그러고 나서는 웃음이 났다. 갑자기 심한 피로가 몰려왔다.

페이스북 본사를 향한 대통령의 자동차 행렬은 이미 출발해서 오고 있었다. 그리고 이 날은 내가 오랫동안 기다려 온 내 인생 경력 최고의 날이었다.

백악관에서는 정확히 2주 전에 전화를 받았다.

영화 대본을 검토해 달라는 사람들이나 페이스북 임원들과 접촉하려는 사람들, 또는 우리 측과 공동 행사를 마련하고 싶어하는 사람들이 종종 페이스북을 통해 나와 접촉하고 있었다. 대부분의 제안은 받아들일 만하지 않았고, 나는 하루에도 수십 차례 공손하게 거절해야 했다.

그런데 난데없이 백악관 공보담당 부서에서 전화를 해 온 것이다. 백악관은 내가 만드는 「페이스북 라이브」 몇 편을 시청한 뒤 2주 뒤에 있을 오바마 대통령의 타운홀(town hall) 행사를 페이스북이 개최하는 게 어떤지 의향을 물어 왔다.

백악관의 전화를 받는 것은 날마다 있는 일이 아니다. 비록 나는 행사를 치르는 것이 산을 옮기는 일만큼이나 힘들고, 우리에게는 텅 빈 창고 건물과 카메라 2대밖에 없다는 것을 알고 있었지만, 유일하게 가능한 합리적 방안으로 대응할 수밖에 없었다. 그것은 그 자리에서 바로 동의하는 것이었다.

대통령은 단지 페이스북 회사를 방문해 직원들과 대화를 하고자 하는 게 아니라, 「페이스북 라이브」 행사의 일부인 웹사이트를 통해 사람들이 제출한 질문에 답변하는 것도 하고 싶어 했다. 타운홀 미팅은 생방송으로 인터넷 스트리밍이 되어야 하고 사람들은 페이스북을 시청하면서 질문을 할 수 있어야 했다. 이는 단지 이목을 끌기 위해 대충 할 수 있는 일이 아니었다. 대통령은 성장을 위해 투자를 유지하면서 재정적자를 줄이는 전략을 담은 새 경제정책을 알리기 위해 전국 투어를 하는 중이었다. 페이스북 방문도 그 일환이었다. 대통령으로서는 정치적으로 만만치 않은 시기였고, 의회에서 공화당 의원들을 상대로 승리할 수 있을지는 불투명한 상황이었다.

어쨌든 페이스북에는 결정적 순간이었다. 대통령은 국민과 소통하기 위해 다양한 채널을 이용할 수 있었다. 하지만 활용할 수 있는 모든 웹사이트 중에서, 또 모든 TV 채널 중에서, 그리고 모든 라디오방송 중에서 오바마는 전 국민을 상대로 직접 이야기하기 위한 최선의 방법으로 페이스북을 선택했다.

권력과 드라마 그리고 기술, 이것들은 모두 페이스북을 위한 기념비적인 마케팅 순간을 구성하는 재료들이었다. 행사의 기초적인 세부사항을 얼른 정리한 다음 내 머릿속은 2주 뒤 페이스북에서 대통령을 맞이하기 위해 어떤 일들을 할 수 있고 또 해야 하는지 그 모든 가능성을 향해 달려가고 있었다.

우리는 13일 동안 쉬지 않고 일했다. 날마다 미친 듯이 흥분되는 한편 두려움에 빠져서 이튿날로 이어지는 회오리의 연속이었다. 나와 팀원들은 끊임없이 전화로 의사전달을 해야 했고 회의에도 끝없이 참석해야 했으며, 에스프레소 커피와 에너지 음료를 달고 사는 생활을 했다. (임신한 내게는 디카페인 커피와 허브티였다). 우리는 백악관과 함께 실행 계획과 보안 대책을 세웠는데, 아무것도 함부로 건드려서는 안 되었다. 사람들이 이 행사를 페이스북 사이트에서 언제 어떻게 청취해야 하는지를 알 수 있도록 마케팅하는 방법도 찾아야 했다. 누가 참석할지, 어떤 방식으로 질문을 수합할지 그리고 대화에 초점을 맞추려면 어떻게 해야 할지에 대해 결정해야 했다.

페이스북의 창업자이자 최고경영자(CEO)인 내 동생 마크 저커버그가 지휘자 역할을 했다. 그러나 사실은 어느 날 내가 전화를 받은 게 전부였다. 우리는 심지어 적절한 행사장조차 확보하지 못했다. 우리가 타운홀 미팅에 적합하다고 생각한 곳이 딱 한 군데 있었는데, 그곳은 페이스북 복합 사무동 단지에 있는 커다란 빈 창고였다. 그곳에는 타운홀 미팅을 위해 대통령을 맞을 장소에 어울릴 만한 각종 비품이나 기술적 장비가 전혀 갖춰져 있지 않았다.

우리는 그 창고를 전면 개조해 기능을 갖춘 스튜디오와 강당으로 바꿔야 했다. 이런 일을 수행할 일꾼들을 찾아야 했다. 카메라를 운영할 사람들도 필요했다. 사실은 여러 대의 카메라, 조명, 오디오 시설도 갖춰야 했다. 대통령의 메시지를 전 세계로 방송하기에 부족함이 없는 빠르고 안정적인 인터넷 연결도 필수적이었다.

14일째 되던 날까지 나는 짧은 낮잠과 간단히 요기할 때의 휴식을 빼고는 거의 80시간을 쉬지 않고 일했다. 마침내 의자가 놓였고, 보안팀은 마지막 점검을 끝냈으며, 카메라 장비들은 테스트에 테스트를 거듭했다. 나는 대통령을 맞이하는 데 어울리는 옷차림을 갖추기 위해 행사 당일 아침에야 비로소 집에 갈 수 있었다. 하지만 멋진 정장바지 차림을 할 수는 없었다. 여기는 실리콘밸리고, 나는 페이스북 고유의 방송용 의상을 차려입어야 했는데, 그것은 모조 보석으로 페이스북 로고를 새긴 우리의 상징인 반짝이는 티셔츠와 청바지였다.

그러고는 즉시 업무 모드로 돌아왔다. 그동안 행사 준비에 중대한 역할을 해 온 동료 앤드루 노이스(Andrew Noyes)가 페이스북 사무실에서 몇 블록 떨어져 있는 우리집까지 와서 행사를 완수하기 위한 최종 점검을 마쳤다. 앤드루의 방문에 고무됐다. 비록 며칠 동안 한잠도 못 잤지만 나는 지금이 얼마나 중요한 순간인지 생각하면서 정신은 또렷했고 에너지는 넘쳐났다.

사무실까지 걸어오는 길에 우리는 안테나를 하늘로 향하고 전파를 쏠 준비를 하고 있는 위성방송 장비를 실은 트럭을 여러 대 만났다. 트럭 지붕 위에 배치된 저격용 총기들이 어두운 윤곽을 어렴풋이 드러내고 있었다. 모든 곳에는 보안용 바리케이트와 순찰차가 배치되어 있었고 많은 사람들이 레이밴 선글라스 광고처럼 파트별로 오디션을 받고 있었다. 머리 위에는 경찰 헬리콥터가 선회하면서 요란한 소리를 냈다.

기진맥진해 하면서도 동시에 에너지가 넘쳐 났다. 나는 책상 앞에 서서 몇 가지 마지막 질문들에 대답하면서 일대 혼란이 일사분란하게 잘 관리되고 있는 모습을 유리창을 통해 지켜보고 있었다. 그때 론이 전화했다.

"있잖아, 랜디. 엠시 해머가 대통령과 자리를 함께할 수 있게 좀 해줘."

나는 웃으며 말했다. "론, 잠시만 기다려봐."

그러고는 허리에 달고 있는 무전기를 꺼내, 티켓 발권 업무를 보는 동료에게 무전을 했다. "말로리(Malorie)? 모린(Maureen)? 응답하라. 엠시 해머가 온다는데 자리를 마련할 수 있나?"

잠시 뒤 대답이 왔다. "알았다(Roger). 엠시 해머를 위한 좌석 하나 구해뒀다."

나는 다시 휴대폰으로 옮겨 "물론이지, 론. 해머 자리 마련됐어"라고 말했다.

그러고 나서 나는 천여 명의 직원들이 소리질러 대는 막바지 위기의 순간을 관리하느라 애를 먹었다. 이제 제대로 시작이었다.

몇 시간 뒤 나는 청중석에 앉아 있었다. 청중은 숨을 죽이고 대기하는 중이었다. 우리는 대통령이 들어오기를 기다리고 있었다. 한구석에서 엠시 해머가 휴대폰으로 사진을 찍고 있는 게 눈에 들어왔다.

나는 몹시 예민해 있었다. 지금 이 순간을 위해 우리는 그토록 많은 시간 동안 정성을 쏟아 온 것이다. 불안할 정도로 기대치가 높았다. 만약에 잘 진행되면 승리는 달콤할 것이다. 그러나 만약 망치면 ……. 글쎄 나는 생각도 해보지 않았다. 너무 많은 게 걸려 있었다.

"그런데, 언제가 예정일인가요?" 속삭이는 음성이 들렸다.

내 뒤에는 낸시 펠로시(Nancy Pelosi)*가 앉아 있었다.

"음, 다음 달이요."

낸시는 열정적으로 자기 손주들에 대해 이야기하기 시작했다. 나는 낸시를 좋아했고, 분위기를 띄우려고 대통령보다 먼저 낸시를 라이브

* 연방 하원 의장을 지낸 민주당의 거물 여성 정치인.

스트리밍으로 인터뷰하기까지 했다. 그러나 그 순간 나는 집중이 안 되는 걸 느끼고 그녀와의 대화를 중단했다. 이벤트가 시작되기만을 바랐다. 기다림은 고통스러웠다.

마침내 대통령이 도착했다. 모두 일어서서 환호했다. 실리콘밸리의 평범한 기술자들을 상대로 연설하러 온 미국 대통령 앞에 앉아 있는 낯선 경험에는 그 누구도 집중하지 않을 수 없었다.

마크가 대통령을 반갑게 맞은 뒤 두 사람은 스툴(등받이가 없는 높은 의자)에 마주 앉았다. 실내가 조용해졌다.

대통령이 말문을 열었다. "무엇보다 먼저 페이스북이 이런 자리를 마련해 줘서 대단히 고맙습니다. 내 이름은 버락 오바마인데, 나는 마크에게 재킷을 입히고 넥타이를 매게 만든 사람입니다."

장내는 단숨에 웃음바다가 됐다. 그러나 나는 자제력을 잃지 않고 냉정을 찾으려 최선을 다하고 있었다. 모든 악조건에 맞서서 우리는 해냈고, 아주 훌륭하게 진행되고 있었다. 이 순간에 이르기까지 정말 놀라운 여정이었다.

페이스북은 대학 기숙사 방에서 태어났다. 처음에는 선견지명이 있고 미래 지향적인 대학생 팀에 의해 운영되다가 나중에 꿈과 아이디어에 매혹된 노련한 전문가 집단이 참여했다. 누구도 예측하지 못할 정도로 페이스북은 급속히 성장했다. 우리는 사람들을 연결함으로써 수백만 명에게 목소리를 전달할 수 있고, 개인과 조직 간의 관계를 변화시키고, 모든 사람들이 소중한 사람들에게 더 가까이 갈 수 있도록 도움을 주었다. 매일 아침 일어날 때마다 사람들을 더욱 사회적인 존재로 만들고자 했고, 날마다 그 임무를 위해서 숨 쉬며 살았다.

그리고 믿기 힘들게도 미국 대통령이 자신의 어젠다를 설명하기 위해서 페이스북을 방문했다. 나에게 있어 당시는 경력이 빛을 발하는 순간이기는 했지만 그것은 매우 개인적인 측면의 일이었다. 그와 동시에 한편으로는 훨씬 커다란 변화가 일어나고 있었다.

마크 저커버그는 멋졌고 아주 침착했다. 오바마 대통령은 설득력 있었고 카리스마와 에너지가 넘쳤다. 초반에는 오바마가 승기를 잡을 수 있을지에 대한 의구심도 있었다. 당시는 대통령의 첫 번째 임기 중 지지율이 낮은 때였고, 오바마의 지지자들 대다수가 상실감을 느끼던 때였다. 하지만 행사가 진행되면서 그들의 걱정은 금세 사라졌다.

오바마는 승기를 잡는 것 이상이었다. 오바마는 더 큰 목표를 품었고 더 많은 청중을 만났다. 오바마는 페이스북을 통해 모든 사람들을 상대로 말하기 위해서 온 것이었다. 오바마는 마크에게 농담을 하고 다양한 질문들에 대해 골똘히 생각하면서 집중했지만, 그의 시선은 실내 곳곳에 비치된 카메라로 돌아와 줄곧 눈을 맞췄다. 미국의 경제전략이 결정될 수도 있는 토론이 벌어지는 자리였다. 전국의 거실과 사무실, 기숙사 그리고 커피숍에서 사람들은 온라인으로 대통령의 타운홀 미팅을 시청하기 위해 모여들었다. 그리고 오바마는 국민들에게 이야기할 때 주저하는 태도를 보이지 않았다.

"여러분들 중에는 2008년 선거운동에 직접 참여했거나 선거에서 저에게 투표했지만 지금은 실망하는 분들이 있다는 걸 알고 있습니다. …… 이전에 우리는 훨씬 힘든 시기를 지나왔다는 것을 기억하고 있습니다. 우리는 항상 상승세로 나아갔으며 언제나 정상에 우뚝 서 왔습니다. 만약 우리가 함께한다면, 이 모든 문제를 해결할 수 있습니다. 하지만 나 혼자서는 할 수 없습니다."

청중은 환호했다. 나도 마찬가지였다.

그러나 나는 오바마에게 동의하기 때문에 대통령에게 박수를 보낸 것은 아니었다. 미팅룸 외부에 있는 사람들에게 이 순간을 전달해 주고 있는 나의 카메라들을 향해 환호한 것이었다. 먼지 가득한 창고를 대통령에게 어울리는 타운홀 미팅룸으로 탈바꿈시키기 위해 함께 일한 멋진 동료들을 위해 박수를 보낸 것이었다. 나는 우리가 해낸 순전한 용감무쌍함에 박수를 보냈다. 과연 치러낼 수 있을지조차 불투명한 상태에서 이벤트를 개최해 달라는 제안을 받아들이고 어려운 작업을 기꺼이 맡아 빠르고 민첩한 처리를 통해서 이 모든 일들을 가능하게 만든 것이었다.

나중에 대통령과 청중이 돌아간 뒤 나는 이 행사가 페이스북 사상 최대 규모의 라이브 스트리밍 이벤트였다는 데 생각이 미쳤다. 각종 수치들은 기존 기록을 훌쩍 넘어섰다.

그날 아침 느꼈던 피곤함은 완전히 사라졌다. 활력이 솟고 성공으로 원기가 왕성해지는 것을 느꼈다. 페이스북의 우리 모두는 기술로 위대한 일을 해냈다. 물론 나는 페이스북의 엔지니어들과 제품 디자이너들이 세상을 변화시키고 있다고 항상 생각하고 있다. 그러나 이번 행사는 실제적이고 즉각적이었다. 우리는 페이스북을 이용해 미국 시민들에게 민주적 경험이 가능하도록 수많은 도달 수단을 사용하고 동시에 수백만 명이 정치적 결정을 원활하게 내리도록 한 것이었다.

페이스북에서의 대화가 있던 그날, 대화는 실리콘밸리에서의 편협한 경쟁에 관한 게 아니었고, 기술자 팀 사이에서 최근 유행하는 농담이나 다음번 제품 출시계획에 관한 것도 아니었지만, 그만큼 어쩌면 그보다 훨씬 더 중요한 것이었다. 사람들은 커다란 이슈에 대해 말하고 있었다. 페이스북 안과 밖에서 우리는 사람들을 감동시키는 순간을 만들어 낸 것이다. 나는 그때까지 쉬지 않고 거의 90시간을 일했다. 타운홀 미팅의 세트는 이미 해체되었고 우리 팀은 그날 하루 휴가를 받았다. 집으로 돌아갈 시간이었다.

팔로알토(Palo Alto)의 거리를 따라 천천히 걸었다. 이날 나는 차를 탈 수 없었다. 거리 전체는 봉쇄됐고 운전은 말할 것도 없었다.

천천히 현실로 돌아왔다. "그래, 이게 바로 나야."

머릿속이 복잡해져서 걸었다. 불안감을 몹시 느꼈다. 오늘은 지난 2주 동안 쉼 없는 격무 끝에 멋진 성공과 질주를 이룬 날이었다. 그러나 이처럼 행복감 넘치는 순간에 주어진 보상 속에서 나는 무언가 도전하고 싶다는 느낌이 들었다. 내가 집에 도착했을 무렵 머릿속에서는 무엇인가 새로운 생각이 맹렬하게 꿈틀거리고 있었다. 골목을 지나 집 현관에 들어섰다. "브렌트(Brent)?" 문을 열면서 남편을 불렀다.

부엌에서 부스럭거리는 소리가 들렸다. 낯익은 털북숭이 얼굴이 구석에서 나타났다.

"비스트(Beast)!" 반갑게 소리쳤다. 마크의 강아지였다.

또 다른 친근한 얼굴이 나타났다. 마크였다. 아까 내 동생에게 그렇게 어울리지 않아 보였던 정장과 넥타이는 사라지고 없었다. 마치 그의 상징과 같은 티셔츠에 청바지 차림으로 되돌아와 있었다.

"안녕." 마크가 말했다. "비스트와 산책을 하다가 잠깐 들렀어." 마크는 몇 블록 떨어진 곳에 살았고 저녁에 종종 강아지를 데리고 산책을 하곤 했다.

나는 들고 있던 가방을 바닥에 털썩 내던졌다. 갑자기 뱃속에서 아기가 발길질을 해 댔다.

"오늘 정말 잘했어, 누나." 마크가 말을 이어갔다. "진짜 대단한 버팀목이었어. 놀라울 정도였다고 다들 그래. 누나가 단 2주 만에 이걸 해냈다는 게 믿어지지 않아."

그때 일이 일어났다.

"마크 ……." 나는 천천히 말을 꺼냈다. "오늘은 내가 페이스북에서 경험한 최고의 순간이었어." 다음에 무슨 말을 할지 생각하려고 잠시 뜸을 들였다. 그러고 나서는 순조롭게 풀어나갔다.

이번 일이야말로 내가 하고 싶어 했던 종류의 일이었다는 것. 그리고 이번 일을 통해 웹을 위해서 만들어지고 다른 세대를 위해 생산된 놀라운 콘텐츠를 수백만 명에게 도달하게 해 주는, 프로그래밍의 살아 있는 미래를 볼 수 있었다는 것. 또한 이 순간을 위해 일했던 낮과 밤의 순간은 내게 나의 진정한 열정이 무엇이었는지 알게 해 주었으며, 이는 페이스북에서의 내 역할 또는 페이스북 자체를 넘어서는 무엇이었다는 사실. 그리고 나를 진정 행복하게 만들 무엇인가를 찾아냈고 나는 항상 이러한 일을 하기를 희망해 왔으며, 앞으로도 계속 나의 열정을 추구하고 싶다는 이야기들을.

그러고 나서 내 입에서는 너무 빠르게, 준비되지 않은 채 말이 튀어나왔다.

"나 그만 둘래."

잠시 허공에 말이 걸려 있는 듯한 느낌이었다. 갑자기 나 자신에 대한 공포와 자의식이 생기면서, 잠시 멈칫했다. 나는 그동안 한 번도 이런 일을 소리 내어 말해 본 적이 없었다. 이 말을 하기 전까지 내가 진짜 이렇게 느끼고 있다는 사실조차 알지 못했다. 방금 내가 한 말을 다시 입속으로 되돌려 놓고 싶다는 생각도 반반인 상태로 현관 입구에 서 있었다.

마크가 나를 빤히 쳐다보았다. 비스트도 나를 쳐다봤다. 나는 웃음이 나오는 걸 참았다. 털북숭이 비스트는 너무 귀여워서 그 어떤 진지한 대화에도 어울리지 않았다.

마크는 아무리 당황해도 그 순간이 심장 박동 한 번 이상 지속되지 않는 사람이다.

"누나, 정말로 그만두고 싶어?" 마치 예상이라도 한 듯 침착하게 물었다.

나는 잠시 머뭇거렸다. 지난 5년 반 동안 광란의 롤러코스터 탑승과 같았던, 페이스북에서 함께 했던 모든 사람들과 순간들에 대해 생각했다. 잠시 동안 내 마음은 수백 가지 다양한 기억과 감정을 빠르게 스쳐 갔다.

말할 수 있을 것이라고 나 스스로 한 번도 생각지 않았던 말을 한 것에는, 그리고 왜 그토록 불안감을 느꼈는지에는 이유가 있었다. 이런 생각과 감정은 내 안에서 오랫동안 자라오고 있었기 때문이다.

나는 페이스북 시절을 그리워할 것이지만 떠나는 게 두렵지는 않았다. 다른 길로 접어드는 기회를 잡은 게 그때가 처음은 아니었으니까.

| 모험의 시작

나는 1982년 뉴욕 돕스페리(Dobbs Ferry)에서 태어났다. 전형적으로 평범한 (말하자면 약간은 중상류층인) 가정에서 자라났다. 4남매 중 맏이인 내 뒤로 마크, 도나(Donna)에 이어 막내 애리얼(Arielle)이 태어났다. 부모님은 모두 의사다. 엄마 캐런(Karen)은 정신과 전문의로, 의대생 시절에 나와 마크를 출산하고 나서 울어 대는 젖먹이 둘을 기르면서 철야 당직을 서는 힘든 레지던트 시절을 거쳤다. 아빠 에드워드(Edward)는 치과의사인데, 우리 집 1층이 병원이다. (출퇴근이 편해서였을까?)

우리 동네는 맨해튼 북쪽으로 약 40분 거리에 있는 조용한 교외로, 1970년대에 지어진 바닥 높이가 서로 다른 집들이 한적하게 들어서 있었다. 나무가 줄지어 선 도로에는 축구 유니폼을 입은 아이들을 태우고 다니는 미니밴들이 있었다. 뉴욕 돕스페리는 전형적인 대도시 교외 지역이다.

유년기와 청소년기 그리고 대학에 입학할 때까지 대부분의 시간은 매우 평범했다. 겨울이면 우리 가족은 스키를 타러 갔다. 여름에는 엄마아빠가 네 남매를 배에 태워 여름캠프에 보냈다. 나는 부모님에게 모든 게 나무로 만들어진 '나무가시 공원(splinter park)'에 우리를 데려가 달라고 간청하곤 했다. 그 공원에 갔다 오면 항상 몇 시간 동안 나무가시를 찾아 뽑는 수고가 뒤따랐다. 수두에 걸려 온 가족을 전염시키기도 했는데, 그때 막내 애리얼은 겨우 6개월 된 아기였다. 그리고 나는 동네에 있는 아즐리(Ardsley) 공립학교에 입학했고, 이후 호러스 맨 스쿨(Horace Mann School)로 전학을 갈 때까지 매일 아침 의무적으로 '콩코드 로드' 주제가를 불렀다.

사람들이 나를 일종의 야심가였다고 기억할 거라는 생각이 든다. 피아노 교습을 받던 시절 나는 교습시간 대부분을 선생님의 피아노 반주에 맞춰 노래를 부르게 해 달라고 선생님과 협상하기도 했다. 나는 크로스컨트리 달리기를 했는데 달리는 나를 따라서 부모님이 차를 운전하면서 페이스를 유지할 수 있게 했다. 덕분에 나는 육상 대표팀의 훈련 강도를 경험할 수 있었다. 학교 연극, 마을공동체 연극, 여름캠프 연극 등 실제로 내가 참여하는 모든 쇼에서 나는 연기하고 노래를 불렀다. 고등학교 때는 흥미를 더 넓혔다. 오페라에 대해 배우고 노래하는 것에 푹 빠졌고, 학교 펜싱 대표팀에 들어가 나중에 주장이 되었다. 고교시절에는 매우 열심히 공부해서 좋은 성적을 받았고 1999년에는 아무런 특별한 연고나 가산점이 없었지만 하버드 대학 입학 허가를 받았다. 우리 가족 중 처음으로 아이비리그에 들어간 것이다. 오늘날까지 나는 우리 가족 중 아이비리그를 실제로 졸업한 유일한 사람이기도 하다.

사람들은 늘 내게 "자랄 때 네 남동생과 어땠어? 어린 시절부터 마크는 거대한 기업을 시작하려는 계획이 있었는지 말해줄 수 있어?"라고 묻는다. 답변은 평범하고 간단하다. '아니요'이다. 우리는 지극히 평범하고 행복한 가족일 따름이었다. 게다가 이것은 우리 집 다른 가족들은 전혀 안중에도 없는 질문이다. 나는 우리 가족 모두가 하루쯤은 막내 여동생을 위해서 정성을 쏟아야 한다고 생각하고 있다.

2003년 4월로 돌아가 보자. 대부분의 시간을 하버드 대학에서 전공인 심리학을 공부하면서 보냈고 내가 사랑하는 아카펠라 그룹 하버드 오퍼튠스(Harvard Opportunes)에서 노래를 불렀다. 나의 하버드 시절은 이제 끝나가고 있었다.

친구들과 동급생들은 졸업을 앞두고 준비해야 하는 게 뭔지를 보여주고 있었다. 봄 방학이 지난 뒤 마지막 남은 광란의 몇 주 간은 날마다 점심약속과 파티가 있었고, 하버드 스퀘어는 기쁨에 들뜨고 흥분한 사람들과 수많은 원대한 계획을 가진 사람들로 북적였다. 이 모든 원대한 야망과 이후에 진행된 일들은 매킨지(McKinsey), 골드만삭스(Goldman Sachs), 제이피 모건(JP Morgan), 딜로이트(Deloitte) 같은 이름들로 마무리되었다. 모든 사람들이 월스트리트나 K스트리트*로 가서 금융이나 컨설팅 분야에서 일하는 걸 목표로 삼는 것으로 보였다. 친구들과의 대화는 미래의 이력서에 대한 요약과 별로 다르지 않았다.

가끔 대화 차례가 나를 향할 때도 있었다. "그래 너는 어디로 취업할 생각이니? 랜디."

나는 웃으면서 변명처럼 여겨지게 말했다. "아직 결정 못했어. 뭔가 창조적인 분야에서 일하고 싶어."

종종 이런 말을 하면 멍하게 빤히 바라보는 시선을 마주하게 마련이다. 당시 캠퍼스 인재모집 행사의 대부분은 컨설팅기업과 투자은행 위주로 진행되었다. 다른 종류의 직업이 존재한다거나 다른 형태의 보상이 주어지는 직업을 찾는 것조차 나의 하버드 동료들에게는 불가능해 보였을지 모른다. (실로 충격적인 일이다.)

하지만 어떠한 경우에도 나는 단념하지 않았다. 나는 양적 분석과

* 미국 대통령과 가족이 거주하는 워싱턴 D.C. 백악관 뒤에 있는 거리로, 미국 정재계 로비스트들의 집결지다.

통계학에는 전혀 흥미가 없었고 하루 종일 스프레드시트를 쳐다봐야 한다는 건 생각만으로도 끔찍했다.

졸업을 몇 주 앞두고 뉴욕에 있는 광고회사와 마케팅 기업들을 대상으로 구직 활동에 나섰다. 언젠가 아버지는 자신의 환자 중에 제이 월터 톰슨(J. Walter Tompson) 광고대행사에 다니는 사람이 있는데 나를 취업 인터뷰에 추천해 준다고 했다며 흥분해서 내게 말했다. 진짜 달콤한 기분이었다. 의사인 부모님은 내가 원하는 직업을 가질 수 있도록 도와주고 싶어 했지만, 광고나 마케팅 기업에는 연줄이 닿지 않았다. 아직도 부모님은 어떻게든 가능한 길이 있으면 도와주겠다며 종종 감정이 고조될 정도로 매우 열성적이다.

몇 주 뒤 나는 제이 월터 톰슨으로 걸어 들어가서 인터뷰 상대와 신뢰감 가득한 악수를 교환하고 딱딱하지만 친근한 눈 맞춤을 충분히 나눴다.

나를 인터뷰한 사람은 미소를 지으면서 "강력하게 추천을 받으셨네요"라고 말했다.

나도 웃음으로 화답했다. 그리고 나는 테이블에 놓인 내 이력서에 붙은 포스트잇 메모가 뒤집혀 있는 것을 읽고서 합격이 보장되었다는 느낌을 받았다. 포스트잇에는 "치과의사의 딸. 호의적인 인터뷰 부탁합니다. 고맙습니다!"라고 메모되어 있었다.

하지만 나는 합격하지 못했다.

그 뒤로 나는 몇 차례 더 이력서를 냈지만 합격 통보를 받지 못했고, 맨해튼에 있는 광고회사 오길비 앤 마더(Ogilvy & Mother)의 데이터통계팀 채용 인터뷰에 응했다. 물론 나는 좀 전에 통계학에 대해 내가 말한 걸 기억한다. 하지만 나는 내가 연기를 잘한다고 여겼고, 그래서 내게 아직 발견되지 않은 수학적 재능이 있음을 남들에게 확신시키는 일을 잘할 거라고 생각했다.

말할 것도 없이 나는 인터뷰를 망쳤다.

면접이 끝난 뒤 막 회사를 나오려고 할 때였다. 내가 문쪽으로 걸어가고 있을 때, 친근해 보이는 남자가 출입구에 나타났다. 신입사원 프로그램을 총괄하는 채용 관리자였다.

"잠깐만요, 랜디. 당신은 통계학에 그리 재능이 있는 것 같지는 않군요"라고 말했다.

나는 오스카상을 받을 법한 내 연기를 포기하기로 결심하고 나도 그렇게 생각한다고 중얼거렸다.

"그러나 당신은 창의적인 사람 같아요. 최근 고객 및 크리에이티브 부문 자리가 비어 있습니다. 우선 전화를 몇 군데 걸어봅시다." 몇 차례 인터뷰를 더 하고 또 며칠이 지난 뒤 공식 통보를 받았다. 취업에 성공한 것이다.

대학을 졸업하고 직장에 출근하기까지 몇 주간 휴가를 보낼 계획이었다. 그러나 오길비에서 바로 출근할 수 있는지 전화로 물었을 때 다른 말을 하지 않았다. 졸업식 다음 월요일부터 출근했다.

처음에는 집에 살면서 열차로 출퇴근했다. 졸업 후 다시 집으로 돌아와 부모님과 고등학생인 막내 여동생과 함께 사는 것은 놀라울 정도로 재미있고 근사한 일이었다. 그러나 이내 장거리 출퇴근에 지쳐갔다. 게다가 도시에서 새로운 삶을 시작하고자 하는 열망이 있었다. 몇 달 동안 가능한 한 많은 돈을 모은 뒤에 맨해튼으로 이사를 결정했다.

나는 새롭고 멋진 도전을 할 준비가 되어 있었다.

오길비에서는 '인터랙티브 디지털 미디어팀'이라는 상당히 새로운 조직에 배치되었다. 물론 TV 세트장이나 잡지 사진 촬영 현장에 있으면 훨씬 더 흥미로울 것이라는 생각이 들긴 했다. 나중에 되돌아보니, 오히려 아주 운 좋은 직무 배치였다. 인터넷의 힘이 성장하면서 내가 속한 팀과 내 책임도 기하급수적으로 늘어났다. 반면 훨씬 화려한 곳에서 직장 생활을 시작했던 친구들은 여전히 커피 심부름을 하곤 했다. 하지만 그때는 그것이 얼마나 큰 행운인지 알지 못했다.

그런데 내가 바란 창의적 역할이 아니었다는 것 또한 명백했다. 하루는 길었고 나는 주로 사진을 복사하고 바인더를 채우고 3공 펀치로 구멍을 뚫고 스테이플 침을 제거하고 법률용어로 메모된 초안에서 맞춤법을 체크하는 일을 했다.

설상가상으로 상사는 비열한 사람이었다. 그녀는 나에게 일관되게 '그녀 자신의 프로젝트'라고 부르는 일에 대해 이해할 수 없는 비인간적인 일들을 시키곤 했다. 한번은 그녀가 나에게 이튿날 오후 2시 30분에 본부 책임자를 상대로 한 미팅에서 주요한 프레젠테이션을 할 기회를 주었다. '내가 빛을 발할 기회가 드디어 왔구나!' 나는 몹시 흥분했다. 밤늦도록 프레젠테이션을 준비했다. 이튿날, 그녀는 예정된 미팅 10분 전에 내 책상 앞에 나타났다.

"랜디, 어디 가 있었어? 미팅은 벌써 20분 전에 시작했는데!"

그녀는 미팅 룸으로 가서는 나를 제외한 모든 사람들을 향해 자신에게 나를 질책할 기회를 달라고 말했다. 미팅 시간에 늦고 본부 책임자 앞에서 무책임한 태도를 보였다며 꾸짖고 자신의 냉혹한 이미지를 과시했다. 인생에서 가장 모욕적인 순간이었다. (만약 당신이 이런 경우에 처했을 때 화장실 빈칸에 숨을 수 있다면 변기 물을 내리면서 아무도 눈치 채지 못하게 하고 조용히 울어 버리는 게 최선이다.)

그러나 나는 '네이키드 카우보이(Naked Cowboys)'에서의 그녀의 활약에 감사한다.

'네이키드 카우보이'는 내가 속했던 신입사원들끼리의 끈끈한 모임 이름이다. 우리는 날마다 흰 팬츠와 카우보이 장화만을 걸친 채 뉴욕 타임스퀘어 근처를 어슬렁거렸던, 긴 머리의 낯선 기타 연주자를 기리고자 이 이름을 쓰기로 했다. 네이키드 카우보이는 관광객을 위해 생생한 포즈를 취해 주고, 그 대가로 관광객들이 건네는 돈을 갈퀴로 긁어모았다. 그는 분명히 숨어 있는 천재 마케터이고, 이후 오늘날까지 타임스퀘어에 출현하고 있는 끔찍한 스펀지밥이나 셰이드볼 엘모의 원조 격이다. 그에게 경의를 표할 만하다.

회사 내 네이키드 카우보이는 실제로는 사내 일상 업무와 별개로 비영리 마케팅 캠페인을 하기 위해 만들어졌다. 오길비의 신입사원들을 대상으로 한, 각별한 경력개발 프로그램의 일환으로 상사가 나에게 추천한 것이기도 했다. 모두에게 도움이 되는 프로그램이다. 비영리 조직이 무료로 광고 캠페인을 할 수 있고, 우리들은 소중한 경험을 얻고, 오길비는 신입직원들을 3개월 동안 날마다 밤늦게까지 일하게 만들 수 있었다. 우리들은 개인 시간을 써서 이 캠페인을 진행하도록 요구받았기 때문이다. 하루 일과를 마친 뒤 시작해 매일 밤 10시, 11시까지 새로운 업무를 처리하는 것은 매우 힘들었다. 그러나 업무는 매력적이었고 나는 팀의 일원이 된 것을 즐겼다. 날마다 함께하는 야근과 격무는 어쩔 수 없이 우리를 서로 절친으로 만들었다.

다른 친구들도 있었다. 나는 뉴욕에서 물가의 오리처럼 생활했다. 크레이그리스트(Craiglist)*에서 집을 찾는 도박을 감행했고, 침실 4개짜리 아파트로 변신한 지옥 같은 부엌에서 방 하나를 구했다. 내 방은 거실 한쪽을 얇은 칸막이로 둘러 쳐 만들어진 공간이었다. 이게 아파트에 대한 간단한 묘사다. 그러나 나는 룸메이트들을 좋아했고 그들은 나와 한편이 되었다. 그때 나에게는 함께 어울릴 사람들이 많이 있었고, 우리는 즐거운 시간을 보냈다.

그 시절 오길비 앤 마더 건물 바깥마당에서 하버드 대학 동급생이기도 한 멋진 사내와의 매혹적인 첫 번째 데이트에서 마르가리타 칵테일을 마셨다. 그는 브렌트 토레츠키(Brent Tworetzky)였는데, 당시에는 알지 못했지만 나중에 그는 내 결혼 상대가 되었다.

스물세 살이던 2003년이었다. 도시는 뜨겁고 활기에 넘쳤다. 저축이라는 것은 꿈도 꾸지 못하면서 근근이 살았지만, 나는 젊었고 친구들에 둘러싸여 뉴욕에서 내 방식대로 살았다. 행복한 나날이었다.

이런 배경과 별개로, 나는 마크가 '페이스북'이라는 새로운 프로젝트에 관한 일을 시작했다는 것을 어렴풋이 알고 있었다. 당시에는 '더 페이스북(The Facebook)'으로 알려졌다. 그 사이트는 하버드에 커다란 영향을 끼치고 몇몇 다른 미국 대학들로 확산되기 시작했다.

가끔 나는 동료들에게 페이스북에 대해 들어봤는지 물어보았다. 내

* Craiglist.org: 개인들 간의 부동산, 중고차 거래를 위한 인터넷 상거래 중개 사이트.

나이대의 사람들은 모두 페이스북에 친숙했지만, 24세 이상의 성인들은 뭘 물어보는지 알아듣지 못했다.

여전히 마크는 페이스북으로 승승장구하고 있었다. 투자자금을 조달하기 위해 마크는 캘리포니아로 날아갔는데, 그때 내게 자신과 함께 일할 뜻이 있는지 물었다.

비록 회사생활에 대해 불안해 하긴 했지만 정중하게 거절했다. 그때까지 나는 뉴욕 생활을 포기하지 않았다. 하지만 시간이 지나면서 미래 계획에 대해 좀 더 생각하게 되었다.

여기까지가 뉴요커로서 내 삶이었다. 그 경험은 나만의 일이고, 모든 기쁨과 야망, 불안과 걱정거리도 나에게만 특별하다고 생각했다. 그러나 물론 그렇지 않다. 이 모든 것들은 대도시에서 자신만의 삶으로 독립하고자 하는 사람들에게는 곧바로 친숙해질 일들이다. 뉴욕에서 신참자가 되는 경험은, 비록 나는 그전에도 뉴욕 바로 인근에서 살아왔지만, 매년 쏟아지는 새로운 졸업생들과 인턴들을 비롯해 고군분투하는 예술가, 힙스터들 모두가 공유하는 것이다. 특별하거나 예외적일 것 없는 뉴욕에서의 삶을 살았다. 그러나 이것이 뉴욕에 대한 진실이기도 하다. 모든 신참자에게 일어나는 지극히 평범한 일은 모두 자기들이 특출나기를 바란다는 것인데 이는 내게도 마찬가지였다.

나는 돈이 많지도 인맥이 넓지도 않았다. 나는 남들이 선망하는 직업도, 멋진 아파트나 미래를 그릴 멋진 경력도 갖고 있지 못했다. 그러나 나는 막연하고 제대로 모양이 갖춰지지 않았지만 꿈을 갖고 있었다.

나는 인생에서 무언가 의미 있는 일을 하고 싶었다. 커다란 영향을 끼칠 수 있는, 수많은 사람들의 삶을 움직일 수 있는 규모의 무언가를 하고자 했다. 내가 지닌 잠재력의 최대치를 발휘할 수 있게 해주는 무엇인가를 하고 싶었다. 그리고 긴장되면서도 재미없는 오길비에서의 경험에도 불구하고 여전히 내가 무엇인가 창의적이고 예술과 엔터테인먼트가 결합된 무엇인가를 하고 싶어 한다고 확신하고 있었다.

몇 달 뒤 나는 오길비를 그만두었다. 이직할 준비가 되어 있었지만 아직 페이스북에 합류한 것은 아니었다.

대신 나는 포브스에서 자리를 구했다. 「포브스 온 폭스(Forbes on Fox)」라는 상당히 힘든 TV쇼를 제작하는 역할을 제의받았다. 매주 토요일 새벽 5시에 시작해서 60분 동안 4명의 중년남자들이 경제에 대해 제각각 소리질러대는 프로그램이었다. 조정실에 앉아 있다 보면 그들 중 한 사람에게 심장마비가 오지 않을까 걱정이 들었고, 내가 할 수 있는 최선의 일은 그들이 소리질러대는 것을 무시하는 것이었다. 그래도 나는 스티브 포브스(Steve Forbes)*와 함께 일하게 된 기회에 흥분했고, 흥미로운 경험이 될 것이라는 점을 알았다.

당시 나는 텔레비전과 비디오 제작을 해 본 짧은 경험이 그처럼 나를 눈 뜨게 하고 향후 내 경력을 상당히 구체적으로 형성하고 규정할 것이라는 점은 거의 알지 못했다.

내가 처음으로 프로그램 제작을 마쳤을 때 스티브 포브스는 나에게

* 2000년 미국 공화당의 대통령 후보 경선에도 나선 바 있는 경제 전문 매체 「포브스」의 발행인.

아침식사를 하러 나가자고 제안했다. 나는 그때 우리가 미드타운 스튜디오를 나서면서 느낀 흥분을 간직하려 애쓰고 있다. "억만장자 스티브 포브스는 어디에서 아침을 먹을까?" 금방 알 수 있게 되었으므로 나는 오래도록 흥분을 간직할 필요는 없었다. 그는 가장 가까운 식당으로 날 데려갔다. 47번가 지하철역 안에 있는 웬디스였다. 거기서 내가 배운 것은 그가 즐겨 찾는 곳과 프로그램 파일을 등록하는 방법이었다.

"먹고 싶은 거 주문하세요. 빅사이즈 시켜도 됩니다." 그가 웃으며 말했다.

한 시간 동안 뉴욕 양키스(Yankees)에 대해 이야기를 나누면서 나는 그처럼 성공하고 많은 걸 이뤄낸 사업가가 여전히 실생활에 발을 디디고 있는 모습을 보여주는 게 얼마나 멋진가라고 생각한 것을 기억한다.

몇 달이 지났다. 내 동생이 다시 나에게 페이스북에 합류할 것을 요청해 왔다. 당시 페이스북은 멘로 파크에 있는 주택을 사무실로 사용하고 있었다. 흥미로울 것이라는 생각이 들었다. 이제 더 이상 '더 페이스북'이 아니었다. 마크는 발전시키고 있었다.

"여기로 와서 우리가 무슨 일을 하는지 한번 보는 게 어때?" 그가 제안했다.

나는 머뭇거렸다. "글쎄, 싼 비행기 표를 구할 수 있는지 알아볼게"라고 말했다.

마크는 단호했다. "티켓 보낼 테니, 당장 와."

그래서 나는 갔다.

| 캘리포니아에서의 나날들

마크의 전화가 걸려온 이틀 뒤 주말 나는 샌프란시스코로 날아갔다. 약속한 대로 마크는 비행기 표를 예약해 줬고, 제트블루 항공편으로 저녁 늦게 도착했다. 샌프란시스코 공항 도착 라운지에 내 이름이 적힌 사인을 들고 운전사가 기다리고 있었다. 검은색 세단으로 인도되어 멘로 파크로 갔다. 낯선 경험에 어리둥절했다. 이전에는 한 번도 이런 식의 차량 서비스를 받아본 적이 없었다.

그리고 한 시간 반 뒤 나는 집에서 수천 마일 떨어진 어둡고 텅 빈 거리에 있는, 상상도 못했던 멋진 주택 앞에 서 있었다. 미래 첨단기술 제국의 비밀본부처럼 보이지는 않는 집이었다.

걸어 올라가 문을 두드렸다.

마크가 대답했다. "누나, 드디어 왔네. 동료들과 인사해."

안으로 걸어 들어갔다. 멋진 집이었다. 어울리는 장식과 멋진 가구들로 내부를 모두 채워달라고 졸라댈 만한, 한 가족에게 정말 완벽한 집이었다. 그러나 이 모든 생각은 거실을 보게 되면서 싹 사라졌다.

전등은 꺼져 있었고 방은 어두웠다. 조명이라고는 거실 중앙에 설치된 혼잡한 테이블에 놓인 대여섯 대의 컴퓨터 모니터에서 나오는 빛이 유일했다. 그리고 반쯤 먹다 남긴 배달음식 접시들과 빈 음료 깡통들로 넘쳐나는 책상에서는 부스스한 머리를 한 4명의 사람들이 작업하고 있었다.

"여러분, 랜디예요." 마크가 소개했다.

서로 인사가 이어지고 몇 차례 악수를 나눴다. 그들 모두는 각자의 스크린에 골똘히 집중하고 있었고 헤드폰을 뒤집어쓰고 있었다. 정식 소개는 나중에 인근에 있는 허름한 술집 더치 구스(Dutch Goose)에서 저녁식사를 하면서 이뤄졌다.

나는 처음에 마크와 그 동료들의 라이프스타일이 전반적으로 지저분해서 살짝 충격을 받았던 걸로 기억한다. 그 집과 술집은 완벽하게 모든 걸 압축적으로 보여 주고 있었다. 더치 구스의 음식은 너그럽게 봐줘도 가까스로 먹을 만한 정도였지만 분위기는 활력 넘치고 즐거웠다. 무엇보다 맥주가 공짜였다.

그날 밤 마크는 팀이 작업하고 있는 모든 영역 전체에 대해 설명하기 시작했다. 그리고 나는 그가 얼마나 진지하고 열정적이었는지 기억한다.

"우리는 모든 사람을 연결시키고 말 거야." 마크가 말했다.

몇 시간 동안 그는 그들이 만들고 있는 기능들과 캠퍼스 확장계획에 대해 설명했다. 마크는 항상 말이 빨랐고, 이는 내가 세부적인 것들을 빨리 파악할 수 있게 해줬다. 팀의 나머지 구성원들은 주로 들으면서 만족해 했고 맥주잔을 부딪치고 그들이 지금 코드를 짜고 있는 아이템들에 대해 서로 이야기했다.

마크는 나를 완전히 흥분시켰고, 페이스북 비전의 원대함을 나는 바로 깨달았다. 이삼일 뒤에는 그 지저분한 생활방식을 경외감과 존경심을 갖고 바라보고 있는 나를 발견하게 됐다. 한 무리의 사내들이 한 집에 같이 살면서 하루 종일 코드를 짜고 있는 게 처음에 나한테는 즐거워 보이지 않았다. 그러나 이들은 자신들의 일에 대해 믿기 힘들 정도의 신념과 레이저 같은 놀라운 집중력을 갖고 있었다. 나는 그들에 의해 풀렸다 조여졌다 하는 것을 피할 수 없었다. 문자 그대로 아메리칸 드림이 눈앞에서 펼쳐지고 있는 것을 보고 있음을 깨달았다. 매 순간마다 레드불 한 캔씩이었다.

그들은 모든 사람을 연결시키려 한다고 생각했다. 그러고 나서 나는 다시 앉아서 그들이 프로그램 코드를 짜는 걸 지켜봤다. 광적으로 보일 정도로 멋졌다.

그러나 진정한 깨달음의 순간은 페이스북의 핵심적인 마케팅 방법에 대한 미팅에 초대받았을 때였다. 미팅의 요점은 페이스북을 상징하는 시각디자인 요소, 즉 로고의 모양과 느낌, 색깔 따위를 확정하는 것이었다. 놀라웠다. 500만 명을 위한 네트워크가 어떻게 보일지를 결정하는 미팅에서 나는 벽에 붙어 있는 한 마리 파리에 불과했다. 토론이 진행됐고, 나는 경청했다.

그러고 나서 갑자기 모두 나를 쳐다봤다. “랜디, 당신은 마케팅 일을 해 온 사람이잖아. 어떻게 생각해?”

10년 동안 나는 그처럼 주목받아보지 못했다. 솔직히 말해서 의사결정권자가 되는 기회는 말할 것도 없고, 아마도 오길비에서 내가 이러한 수준의 대화가 진행되는 미팅 룸으로 초대라도 받으려면 족히 10년은 걸려야 했을 것이다.

나는 목청을 가다듬었다. “그러니까, 내 생각은 이래요.”

누구도 내 의견 제시를 중단시키거나 비웃지 않았다. 내가 선호하는 파랑색 색조에 대한 견해를 밝히고 나서, 다른 마케팅 아이디어와 토론이 이어졌고 나도 참여했다.

당시의 토론이 어떤 결론으로 귀결되었는지는 기억조차 못한다. 내

안에서 열정이 솟구치고 있었다는 기억만이 강렬했다. 그 순간 나는 페이스북이 내 경력에서 얼마나 멋진 기회인지 깨달았다. 기회를 잡아야 한다는 걸 직감했다.

뉴욕으로 날아오기 전날 저녁 직원들이 코드를 짜는 동안 나는 저녁이나 술자리 대신 페이스북 사무실에 앉아 있었다. 팔로알토 시내 중국음식점 위에 있는 페이스북의 다른 사무실에서 남동생과 첫해 연봉을 협상하고 있었다. 우리는 마크의 책상을 가운데 두고 마주 앉아 있었는데 그때 마크는 내 급여와 스톡옵션을 냅킨에 적어가며 결정하고 있었다.

"이 정도 어때?" 그가 테이블 건너편에서 냅킨을 건넸다.

스톡옵션은 괜찮았다. 그런데 왜 실제 현금에 대해서는 형평성이 적

용되지 않는 거지? 나는 스톡옵션을 줄을 그어 지우고 급여를 대폭 올린 뒤 냅킨을 되돌려 주었다.

마크는 잠시 그걸 응시하더니 종이 위로 단호한 몸짓을 했다. 잠시 냅킨에 휘갈겨 쓰더니 다시 나한테 건넸다.

그는 내가 제안한 숫자를 거부하고 그가 처음에 제시한 내용으로 되돌려 놓았다.

"날 믿어. 누나는 지금 원하는 것을 제대로 제시하지 못하고 있어."

나는 당시에 그걸 제대로 인식하지 못했다. 나는 23살이었고 내가 생각한 것은 그 당시 2주마다 900달러씩 벌었던 것보다는 많은 돈을 버는 기회였다. (물론 이제는 제대로 안다.)

몇 년 뒤 나는 내 집 현관에 선 채로, 동생에게 이제는 페이스북을 떠날 때가 되었다고 말하며 감정을 쏟아내고 있었지만, 2005년 여름의 그 운명적인 저녁에는, 텅 빈 페이스북의 조용한 사무실에서 내 인생의 새로운 장이 시작되고 있었다.

오늘날 사람들은 내게 묻는다. "지금 당신이 알고 있는 것을 그때도 알고 있었다면 다른 결정을 했을까요?" 바보 같은 질문이다. 내가 그들에게 무엇인가 거룩한 지혜를 전해 주리라 기대하는 건지, 아니면 여기까지 오는 동안 내가 저지른 중대한 실수를 인정하리라고 기대하는 건지는 모르겠다. 종종 나는 "주식을 더 많이 요구할 걸 그랬어요"라고 농담을 하곤 한다. 그러면 항상 청중의 웃음을 끌어내지만 그 말을 할 때마다 나는 그날 저녁 마크와 협상하면서 그가 나를 어떻게 쳐다봤는지에 대해서 생각하게 된다. 그 시절 나는 너무 젊었고 그걸 깨닫기에는 너무 순진했다.

중요한 계약 내용이 냅킨에 안전하게 결론지어졌고, 내가 꿈꾸어 온 새로운 인생을 시작할 때가 되었다. 뉴욕으로 돌아가는 비행기에서 줄곧 활짝 웃었다.

"좋은 일이 있나 보네요." 프리미엄 이코노미 내 좌석 옆자리에 앉아 있는 노부인이 말했다.

나는 그녀가 살짝 놀랄 정도로 큰 웃음을 터뜨렸다.

새로운 인생 방향과 직업 경로에 대해 너무 흥분하고 있어서 모든 뉴욕 시민들이 나를 기쁘게 해 주려고 뉴욕 라과르디아 공항에 풍선과 환영 인파를 준비해 두었으리라고 착각했을 정도였다.

하지만 어찌 됐든 나는 상황을 비교적 잘 이해하고 있었다. 오길비 동료들은 내가 경력을 내던지는 끔찍한 실수를 저지르고 있다고 내게 말해 주기도 했으니까. 당시 만나고 있던 브렌트는 뉴욕에 있는 나와 함께 지내기 위해서 샌프란시스코에서의 근사한 취업 제의를 포기한 직후였다. 브렌트는 기뻐할 수 없었다. 맨해튼에 있는 중국음식점 미스터K에서 저녁 식사를 하면서 나의 결정이 우리 관계에 무엇을 의미하는지에 대해 오랜 시간 눈물을 흘리며 이야기를 나눴다.

한편 엄마는 기뻐했다. 사실 자식들끼리 함께 일하는 것은 모든 엄마들의 감춰진 소망이다. 엄마는 내가 이런 멋진 경력의 기회를 잡도록 격려하고 나의 꿈을 추구하도록 지원을 아끼지 않았다. 그러나 엄마는 또한 장거리 연애에 깊은 정성을 쏟아야 하며 브렌트를 떠나보내서는 안 된다는 말도 해 주었다. 엄마는 브렌트를 마음에 쏙 들어하고 있었다. 엄마는 그를 처음 만난 뒤 나에게 전화를 걸어 이렇게 말했다.
"랜디야, 너 이번 일 절대 망치면 안 된다."

이제 내가 캘리포니아와 페이스북에서의 새로운 삶을 위해 떠나려고 준비하는 지금 엄마가 나에게 전화를 걸어 마지막으로 친절한 도움말을 전해 주었다.

"랜디, 절대로 이번 일 망치면 안 돼."

제 2 장

페이스북을 떠나 새로운 시작을

• • •

역설적이게도 사람들을 즐겁게 하고 끊임없이 사회적으로
경제적으로 기회를 만들어 내는 이 도구는 우리를 밤늦도록
잠 못 들게 하고 속 쓰리게 한다. 날마다 이 기술을 사용하고
있지만 도구에 치여 불안해하고 자신의 생활과 가족과 직업을
이 기술이 어떻게 바꾸고 있는지에 대해 혼란스러워 하는
사람들이 세상에는 엄청나게 많다는 사실을 깨달았다.

• • •

그래서 나는 캘리포니아로, 페이스북으로 왔다.

공식적으로는 2005년 9월 1일 입사했지만, 내가 페이스북 사무실에서 풀타임으로 일하기 시작한 때는 그보다 몇 주 전이다. 뉴욕에서의 일들을 서둘러 마무리한 뒤에도 여전히 나는 내 생활을 서부 해안으로 옮기기 위해 해야 할 일들이 많았다.

오래 지나지 않아 나는 크레이그리스트에 올라온 포스팅에서 멘로파크에 있는 집의 방 한 칸을 찾아냈다. 세 명의 대학원생이 사는 집인데 그다지 분위기가 무겁지 않을 것 같았다. 무엇보다 완벽한 위치가 마음에 들어서 그 방을 계약했다.

만약 내가 좀 더 평범한 회사에서 전부터 해오던 직무로 이직을 했다면 생활기반을 통째로 옮겨 캘리포니아 교외에서의 새로운 생활에 적응하는 데 더 주눅 들었을지도 모른다. 남동생 마크를 빼고는 샌프란시스코 베이 지역*에는 아는 사람도 거의 없었다. 페이스북에서 나는 팀 소속도 아니었고, 몇 명 안 되는 비엔지니어 직원 중 한 명일 따름이었다. 페이스북 사무실은 여느 스타트업(start up) 기업처럼 꽤나 수수했다. 다만 소박하지만 놀랄 정도로 훌륭한 중국 음식점과 두툼한 피자를 파는 집이 근처에 있을 뿐이었다.

그러나 나는 한 번도 외로움이나 지루함, 또는 겉도는 느낌을 받지 않았다. 내가 도착한 시점은 환상적인 때였다. 내가 합류하고 얼마 지나지 않아서 우리는 500만 사용자 달성을 축하했다. 투자자 피터 틸(Peter Thiel)은 우리를 샌프란시스코에 있는 멋진 베트남 음식점 슬랜티드 도어(Slanted Door)로 초대해 파티를 열었다. 작은 규모지만 행복해하는 사람들과 테이블에 앉아 우리가 세상 꼭대기에 있다는 느낌이었다고 기억한다. 500만 사용자! 어떻게 이보다 더 좋을 수 있을까?**

설령 내가 스트레스를 좀 받고자 해도, 그럴 시간이 없었다. 사무실로 문을 열고 들어간 첫날 그 순간부터 나는 정신없이 바빴다. 회사는 겨우 10여 명 규모여서, 새로운 구성원이 한 명 늘어난다는 것은 업무 역량의 상당한 증가를 의미했다. 모두가 도움을 조금씩 필요로 하고 있었다. 사소한 부탁일 뿐이었다. "이것 좀 도와줄래요?"

나는 컵케이크 뇌물도 마다지 않고 받았다.

필요한 곳이면 어디에나 협력했다. 내 역할을 시험할 기회와 스타트업 기업 경험을 즐겼다. 스타트업 기업의 초기 시점에 다양한 직무를 경험하고 여러 역할을 해보는 것은 드문 일이 아니다. 페이스북에서

---

* 샌프란시스코를 중심으로 한 인근 버클리, 오클랜드, 샌타로사, 새너제이, 실리콘밸리 일대 등의 생활권역을 일컬음.

** 페이스북은 2015년 8월 23일 하루 이용자 수가 10억 명을 넘어섰다고 공식 발표했다.

일하던 시절의 막바지, 나는 농담처럼 IT 지원팀 빼고는 모든 팀에서 일해 봤다고 말했다. 몇 달 동안 내 명함에는 직책이 '사무라이 전사'와 '닌자'로 표기됐다. 왜냐하면 그 시절 나는 너무 다양한 팀에서 일하고 있어서 명함 한 장에 그 모든 직무를 표기하는 것은 무척 혼란스러울 것이라고 생각했기 때문이다.

기술자가 아닌 나는 비기술자가 해야 하는 일들을 부여받았다. 처음에는 마케팅과 사업개발, 판매 업무를 결합한 직무를 수행했다. 그 시절 페이스북은 '전통적인' 마케팅은 별로 하지 않았다. 그래서 나는 회사 내의 다른 여러 팀들을 지원하고 있었다. 당시 페이스북 사이트는 미국 안에 있는 대학생들만 이용할 수 있었는데, 이 시장에서는 아주 잘 나가고 성공적이어서 그 자체로 상당히 뛰어난 마케팅 활동이 이루어지고 있었다. 실제로 페이스북에서 내가 첫 해에 집행할 수 있는 예산은 수백 달러 수준이었다. 이 돈은 뉴욕 대학에서 비디오를 찍을 때 학생용 티셔츠를 프린트하는 데 썼는데 아마도 예산을 초과해 지출했을 것이다.

페이스북에서 첫해는 대부분 세일즈팀과 함께 일했다. 좀 더 다양한 마케팅 상품과 캠페인을 개발해서 페이스북에 광고하려는 기업들에 판매할 수 있게 하는 업무였다. 첫 번째 '백 투 스쿨(back to school)' 캠페인에 참여해, 친구들 광고가 실리는 백투스쿨 센터를 만들었다. 당시까지 우리가 실행해 본 최대 규모의 세일즈 마케팅 프로그램이었다.

회사가 작았기 때문에 우리는 하루 종일 일했다. 일과 시간 업무는 야근과 주말 근무로 이어져 계속되었다. 사무실에서 보내던 시간은 누군가의 집으로 가서 또는 우리가 좋아했던 팔로알토 중심가의 술집 올드 프로(The Old Pro)로 옮겨서 이어졌다. 동료들은 친한 친구가 되었고, '페이스북 커플'도 몇몇 탄생했다.

초기 팀은 모든 사람이 하나의 목표를 위해 함께 일하면서 형성되는 유대감의 일종인, 강렬한 친밀감을 느꼈다. 나는 이런 감정이 아마도 한때의 경험일 뿐이고 나중에는 결국 각자 제 갈 길을 가게 될 것이라는 사실을 알고 있었지만, 당시에는 놀라운 것이었다. 페이스북은 우리 직장이면서 커뮤니티였고 사회적 삶이었으며 우리의 인생이자 한 시대였다. 나는 그걸 사랑했다.

우리는 임무에서 자부심을 공유했고 'facebook' 글자가 새겨진 모자, 티셔츠, 후드티 같은 옷가지를 뽐내듯 입고 다녔다. 오늘날까지 내가 쇼핑중독증 시절에 사들였던 값비싼 명품 핸드백 중 그 어떤 것도 오래된 페이스북 노트북 가방만큼 낯선 사람들에게서 열광적인 반응을 끌어내지 못했다.

뉴욕에서는 모두가 자신의 직업적 삶과 사교적 삶을 구분하는 경향이 거의 종교적으로 여겨질 정도다. 이와 달리 캘리포니아에서는 기업이 하나의 거대한 가족과 같다는 느낌을 준다.

그렇지만 항상 장미꽃밭은 아니었다. 페이스북에 합류한 첫해에 나는 두 가지 중대한 시련에 직면했다. 첫째, 마케터와 비즈니스 인력은 뉴욕에서는 회사 안에서 영향력이 가장 큰 사람들이었지만, 실리콘밸리에서는 배경 속 잡음에 지나지 않는다는 사실에 익숙해져야 했다. 서부에서 엔지니어들은 록스타 못지않은 신적 존재로 여겨졌다. 나머지 인력은 엔지니어들을 관리해 주는 거의 로드매니저 같았다. 만약 당신이 프로그램 코딩을 하는 사람이 아니라면, 다른 사람들에게 당신의 존재를 인식시키기 위해서는 아주 큰소리로 떠들고 다녀야 할 것이다.

둘째, 내가 마크의 누나라는 점이었다. 나는 의자에 앉아 있을 틈 없이 일하면서 페이스북의 파란 피를 흘리고 다녔지만, 아무리 열심히 일해도 많은 사람들은 나를 단지 보스의 누이로 여길 따름이었고, 누나라서 그 자리에 있게 된 것이라고 짐작했다. 한 동료는 1년 가까이 나를 부를 때 이름 대신 '저커버그의 누나'라고 했을 정도다. 새 직원들은 채용되자마자 곧바로 나와 절친이 되었지만, 내가 모든 상품들에 관해서 마크의 메신저 역할을 하지 못한다는 것을 깨닫는 순간 내게서 멀어져 갔다.

그리고 나 자신도 마크에게서 쉽게 얻어낸 것이 아무 것도 없었다. 직무를 맡은 지 1주일 만에 처음으로 마크와 함께 미팅에 참석했다. 그때 마크는 내가 그에게 보고했던 서류들을 모든 사람이 보는 앞에서 찢어 버렸다. 몇 주 뒤 넓게 개방돼 있는 사무실의 내 책상 앞으로 마크가 지나갈 때 나만 빼고 모든 사람들에게 반갑게 인사를 했던 것을 나는 기억하고 있다. 나중에 내가 이 일에 대해서 마크에게 물었을 때 그는 이렇게 말했다. "그런 일이 있었어? 일부러 그런 게 아니라는 걸 누나가 이해해 줬으면 좋겠어. 하지만 당시 누나가 특별 대접을 받고 있지 않다는 것을 남들에게 보여 주기 위해서 우리 두 사람이 특별하지 않다는 것을 내 방식으로 나타내야 한다는 감정을 느꼈을 거라고는 생각해."

(그래, 고맙다!)

여자동료 한 명이 몇 년 뒤에 이렇게 잘 정리해 주었다. "랜디, 마크의 누나라는 점이 네게 많은 기회를 주었을 거라고 생각해. 그러나 난 네가 부럽지는 않아. 정보기술 분야에서 여성들이 남성들과 같은 자리를 차지하려면 두 배는 더 뛰어나야 했어. 그런데 너는 그 자리에 이르려면 세 배는 더 뛰어나야 했겠지. 하지만 그렇더라도 사람들은 여전히 너의 성공에 대해서 의문을 제기할 거야."

저커버그라는 이름이 주는 혜택은 많은 불리한 점들을 상쇄시켜 주고, 분명히 내 앞에 놓인 많은 문들을 열어 주었다. 그러나 내가 문을 걸어서 통과하고 무엇인가를 하지 않는다면, 열려 있는 문 자체로는 나를 아무 곳에도 데려다주지 못한다.

페이스북에 합류하던 그 순간부터, 내 앞에 있는 먼 길을 가야만 하며 거기에는 아주 커다란 그늘이 있다는 것도 알고 있었다. 그것은 기회이기는 하지만 내가 아무리 무엇인가를 이루어 내더라도, 결코 누군가의 누나 이상이 될 수 없다는 사실이었다.

페이스북에 합류했을 때 나는 24살이었다. 하버드를 졸업하고 뉴욕에 살면서 나는 모든 걸 알고 있다고 생각했다. 그러나 아직 어린애였고, 새 직장에서의 사내 정치를 어떻게 헤쳐 나가야 하는지 거의 알지 못했다.

저명한 테크블로거 로버트 스코블(Robert Scoble)이 쓴 기사에서 나를 '페이스북의 퍼스트 시스터(The First Sister of Facebook)'라고 부르면서 나는 처음으로 세간의 이목을 끌었다. 유년 시절 내내 연극과 음악 활동을 하고 아카펠라를 부르면서, 스포트라이트를 즐겨 받았기에 나는 이런 관심의 중독성을 알고 있었다. 나는 실리콘밸리에서 새로 얻게 된 지위를 축하하면서 패러디 음악 동영상을 만들어 유튜브에 올렸다.

이는 내가 칵테일을 즐기는 것과 노래가 허용되는 행사마다 열심히 마이크를 잡는 것에 대한 과장된 명성으로 이어졌다.

페이스북 회사 파티에서 내 애창곡은 절친인 크리스 켈리(Chris Kelly)와 듀엣으로 부르던 에바네센스(Evanescence)의 「브링 미 투 라이프(Bring Me to Life)」였다. 내가 페이스북 기업 문화에 끼친 가장 큰 기여 중 하나는 리드 싱어를 맡았던 우리 직원들의 대표 밴드 '에바네센스 에센스(Evanescence Essence)'가 아메리칸 아이돌의 사상 첫 사무실 버전인 '페이스북 아이돌(Facebook Idol)'에서 우승했다는 점이다. 우리 밴드의 목표는 "에바네센스는 히트곡이 두 개인데, 우리는 그것을 둘 다 연주한다"는 것이었다.

나는 젊었고 실리콘밸리에 처음 와서 동료가 친구이자 가족이고 커뮤니티인, 이전에는 한 번도 경험하지 못한 종류의 기업문화를 맛보았기 때문이다. 나는 동료들을 마치 대학 기숙사 룸메이트처럼 대하는 실수를 저질렀다. 깨어 있는 시간을 오래도록 함께 보내고 서로 친밀하다고 여기는 상황에서 쉽게 저지를 수 있는 실수였다. 그래서 나는 머리카락을 늘어뜨린 채 업무 외적인 진정한 자아를 내보이는 방식으로 살아야 한다고 너무 일찍부터 생각했던 것 같다. 그러나 실제로는 여전히 모든 사람들에게 전문적인 첫인상을 강하게 남기려 애쓰고 있었고 그러려면 내가 가진 카드들을 좀 더 가슴에 품고 있어야 했다.

당신이 남자라면, 존경받는 전문가이면서 유쾌함을 즐기는 사람의 이미지를 함께 가져 갈 수 있을 것이지만, 젊은 여성의 경우에도 그게 가능할지는 의문이다. 내가 가장 존경하는 한 멘토는 나를 옆에 불러서 이렇게 말했다. "랜디, 이걸 알아야 돼. 너는 여자이기 때문에 언론에서는 너를 한 방향에서만 보려고 할 거라는 점이야. 페이스북 마케팅 전략을 지휘하는 브레인이 되고 싶어? 아니면 마크 저커버그의 노래 좋아하는 우스꽝스러운 누나가 되길 원해?" 나의 솔직한 대답은 '둘 다 되고 싶어'다. 성공적인 기업인이면서 동시에 한 사람을 이차원적 인간 이상이게끔 해 주는 취미와 흥미를 누리면서 살 수 있는 세상에 살고 싶다.

만약 내가 이 모든 것을 다시 시작할 수 있다면 처음 몇 년 동안은 머리를 처박고 일에 집중해서 사람들로 하여금 내가 비로소 가능하게 만든 일들을 인정하도록 하고, 그 뒤에 나의 '창의적인 면모'를 만나게 하고 싶다. 내가 지금 알고 있는 관점에서 보자면, 기본적으로 젊은 여성에게 회사에서 하지 말라고 충고하는 일들을 모조리 저질러 온 셈이다.

대담한 행동에도 불구하고 회사 안에는 충직한 나의 동료들이 있었다. 그들 덕분에 결과적으로 흥미와 열정과 창의성에 따라 일련의 업무들을 하면서 나를 발견해 갈 수 있었다. 게다가 나의 고정관념을 벗어난 생각과 남의 시선을 즐기는 게 페이스북에도 도움이 되도록 해 주었다.

초반에 세일즈팀의 상냥한 책임자 마이크 머피(Mike Murphy)는 나를 자신의 휘하에 두고 내가 관할하고 잘할 수 있는 프로젝트를 맡기고 회사 내 나에 대한 인식을 바꿀 수 있는 기회를 주었다. 페이스북 초창기 기억 중에서 내가 가장 좋아하는 것은 마이크와 함께 냅킨 뒷면에 백투스쿨(Back to School) 캠페인을 계획하던 때였다. (학생들은 자신들의 페이스북 친구들에게 '가장 성공할 것 같은', '가장 캔사스에서 살고 있을 것 같은' 따위의 웃기는 최상급 형용사를 붙일 수 있었고, 이는 우리 회사 최초의 일부 광고주들에게서 엄청난 관심을 받았다.)

스타트업 기업에서는 많은 업무가 냅킨 위에서 이루어진다.

2006년 중반에 페이스북은 사업개발 책임자로 댄 로즈(Dan Rose)를 영입했다. 댄이 서명을 성사시킨 첫 번째 주요 계약은 그때까지 페이스북에서 최고를 기록했던, 컴캐스트와 맺은 수백만 달러 규모의 미디어 제휴였다. 페이스북에 합류한 지 얼마 지나지 않은 어느 날 댄은 내 책상 앞으로 와서는 "당신이 꽤 창의적이고 미디어와 일하기를 좋아한다고 들었는데, 나와 함께 일해 보지 않을래요?"라고 말했다.

곧이어 나는 컴캐스트 계약 협상과 관리를 지원하기 위해 사업개발팀에 합류했다. 댄과 2년 가까이 일하면서 컴캐스트에서부터 ABC 뉴스, CNN에 이르기까지 다양한 미디어 파트너들과의 계약을 주도했다.

이때 2년 동안 사업개발팀의 나머지 직원들은 인수합병 계약을 진행하는 한편, 마이크로소프트와 대규모의 파트너십과 투자에 대한 협상을 하고 있었다. 나는 주류 미디어 및 텔레비전 네트워크들과 페이스북 파트너십 개발에 집중하고 있었다. 2008년 말에 페이스북은 공식적으로 마케팅팀을 출범시켰고, 뛰어난 두 여성 라켈 디사바티노(Raquel DiSabatino)와 미날 밸러(Meenal Balar)가 합류해서 '소비자 마케팅'이라는 새로운 그룹을 만들었다. 이후로는 페이스북을 떠날 때까지 소비자 마케팅 그룹에서 일했다.

당시 세계에서 가장 주목받는 기술기업에서 아무것도 없는 상태로 시작해 마케팅팀을 만드는 일을 돕는 것은 믿기 어려울 정도로 대단하면서도 스스로를 겸손하게 만드는 경험이었다. 3년 전에 나는 뉴욕에서 진정으로 나 자신을 테스트하고 내가 할 수 있는 것을 보여 줄 수 있는 날이 오기를 꿈꾸면서 불안해 했고 좌절을 맛보았다. 스스로 팀을 이끌고 내 계획을 펼칠 수 있는 때를 꿈꾸어 왔는데 이제 내가 원하는 변화를 주도하게 된 것이었다.

2005년 여름, 대여섯 명의 엔지니어들이 컴퓨터 앞에 웅크리고 앉아 있는 집으로 걸어 들어갔다. 그 시절의 페이스북 제국은 교외에 있는 주택 한 채에 아지트를 마련하고, 주방에서부터 거실 소파에 이르는 공간에 자리 잡고 있는 상태였다. 그러나 몇 년 뒤, 몇 명의 직원이 수백 명이 되었고 지금은 산업계에서 가장 뛰어나고 똑똑한 인재들을 빨아들이고 있다.

기업의 미래와 페이스북이 세계에 끼칠 영향에 대해 권위자들, 미디어, 학계, 유명인들 그리고 월드와이드웹 전체가 쉼없이 토론하고 비판하고 옹호하고 있다. 2010년 언론인이자 작가인 데이비드 커크패트릭(David Kirkpatrick)은 페이스북이 지구적 관심을 이끌어 내고 각종 조직들과 콘텐츠를 지원하는 것을 가리켜 '페이스북 효과(Facebook effect)'라는 신조어를 만들어 냈다. 완벽하게 시대정신을 포착한 개념이다. 우정, 연애, 사업, 마케팅, 기업가정신, 행동주의, 인류애, 혁명에 이르기까지 페이스북이 곧 미래였다.

| 기술은 목적이 아니라 수단이다

실리콘밸리에서는 당신이 하고 있는 업무에 대해 좁고 한정된 관점을 갖게 되고 기술이 무엇을 의미하는지에 대해 편향된 인식을 가진 채 직업생활을 마무리하게 되기 쉽다. 웹사이트의 데이터와 제품 리뷰, 관련 산업 블로그에만 초점을 맞추기 십상이다. 지구상에서 가장 똑똑한 사람들조차 역사상 가장 세계를 빠르게 변화시키는 일을 하고 있으면서도 현실의 인간은 기술의 또 다른 측면에도 속해 있다는 사실을 종종 잊어버리고 만다.

샌프란시스코를 포함해 베이 지역에 있는 기술기업 전체를 포괄해 지칭하는 실리콘밸리는 현재 연결성 분야에서 일어나고 있는 모든 주요한 혁신들에서도 최전선이다. 이곳은 애플(Apple), 구글(Google), 페이스북, 링크트인(LinkedIn), 핀터레스트(Pinterest), 트위터(Twitter), 야후(Yahoo!) 등 수많은 주요 기술 기업들이 위치한 곳이다. 그 결과 스타트업, 투자자, 테크 블로거들을 위한 건강한 생태계가 형성되어 있다. 최고의 엔지니어링 재능을 향한 맹렬한 도전이 멈추지 않고 생겨나 자라나고, 기업들은 직원들을 붙잡아 두기 위해 더 매력적인 특전을 제공하려고 경쟁한다. 그리고 아무 곳이나 자신들이 원하는 곳을 선택해 일하거나 스스로 창업해서 자신들이 머무를 곳을 선택하는 이들을 지칭하는 '황금 수갑(golden handcuffs)'이라는 표현이 붙어 있는 곳도 실리콘밸리다. 일과 휴식이 서로 분리되지 않은 곳이다. 당신이 만약 실리콘밸리에 살면서 일한다면 당신은 먹고 자고 하면서 일주일 24시간 내내 정보기술을 호흡하게 된다. 뉴스에서 정보기술에 관한 기사를 읽게 되고, 커피숍에서 기술에 관한 잡담을 듣게 되고, 친구들 및 사회관계에서도 마찬가지 경험을 하게 된다.

페이스북에서 경력을 쌓고 실리콘밸리를 더 잘 이해하게 되면서 매일 아침 나를 침대에서 벌떡 일어나게 만드는 것은 프로그램 설계도 시스템도 도구도 아니라는 것을 깨달았다. 1등이 되고자 하는 기업들의 끝없는 경쟁과 전쟁도 아니었다. 나는 기술의 다른 측면에서 '사람들'에 관해 신경을 쓰게 되었다. 우리가 기술이라는 도구로 무엇을 할 수 있는지 그리고 산업이 함께 무엇을 할 수 있는지에 대해 관심을 갖게 되었다. 그리고 무엇보다 세상의 다양한 커뮤니티에서 우리가 사람들의 생활에 끼칠 수 있는 영향에 대해 돌아보게 되었다.

더욱이 엔지니어와 데이터가 다스리고 있는 기술 기업과 산업에서 기술의 이면에 있는 인간적인 요소(휴머니티)를 보라고 사람들을 떠미는 것은 매우 어려운 싸움이 될 것이라는 점을 알고 있었다. 하지만 기꺼이 싸우고 싶은 어려운 싸움이었다. 나는 사람들 사이의 우정과 연결을 강화하려는 페이스북의 믿기 어려울 정도로 강력한 능력을 볼 수 있었다. 우리가 교육에서 예술에 이르기까지, 과학에서 사업과 커뮤니티에 이르기까지, 다양한 방식으로 가치를 만들어 낼 기회를 갖고 있다는 걸 확신했다. 오바마 대통령이 페이스북을 방문했던 날 벌어진 일은 내가 연결성의 힘에 대해 진실이라고 생각했던 모든 것을 전형적으로 보여 주었다.

그러나 처음으로 이런 모든 생각들이 함께 찾아오기 시작한 것은 좀 더 이른 2007년이었다. 페이스북이 가만히 있는 사람을 쿡 찔러 말을 건네는 것을 넘어 어떻게 하면 정치적으로 활용될 수 있는지를 보았던 때다.

2007년 여름은 이듬해의 전국 총선거전의 광풍이 개시되기 직전이었다. 페이스북과 소셜 미디어가 폭발적으로 확산된 뒤 치러지는 최초의 대통령 선거가 될 것이었다. 그리고 비록 선거운동이 본격적으로 시작되기 한참 전이지만, 잠재적 후보군의 다수는 이미 페이스북에 공식 페이지를 만들어 활동에 나선 상태였고, 나중에 페이스북 생중계를 통해 자신들의 후보 등록 사실을 알렸다.

나는 갑자기 내가 온갖 종류의 매혹적인 정보를 모든 사람들과 공유할 수 있다는 것을 깨닫게 되었다. 모든 후보자들이 문의를 해 온 탓에 나와 우리 팀원들은 누가 선거 사무실을 운영할 계획을 가지고 있는지에 대해 주요한 뉴스미디어들보다 훨씬 일찍 정확한 정보를 갖게 되었다. 그해 여름 전문가들이 마이크 블룸버그(Mike Bloomberg)가 대통령 선거전에 뛰어들지 여부에 대해 추측하고 있을 때 나는 그들이 아직 공식 페이스북 페이지도 개설하지 않았음을 알고 씁쓸한 만족감을 즐기고 있었다. 비록 확실히 알았다고 할 수는 없을지라도 이것을 근거로 나는 그들이 경선전에 뛰어들 것 같지 않다는 점을 추측할 수 있었다.

그러나 내가 깨달은 중요한 것은 따로 있었다. 페이스북은 단지 대학생들을 위한 사이트에서 모두에게 필수불가결한 도구로 진화하고 있다는 사실이었다. 대통령 선거 결과에 영향을 끼치고자 하는 것처럼 페이스북을 이용해 무엇인가 실제로 중요한 일들을 하려는 사람들도 있었다. 이런 일은 페이스북이 도달 범위와 영향력을 확대할 수 있는 기회이기도 했다.

나는 우리가 후보자들로 하여금 공식 프로필을 만들게 하는 수준을 넘어서 좀 더 정치에 적극 개입해야 한다고 생각했다. 당시 그 이듬해와 그 이후 반년 동안 주류 미디어를 지배할 선거 이벤트에 페이스북이 뛰어드는 게 중요하다고 회사 내부에서 설교하고 다닐 때 나는 모든 직원들이 상당히 빨리 이 아이디어를 수용할 것이라고 예상했다. 상당수 직원들은 이 전망에 흥분했다. 하지만 그해 여름, 회사는 복합적인 새로운 광고 시스템을 개발하고 있었고 연말 안에 출시할 예정이었다. 광고는 마크를 비롯한 경영진 모두의 최대 관심사였기 때문에 매력 있고 흥미진진한 프로젝트였다. 이는 광고 상품 개발팀에서 일한다는 게 상사들에게 인정받을 기회를 얻는 것이고, 실리콘밸리 기술 숭배자들 사이에서 성배로 여겨지는 마크와 직접 만나게 될 기회도 잡을 수 있다는 의미였다.

내 동료들은 1년이나 남아 있는 선거에 대해서는 급속하게 흥미를 잃었다.

이 시점에서 당신은 사람들이 스마트한 경력 이동에 다시 초점을 맞추게 되었고, 나에게로 향했던 호감이 다른 사람들에게로 옮겨갔으며 아마도 어떤 '사내 정치'가 작동했을 것이라고 생각할 것이다. 당신의 짐작이 옳다.

이는 나 스스로 정치에 관한 업무를 시작해야 한다는 것을 의미한다. 좋든 나쁘든, 나는 항상 다듬어지지 않은 다이아몬드 프로젝트를 찾아내는 나만의 업무에 이끌려 갔다. 이는 모든 사람들에게도 빛을 발하는 새롭고 흥분되는 것을 찾아내는 것이 아니라 내가 소유하고 모양을 만들어 갈 수 있는, 일종의 원석 가공 프로젝트였다.

운 좋게도 나는 4명의 친구와 동료들의 지원을 얻을 수 있었다. 이전 상사인 댄 로즈, 페이스북 창립 멤버이자 영향력 있는 제품 매니저인 이즈라 캘러헌(Ezra Callahan), 상임고문인 크리스 켈리, 사업개발팀장인 데이비드 피시(David Fisch)였다. 그들은 이 미친 듯한 계획에 전면적이고 자발적으로 내 조력자가 되었다. 나중에는 애덤 코너(Adam

Conner)와 앤드루 노이스가 워싱턴 디시(D.C.)에서 페이스북에 합류해 이 '범죄'에서 나와 파트너가 되고, 평생친구가 되었다.

첫 번째 행동은 ABC 뉴스와 팀을 이루는 일이었다. 우리의 개막 토론은 방송 네트워크들 간의 경쟁으로 개최되었고, 기술기업들은 첫 번째 소셜 미디어 선거에 대한 그들의 비전을 달성하기 위한 작전을 개시했다. 유튜브와 CNN이 처음으로 공동 토론을 도입했다고 발표했고, 이는 즉각적으로 다른 방송 네트워크들로 하여금 소셜 네트워크 군비 경쟁에 뛰어들게 했다. 뉴스미디어들은 자신들의 방송 쇼 프로그램을 위한 인터넷 접근경로를 갖기 위해, 또 젊고 기술친화적인 수용자들을 끌어들이기 위해 뭔가 새롭고 쌍방향적인 요소를 찾기 위해 필사적이었다.

갑자기 서부 개척시대처럼 되어버렸다. 사람들이 좋아할 만한 소셜 네트워킹 사이트를 붙잡고 돌격 앞으로! 텔레비전 네트워크들은 필사적으로 무엇인가는 성사되기를 열망하며, 가능한 한 모든 인터넷 사이트들과 '통합'을 이뤄냈다고 발표하고 있었다. 우리는 무르익지 않은 파트너십을 제안해 오는 수많은 기업들의 무수한 요청을 받았지만 대부분 거절했다. 페이스북의 플랫폼 가치를 잘 보여줄 수 있는, 세련되고 독특한 무엇인가를 하고 싶었다.

이내 우리는 드디어 우리와 눈높이가 맞는 사람을 찾아냈다. ABC 뉴스의 앤드루 모스(Andrew Morse)와 폴 슬라빈(Paul Slavin)이 그들이었는데, 팔로알토 중심가에 있는 부카 디 베포(Buca di Beppo)에서 3시간 넘게 점심식사를 하면서 내 머리보다 큰 미트볼 접시와 엄청난 양의 다이어트 콜라를 해치웠다. 그 자리에서 프라이머리(예비선거) 전에 온라인-오프라인 공동 대통령 선거 토론을 개최한다는 아이디어를 찾아냈고 그 토론과 이후의 여론조사 결과를 ABC 뉴스 페이스북 업데이트를 통해 방송하기로 했다. 덧붙여서 우리는 페이스북에 소셜 정치앱을 개발해서 사용자들이 선거 이슈에 대해 각자가 논의하고 토론할 수 있도록 하고 ABC 뉴스는 토론 동안에 앱을 통한 답변들을 소개하기로 했다.

나는 이 계획이 유용하고 현실적이면서도 고유한 가치를 제공하기 때문에 매력적이라고 봤다. 페이스북으로서는 이번 계획이 '뉴스 피드(News Feed)' 기능과 새로 출시한 애플리케이션용 플랫폼을 보여 주는 완벽한 진열장 노릇을 할 수 있었다. 대부분의 앱이 게임인 반면, 이 앱은 이용자들로 하여금 2008년 대선에서 가장 중요한 주제들에 대해 각자 견해를 올리고 친구들이 어떤 입장을 취하고 있는지를 볼 수 있도록 했다. 사용자들이 의견을 올릴 때마다 뉴스 피드에 나타나게 해서 친구들이 이를 보고 토론에 반응하거나 참여할 수 있었다. ABC 뉴스로서는 경쟁사들과 차별화되는 젊고 신선한 방법이었다. 우리는 신속하게 계약에 서명하기 위해 자리를 옮겼다.

어쨌든 이 프로세스는 우리가 예상했던 것보다 스트레스를 많이 안겨 주었고 그래서 강한 기억으로 남았다. 나는 사업개발팀 동료인 데이비드, 법무팀의 줄리아 포포위츠(Julia Popowitz)와 함께 계약 협상 업무에 관해 긴밀하게 공조했다. 페이스북은 팔로알토 중심가의 새 사무실로 이사했다. 그 건물은 아직 전기도 들어오지 않았지만, 우리는 블랙베리 스마트폰의 빛을 이용해 ABC가 보내온 빽빽한 30페이지짜리 계약서를 면밀히 검토했다. 협상이 너무 과열되어 그중 한 사람은 한때 가벼운 심장발작 증세를 겪기도 했다.

결국 협상이 깨질지도 모른다는 불안감을 안은 채 계약서 서명이 이뤄졌고 핵심 인력들이 움직이기 시작했다. 페이스북 쪽에서는 나와 동료 이즈라가 엔지니어들과 함께 앱 개발에 초점을 맞췄다. ABC 뉴스 쪽에서는 (이듬해 우리 동료가 된) 오스틴 밴스(Austin Vance)와 브래들리 로튼바흐(Bradly Lautenbach) 두 사람이 들어왔다. ABC 뉴스는 유튜브에 관한 프로그램 제작을 직전에 중단한 바가 있어서, 회사 내부에 "세련되고 유행에 민감하고 기술적인" 사람들이 있었다. ABC 뉴스와 페이스북의 제휴 방법은 아주 우연히 이루어지게 되었는데, 특히 5년 뒤 브래들리와 나는 저커버그미디어를 공동창업하게 된다. 그러나 뉴욕의 휴스턴 식당에 앉아서 우리가 생각한 것은 올드미디어와 뉴미디어를 함께 제공함으로써 정치를 어떻게 변모시킬 것인가였다.

2008년 1월로 옮겨가 보자. 페이스북의 미국 정치 앱(U.S. Politics App)은 사용자가 100만 명에 이르렀는데, 페이스북 앱 플랫폼 초기단계에서는 큰 성과였다. 힐러리 클린턴과 버락 오바마는 아이오와 코커스와 뉴햄프셔 프라이머리에서 열린 토론에서 맞붙었다. 바로 거기에서 다이앤 소여(Diane Sawyer)는 라이브로 페이스북 사용자들로부터의 답변과 통계를 제시했다. 우리 팀은 특히 자신감에 차 있었고 사회자 단상에 커다란 페이스북 로고가 새겨질 때에는 약간 흥분하기까지 했다.

그런데 내가 흥분한 대상은 따로 있었다. 토론회 하루 전날 나는 처음으로 TV에 출연했다. 다름 아닌 「굿모닝 아메리카」*였다. ABC팀은 그 프로그램을 생중계할 때 우리를 참석하도록 해서 나는 이즈라와 함

* 미국 ABC 방송의 간판 아침 프로그램.

께 뉴욕에 있었다. 그때까지 나는 전국으로 방송되는 아침 토크쇼 프로그램의 세트장에 가 본 적이 없었다. (새벽 5시에 방송된 폭스TV의 「스티브 포브스 쇼」를 제외하면.) 이즈라와 나는 새벽에 일어나 맨해튼 어퍼 웨스트 사이드에 있는 스튜디오로 향했다. 우리는 스튜디오 근처를 어슬렁거리면서 얼빠진 듯 세트를 쳐다봤다. 무대 뒤 투어를 하기 위해 거기에 도착했을 때는 아주 이른 아침시간이었고, 우리는 평소처럼 '실리콘밸리 최고의 차림'을 하고 있었다. 이 말은 이즈라는 페이스북 후드티와 청바지를 입고 있었고 나만 캐주얼 스웨터 드레스와 축 늘어진 부츠로 살짝 차려 입었다는 걸 의미한다.

프로듀서가 우리에게 다가왔다. "그러니까 이 쇼 프로그램에서 이 부분은 전국에 걸쳐서 몇몇 지역의 날씨를 내보내는 시간입니다. 그런데 날씨를 보지 않을 사람은 누구나 앵커가 잠깐 동안 농담하는 걸 볼 수 있습니다. 당신과 이즈라가 앵커와 잠시 재치 있는 농담을 나누는 건 어때요?"

우리들은 입이 떡 벌어졌다.

그때 캘리포니아는 새벽 3시였다. 페이스북 홍보팀은 깊이 잠들어 있었고 설령 그들이 깨어 있었다고 해도 시간 안에 맞춰서 나타나는 것은 불가능했을 것이다. 우리는 눈 깜짝할 동안 결정을 내려야 했다. 나는 이즈라를 힐끗 봤다. 그는 내게 알겠다는 표정을 보냈고, 우리는 "예스"라고 답했다. 우리가 언제쯤에나 다시 「굿모닝 아메리카」에 출연할 기회를 얻을 수 있게 될까? 우리는 앞으로 나가서 앵커와 가볍게 농담하는 장면을 찍었다.

모든 게 잘 진행되었다. 그 뒤에 페이스북 홍보팀은 나를 약간 질책

했다. '그런데 말이야, 어떤 때는 허가를 해달라는 것보다 용서를 구하는 게 더 낫지 않나? 안 그래?'

우리가 중요한 무엇인가에 직면해 있다는 내 확신은 힐러리 클린턴의 여론조사 요원인 마크 펜(Mark Penn)이 오바마 지지자들은 "페이스북을 좋아하는 것 같다"고 공개적으로 발표했을 때 더 커졌다. 오바마 진영을 칭찬하기 위해 한 말이 아니라, 페이스북은 젊고(미숙하고), 어딘지 경험이 부족하고 그래서 적절하지 않다는 것을 표현하려 한 말이었다. 얼마 지나지 않아 오바마가 아이오와에서 승리했는데 그의 놀라운 승리는 주로 소셜 미디어에 의해서 활성화된 젊은 유권자들 덕분이었다. 이제 페이스북은 단지 선거운동 프레젠테이션의 구성에서 부분적 역할을 하는 게 아니라, 선거운동 자체에 영향을 끼치고 있었다.

나의 가공되지 않은 다이아몬드 프로젝트는 상당히 빛날 채비를 하고 있었다.

토론회 이후 우리는 무엇인가 새로운 것을 찾아 나서기 시작했다. 페이스북은 미국 정치 앱을 계속 유지할 자원을 갖고 있지 않았고 ABC 방송은 우리에게서 앱을 인수해 가기를 원하지 않았다. 결국 그 앱은 폐쇄되었고 코드는 지워졌다. 나로서는 견디기 힘든 일이었다. 숱한 찬사와 수고로운 작업을 쓰레기로 만드는 셈이었다. 나는 한 번 만들어진 뒤 지속되는 무엇인가를 개발하고자 열망했다.

그때 CNN의 앤디 미첼(Andy Mitchel)이 나타났다. 나는 몇 개월 전 앤디로부터 그가 진행하는 두 번째 'CNN-유튜브 토론'의 VIP 게스트로 초청을 받아, 플로리다 주 세인트 피터스버그로 와 달라는 초대를 수락했을 때부터 그와 이야기를 진행하고 있었다. 그때 앤디는 페이스북을 ABC 뉴스로부터 떼어 놓으려고 애쓰고 있었다. 나는 대화를 재개하기 위해 노력하기로 했다.

운 좋게도 앤디는 제안에 적극적이었고 우리는 CNN과 수없이 많은 아이디어를 공유했다. 또 다른 토론을 시작해야 하는가? 투표와 통계를 활용한 무엇을 해야 하는가? 결국 우리는 소셜 폴리틱 앱을 CNN이 만든 꼬마 웹사이트로 확장시키기로 결정했다. 사람들은 그 사이트에서 우리가 새로 출시한 페이스북 커넥트 버튼을 이용해 로그인할 수 있다. 그 사이트는 선거일 저녁에 페이스북 사용자들이 벌이는 라이브 토론을 서비스하고 다음 단계로 우리가 ABC와 진행했던 것을 구현할 계획이었다. 사람들이 자신들의 견해를 페이스북이 아니라 CNN.com 사이트에만 포스팅하더라도, 그것이 페이스북에 나타나 친구들로 하여금 합류하도록 권유할 수 있다. 이것은 페이스북 커넥트의 쇼케이스가 될 것이고, 페이스북과 CNN 양쪽 모두에게 윈윈이 될 수 있을 것이었다. 어떻게 이게 안 될 수 있었겠나?

CNN 사람들은 매우 고무되어서 그 꼬마 웹사이트를 홍보하는 텔레비전 광고를 제작해 내보내기 시작했다. 앤더슨 쿠퍼(Anderson Cooper)는 홍보 비디오를 녹화하기도 했다. 이것은 새로운 보스 밑에서 나의 첫 번째 프로젝트였고 그래서 필사적으로 성공을 열망했다. 앤디와 나는 둘 다 이 프로젝트와 관련된 업무에 우리의 역량을 집중적으로 쏟아부었다.

하지만 불행하게도 프로젝트는 대실패였다. 두 측면에서 여러 기술적 문제들이 있었다. 선거일 저녁, 사람들은 우리 사이트만 빼놓고 다른 다양한 사이트들에 접속하는 것처럼 보였다. 토론장이 썰렁해 귀뚜

라미 소리가 들리는 것 같았다. 꼬마 웹사이트는 CNN 웹사이트에서 찾아내기가 아주 어려웠고, 페이스북 커넥트 버튼은 꼭 연락하고픈 사람이 없다면 눌러 보고 싶지도 않게 보였다. 우리는 중요한 날로 기록될 수 있었던 거대한 기회를 날려 버렸다.

그러나 그때 실패의 문턱에서 승리가 찾아왔다.

그 주에 우리는 페이스북에서 해커톤(Hackerton)*을 개최했다. 해커톤은 몇 달마다 한 번씩 개최하는 사내 행사로, 직원들은 열정적인 프로젝트를 밤새워 수행하고, 이튿날 아침에 프로젝트 결과를 전 직원 앞에서 발표한다. 그러고 나면 아침식사로 팬케이크가 나온다. 직원들이 자발적으로 밤샘 근무하도록 끌어당기긴다는 게 즐겁게 들리지 않는다는 걸 나도 알고 있다. 하지만 해커톤은 페이스북을 활력이 넘치고 흥분되고 유대감을 형성하게 만드는 행사다. 해커톤은 페이스북의 열정과 기업가 정신을 구체화했다.

이번 해커톤이 열리던 도중, 새벽 2시쯤 막 집에 가려던 참이었는데 엔지니어 두 사람이 내게로 다가왔다. (가능한 한 오래 버틴 것이다. 나는 결코 밤샘에 어울리는 타입이 아니다.)

"랜디, 당신이 TV 방송사들과 일하고 있다는 걸 알아요. 우리한테 좋은 아이디어가 있어요."

피터 덩(Peter Deng)과 애리 스타인버그(Ari Steinberg), 두 엔지니어는 토론회 동안 컴퓨터에서 동시에 2개의 브라우저 창을 열어 놓아야 하는 점이 불편하다는 걸 알아냈다고 나에게 설명했다. 브라우저 하나는

* '해킹대회+마라톤'의 합성어로, 마라톤처럼 중간 휴식 없이 며칠 동안 밤을 새면서 개발 과제를 수행하는 개발자 행사

토론을 지켜보기 위해서, 다른 하나는 친구들이 그 토론에 대해 뭐라고 말하는지를 보기 위해서 필요했다. '우리가 둘을 결합시킨 걸 만들어 내면 되지 않나?'

나는 앤디 미첼을 불렀다.

4주 뒤 우리는 실제로 작동하는 초기단계의 시스템을 개발했고, CNN은 이 시스템을 버락 오바마 대통령 취임식 때 최초로 적용해 행사를 소셜 네트워크와 연계해 보도하려는 계획을 세웠다. 하지만 쉬운 일이 아니었다. CNN과 페이스북 둘 모두 상당한 자원을 투입해야 하는 일이었다. 해결해야 할 커다란 기술적 도전이 놓여 있었다. 상상할 수 있는 모든 저주의 말과 욕설들로 조합이 가능한 단어 수만 개에 대해 블랙리스트를 만들어 차단해야 했고, (이 때문에 가족 친화적 페이스북 선거가 되었다. 맙소사!) 사이트가 동시에 수백만 개의 비디오 스트리밍을 지원할 수 있을지에 대해서도 확신이 없었다.

현실의 페이스북-실리콘밸리 분위기 속에서 늦은 밤 우연히 두 엔지니어와 나눈 대화는 예정된 시간 안에 실제 제품으로 바뀌어 태어났다.

그러나 좀 더 일이 남아 있었다.

대통령 취임식 일주일 전에 앤디와 나는 취임식날 방송에서 앱이 어떻게 사용될지에 대해서 일일 점검 전화를 하고 있었다. CNN은 앵커 한 명을 캘리포니아로 보내 페이스북 본사에서 취임식 표정 전달과 함께 당일 소셜 미디어와 온라인 반응에 관한 주제 토론을 진행할, 말하자면 실리콘밸리의 정치 통신원 역할을 맡기려고 했다. 그렇지만 CNN은 적임자를 찾는 데 어려움을 겪고 있었다. 소셜 미디어 전문가여야 하므로 젊은 시청자들에게 어필할 만큼 젊고 참신해야 했고, 진지하게 받아들여질 수 있게 나이도 적당해야 했고, 카메라도 잘 받아야 했다.

나는 전화기에 대고 “그런 사람 구하긴 쉽지 않지”라며 동정어린 말을 했다.

“해보고 싶지 않아?” 앤디가 가볍게 물었다.

나는 잠시 멈췄다. “뭘?”

문자 그대로 내 가슴이 방망이질치는 게 느껴졌다. 일생에 한 번 올까말까 한 엄청난 기회처럼 들렸지만, 솔직히 나는 그 제안을 받아들이는 게 살짝 두려웠다. 앤디에게 잠시 생각할 시간을 달라고 요청하고 몇몇 동료들과 상의했다. 앤디는 기다려 주겠다고 했지만, 시간이 없으니 상사들 반응을 알아보는 차원에서 나를 잠재적 후보로 올려도 되는지 내게 물었다.

나는 선택 가능한 여러 가지 가능성들을 곰곰이 생각하면서 사무실을 서성댔다. 대학을 졸업하고 얼마 지나지 않아 뉴욕에서 살던 시절에 대해 생각했다. 오길비에서의 길었던 낮과 밤에 대해서도 생각했다. 마크를 만나러 캘리포니아로 가서 어두운 거실에서 프로그램 코드를 짜던 엔지니어들을 만났던 첫 번째 여행 생각도 났다. 그동안 내가 만들었던 수많은 우스꽝스러운 비디오들과 내가 카메라 앞에 서기를 얼마나 좋아했는지에 대한 생각도 떠올랐다. 그러고 나서 이번 선거 플랫폼에 이르기까지 지난 4년 동안 페이스북에서 작업해 온 그 모든 다양한 프로젝트들에 대해서도 생각했다.

내가 수백만 명의 시청자 앞에서 텔레비전 생방송을 통해 기술과 정치에 대해 말하는 데까지 이르다니 이것은 거의 미친 짓이나 다름없었다. 프로그램 막간 아이템으로 1분 동안 웃고 농담을 주고받는 것과 전문가 자격으로 출연하는 것은 완전히 다른 일이었다.

항상 나는 개인적으로나 전문적으로나 영향력을 갖고자 소망했다. 그 소망이 나를 IT 업계로 이끌고 온 이유이기도 했다. 한편 영향력을 갖고자 하는 추구는 나로 하여금 기술을 좀 더 거대하고, 다양한 방식으로 어젠다를 만들어 낼 수 있는 중요한 것으로, 실리콘밸리라는 울림통 너머에 있는 것으로 바라보도록 만들었다.

이제 다시 돌아갈 수는 없었다. 내가 소망해 온 모든 것들을 한순간에 결합시킬 수 있는 기회였다. 확실하게 나는 겁먹었다. 그러나 누군가가 내게 만약 날마다 적어도 한 번씩 긴장 때문에 토하고 싶다는 느낌이 들 정도면 진정한 기업가가 된 거라고 언젠가 말해 주었던 게 생각났다. 틀림없이 나는 이런 제안을 받을 정도로 엄청나게 운이 좋다. 하지만 행운은 당신이 바로 눈앞에 닥친 그 기회를 잡을 때에만 쓸모가 있는 것이다.

앤디가 다시 전화를 걸어왔다. "프로듀서들은 당신이 그 프로그램을 하기를 바라고 있어요. 같이 합시다." 나는 페이스북 홍보 임원인 브랜디 바커(Brandee Barker)로부터 이미 승인을 받았다. 내 앞에 믿기 어려울 정도의 엄청난 경력을 쌓을 기회가 펼쳐진 순간이었다.

"네, 할게요."

그 전날 저녁, 유년 시절 기억이 떠올랐다. 나는 초등학교 4학년이었고 이라크전쟁 '사막의 폭풍' 작전이 한창이었다. 교실은 노란 리본으로 뒤덮였고 주위의 모든 텔레비전은 CNN에 고정되어 있었다. 어느 날 저녁식사 자리에서 엄마는 내게 뉴스에서 무슨 일이 일어나고 있는지 알고 있냐고 물었다. 나는 모른다고 말했다. 엄마는 실망했다면서 세상에서 지금 무슨 일이 일어나고 있는지를 따라잡는 것은 인생에서 매우 중요한 일이라고 말했다. 제대로 정보를 알고 있지 못하다는 엄마의 생각을 바꾸기 위해 필사적으로 노력했는데, 그날 이후 사흘간 거실을 떠나지 않고 CNN을 지켜보며 방대한 양의 메모를 한 일이 있다.

이 기억이 갑자기 되살아나자, 나는 수화기를 들고 뉴욕 웨체스터에 있는 엄마에게 전화를 걸었다. "엄마. 나는 늘 현재 일어나는 일을 따라잡아 왔고, 지금은 내가 바로 현재의 이벤트가 됐어"라고 말했다.

"무슨 말이니?" 엄마는 거의 20년이 지난 시점에서 내가 무슨 말을 하는지 정확히 알지 못했다. 엄마는 내게 행운을 빌어주었고 나는 잠을 이루려고 했지만, 긴장하고 흥분한 탓에 잠들기는 쉽지 않았다.

오바마 대통령 취임식 날 나는 페이스북 사무실에 새벽 2시 30분에 도착했다. 그날 태평양표준시(PST)로 새벽 3시, 동부표준시로는 새벽 6시에 시작되는 나의 첫 방송을 위해 대기하고 있었다. 가는 세로줄무늬 정장에 실크블라우스를 차려 입었으므로 그날 분명히 실리콘밸리 스타일은 아니었다. 그러나 다행스럽게도 사무실은 친근하고 활력 넘치게 느껴졌다. 그처럼 이른 새벽, 인적 없는 시간에도 사무실에는 활력이 넘치고 있었다. 많은 엔지니어들이 전날 밤부터 그때까지 여전히 일하고 있었다.

한때 MAC 화장품회사에서 일했던, 페이스북 임원의 비서인 로라 반스(Laura Barnes)는 내 메이크업을 도와주기 위해 즐거운 마음으로 기다리고 있었다. 엔지니어링팀의 수석임원 제프 로스차일드(Jeff Rothschild)는 수백만 명이 동시에 페이스북에서 라이브 비디오 스트리밍을 이용하더라도 문제가 없도록 운영 · 유지하는 것을 책임질 기술팀들로 상황실을 설치했다. 엔지니어 톰 위트나(Tom Whitnah)와 루크 셰퍼드(Luke Shepherd)는 CNN팀과 통신장애 증상을 수리 중이었다. 광고팀의 팀 켄달(Tim Kendal)은 내가 방송에서 처음으로 인터뷰할 사람으로, 우리 코너에서 몇 가지 이야기를 할 예정이었다. 그 밖에도 주위를 정리하고 방송 환경을 만드는 페이스북과 CNN팀 소속의 사람들이 여럿 있었다.

새벽 3시 정각에 카운트다운을 했다.

나는 내가 첫 꼭지 동안 무슨 말을 했는지 기억나지 않는다. 심지어 열차 전복사고를 겪은 느낌까지 든다. 어떻게 마이크를 잡아야 할지도 몰랐으며 뉴스를 전달하려고 준비하는 동안 내가 끼고 있는 이어폰으로 들려오는 사람들의 대화에 주의를 빼앗겼다. '전국 통신원'은 생각보다 훨씬 어려운 일이었다. 나머지 남아 있는 출연 분량이 모조리 취소될지도 모른다는 생각이 들었다.

다행히 그런 일은 일어나지 않았다. 계속 진행되었다. 하루하루 진행될수록 자신감이 생겼다. 마이크를 잡은 채 오랫동안 이야기하도록 지시를 받았을 때, 나는 막간을 메우기 위해 흥미로운 얘깃거리를 생각해 낼 수 있었다. 저명한 통신원들과 재치 있는 농담을 주고받기도 했고, 스스로 이를 즐겼다. 어느 날 내 이어폰이 작동불량이었을 때조차 그 상태로 잘 진행했다. 상원의원 테드 케네디(Ted Kennedy)가 취임식 도중 쓰러졌을 때는 이를 긴급뉴스로 방송하기도 했다. 이 소식을 다른 앵커들이 알기도 전에 나는 페이스북으로 내보냈다.

그날이 마무리되었을 때 나는 유쾌함과 행복감에 취했다. 나는 망치지 않았다. 성과는 무엇보다 우리가 페이스북 시스템을 통해 동시 비디오 스트리밍 2,600만 회를 달성했다는 점이었다. CNN은 페이스북과 결합되어 있는 다른 방송네트워크를 통해 이보다 4배나 많은 시청자들에게 방송했다.

그 주말 페이스북의 월례 전체 직원 미팅에서 제품담당 부사장 크리스 콕스(Chris Cox)는 우리 팀을 일으켜 세우고 모든 직원들에게 기립박수를 부탁했다.

이것이 별로 끌리지 않는 프로젝트를 처리한 방식이었다. 매력적인 프로젝트는 대개 주방에 요리사들이 득실거리고 수많은 사람들이 생색을 내려고 선 채로 대기하고 있다. 그러나 매력적으로 보이지 않았던 프로젝트가 성공하면 보통 그 성공이 누구 때문이었는지가 상당히 명확해진다. 나의 과감한 투자는 성공을 거두었다. 지금도 크리스 부사장이 전체 직원 앞에서 나를 일으켜 세운 채 한 말을 정확히 기억한다. “이 프로젝트는 최고 수준의 페이스북을 보여주었습니다. 페이스북을 위한 승리이자, 오바마 대통령을 위한 승리였습니다.” 1년 반 동안의 힘든 여정 끝에 내 아이디어는 반짝반짝 빛나는 새로운 보석이 되어 있었다.

선거 일정이 돌아가기 시작하면 거의 대부분의 전문가들은 소셜 미디어가 현실정치에 의미 있는 역할을 할지에 대해, 뉴스가 유포되는 방식이나 혹은 유권자들이 선거운동에 참여하는 방식에 관해 의문을 제기한다. 그때까지 전문가들은 일리가 있었다. 많은 방송사들이 그때까지 시도했던 소셜 미디어와 온라인 유사 프로그램들은 참신했거나 실패했거나 혹은 둘 다였다. 선거 당일 페이스북의 꼬마 웹사이트도 이 범주로 분류된다. 하지만 우리는 소셜 미디어가 방송사와 시청자들을 위해 진정한 가치를 제공한다는 것을 확신할 수 있게 보여주었다. 우리는 토론 기간 동안 방송과 온라인을 결합시키는 힘을 증명해 냈다. 그리고 우리는 최초로 진정한 소셜 네트워크 기반의 대통령 취임식을 가능하게 했다.

우리는 미디어 산업을 위한 좋은 모델을 제공하는 것 이상을 해냈다. 혁신과 정치가 어떻게 함께 손잡고 갈 수 있는지 보여주었다. 우리는 기술이 텔레비전 방송과 결합하면 유권자들을 움직이게 하고 참여시키는 데 강력하고도 완전히 새로운 동력이 될 수 있다는 걸 입증해 냈다. 선거 뒤 분석가들이 왜 오마바의 선거운동이 그토록 성공적이었는지, 특히 어떻게 젊은 유권자들을 활발히 참여하게 만들었는지 검증하기 시작했는데, 소셜 미디어와 인터넷은 그의 성공을 이끌어 낸 주요 요소로 인정받았다. 그리고 미국 정치 앱, 토론, 정치인 프로필 등을 통한 페이스북의 노력도 이들의 분석에 빠지지 않고 언급되어 있다.

내가 이전에는 몰랐던 새로운 분야로 들어간 이 시도를 통해서 또 다른 새로운 직업 경로를 발견하게 되었다. 제품 관리자, 프로듀서, 해커, 방송 리포터로서의 약간씩의 경력 말이다. 그리고 2009년 1월 오바마 대통령의 취임식 날부터 내 인생은 다른 방향을 향해 빠르게 이동하기 시작했다.

| 디지털 기술을 두려워하는 당신에게

마크와 그의 강아지 비스트와 함께 있던 2011년 4월, 우리 집 현관에서 내가 페이스북 생활을 끝내려고 하던 때의 이야기로 돌아가자.

"누나, 그만 두려는 게 확실해?"

"그래."

나는 마크가 무슨 말을 할 거라고 당시 예상했는지는 기억나지 않는다. 아마도 나는 그에게 함께 일한 6년이란 시간, 또는 내가 미디어 산업을 혁신시키기 위해 혼신의 열정을 쏟아 낸 것에 대해 무엇인가 진심어린 반응을 기대했을 수도 있다.

대신에 마크는 많이 흥분한 상태였는데도 항상 그렇듯 사랑스러울 정도로 논리적이었다. "왜 지금 당장 그만 두어야 하는데? 누나는 곧 출산할 예정이잖아? 먼저 출산휴가부터 다녀온 뒤에 하고 싶은 일을 나중에 생각해 보는 게 어때?"

아마도 오바마 타운홀 미팅 서비스를 마친 뒤 오는 안도감이었거나 마크에 대해 느끼기 시작한 거리감 때문이었을지 모른다. 아니면 이제까지 내가 분투하고 애쓰면서 살아온 스트레스 때문이었을지도 모른다. 그러나 무엇 때문이었든 간에 이튿날 아침 예정일보다 3주나 이르게 아들 어셔(Asher)를 출산하기 위한 진통이 시작되었다.

이후 몇 주 동안은 잠에 빠져 경력 계획은 말할 것도 없고 나 자신의 이름조차 기억하기 힘들었다. 그러나 몇 주가 지난 뒤 우편물 때문에 처음으로 혼자서 집 밖으로 외출했을 때 ABC 뉴스의 앤드루 모스에게서 전화를 받았다.

"랜디, 축하해요! 선거 때 정치 보도로 에미(Emmy) 상 후보로 지명되었어요."

물론 다시 돌아가는 일 따위는 없었다.

마치 6번의 인생과도 같았던 6년의 시간을 보낸 끝에 나는 페이스북을 떠났다.

오늘날까지 사람들은 나를 만나면 종종 페이스북에서 일하던 때를 그리워하는지 묻는다. 물론 그렇다. 그러나 실은 그 시절의 한때를 그리워하는 것이다. 페이스북은 결코 다시 누리거나 반복될 수 없는 멋진 휴가와도 같았다. 그 때문에 나는 영원히 향수를 느낄 것이다. 페이스북에 관해 내가 그리워하는 것들은 많다. 그러나 특히 초기 시절들이 각별했다. 스타트업에서 일하는 대부분의 사람들은 비슷하게 느낄 거라고 생각하고, 그게 실리콘밸리에서 기업가가 될 인재를 찾는 게 왜 그처럼 쉬운 일인지를 말해 준다고 생각한다. 새로운 기업의 일원이 되는 경험은, 미래가 당신을 어디로 데려갈지에 대해서는 아무것도 모른 채 맥박이 벽을 넘어설 것처럼 고동치는 에너지를 느끼게 되며, 그리고 길이 어디로 이어지든 간에 항상 함께 여행하는 사람들과 연결되어 있음을 아는 것과 같은 것이라고밖에는 설명할 길이 없다.

페이스북을 나온 직후 연중 이어지는 강연 프로그램을 시작해서 전 세계에 걸쳐 많은 사람들과 연결되었다. 상당히 오랜 기간 동안 실리콘밸리 거품 속에 있던 뒤라서 신선하고 흥미진진했다. 기술과 미디어의 만남에서 나의 역할에 대해 폭넓게 이야기했다. 마케팅의 미래 동향에 대해서도 전망했다. 청중들이 듣기를 기대했던 '소셜', '로컬', '모바일' 같은 소셜 네트워크에서의 인기단어들은 언급하지 않았다. 반면에 현실에 실제로 도움이 되는 말을 전달해 주고자 노력했다.

나를 진짜로 멍하게 만든 일은, 내가 세상 어디로 가든 무엇을 주제로 다루든, 모든 사람들이 나에게 와서 던진 똑같은 질문이 몹시도 개인적인 질문이었다는 것이다. "어떻게 하면 내 아이들이 온라인에서 무엇을 하고 있는지 알 수 있을까요?" "어떻게 하면 젊은이들과 기술애호 직원들에게 밀리지 않고 내 자리를 보전할 수 있을까요?" "어떻게 하면 더 돋보일 나만의 온라인 브랜드를 만들 수 있나요?" "어떻게 하면 아이패드를 들고 침대에 들어오는 남편의 버릇을 고칠 수 있을까요?"

그리고 그게 내가 사명감을 느낀 지점이다. 나는 항상 페이스북 안에서 이야기꾼 노릇을 했는데, 한편으로는 우리가 알고리즘이라는 코드 짜기를 할 때 그 반대편에 사람이 있다는 것을 늘 잊지 말아야 한다고 설교했고, 또 다른 한편으로는 페이스북이 흥미롭고 독특한 방법으로 전 세계 사람들의 삶을 풍요롭게 개선하는 데 어떻게 활용되고 있는지를 강조하였다.

역설적이게도 사람들을 즐겁게 하고 끊임없이 사회적 · 경제적 기회를 만들어 내는 이 도구는 우리를 밤늦도록 잠 못 들게 하고 속 쓰리게 한다. 여행하고 강연 다니는 동안, 날마다 이 기술을 사용하고 있지만 도구에 치여 불안해하고 이 기술이 어떻게 자신의 생활과 가족과 직업을 바꾸고 있는지에 대해 혼돈스러워 하는 사람들이 세상에는 엄청나게 많다는 사실을 깨달았다.

나조차 기술에 의존하는 순간과 기술에 의존하지 않는 순간 사이의 균형을 유지하는 게 어렵다는 걸 생활에서 경험한다. 사람들은 일과 삶의 균형에 대해 많이 이야기한다. 하지만 나는 오늘날 사회에서는 기술과 삶의 균형이 더 중요한 주제가 되었다고 생각한다. 기업가로서 전 세계에 강의하러 다니는 동안, 동시에 나의 가족과 친구들과 동료들과 연결된 상태를 유지하려고 노력하면서 컴퓨터 · 스마트폰 · 태블릿피시를 내가 소유했다기보다 그 기기들이 나를 소유하고 있다는 생각을 하기에 이르렀다. 나는 항상 연결되어 있으면서 늘 '온(on)' 상태로 있어야 한다는 커다란 압력을 받아 왔다. 1년이 지난 시점에서 되돌아보니 그동안 25개 국을 돌아다니면서 수백 명의 새 친구들과 사업 파트너들을 사귀고 프로덕션 스튜디오를 짓고 사업체도 출범시켰다. 그러나 그러면서 나는 내 손에 붙어 있는 기기 없이 나의 삶을 실제로 사는 것을 잊어버리고 있었다. 나는 단순히 전원을 뽑는 방법도, 또 내 주변에 있는 사람들과 어울리며 즐기는 법도 잊어버렸다. 그 순간에 어떻게 존재해야 하는지를 잊어버린 것이었다.

이것이 바로 우리의 서로 연결된, 경이로운 삶의 모든 엉킴을 풀어내는 걸 도와야겠다는 목표를 세운 이유다.

현대의 삶은 복잡하고도 미묘하다. 최신의 앱, 웹사이트, 도구, 기기들을 따라잡기 위해 헉헉대다 마침내는 압도당하고 만다. 디지털 시대에 육아는 당신을 머리가 빠지도록 골치 아프게 만든다. 모든 행동이 공개되고 기록되는 시대에 우리가 직업적 삶을 영위하고, 인생을 사랑하고 친구를 사귀는 것은 혼란스러운 상황을 맞는 게 기껏해야 최선이고 잘못되면 경력이 끝장나고 만다. 그러나 반드시 꼭 그래야 하는 것은 아니다. 기술은 우리 생활에 공포가 아닌 의미를 채워 줄 수 있다. 다른 사람들과의 연결은 압도당하는 것이라기보다 힘을 얻게 되는 것이다. 회색지대는 위험보다 기회의 영역이 될 수 있다.

인터넷 · 소셜 네트워크 · 스마트폰은 우리가 새롭고도 놀라운 도구와 함께 소통하고 협력하고 서로 함께 살아가는 법을 알려 주었다. 우리는 이들 도구를 우리의 생활 · 관계 · 경력 · 공동체에서 변화를 만들어 내는 도구로 사용할 수 있다. 또한 예술 · 문화 · 오락을 새롭게 규정하고 다시 활력을 불어넣을 수 있다. 우리는 균형을 찾고 순간을 살아간다는 것이 의미하는 바를 다시 발견할 수 있다. 그리고 우리는 페이스북이 등장하기 오래 전부터 있어 왔거나 그런 방식으로 존재하고 있어 세상의 개인들이나 공동체가 직면해 왔던 아주 오래된 문제들을 이해하고 해법을 찾는 데 새로운 기술을 활용할 수 있다.

나는 나의 개인적 이야기들, 다시 말해 분투와 승리의 기록 그리고 기술의 새로운 세계를 만나면서 겪은 극심한 고통과 때로는 비참하기까지 한 경험을 공유할 것이다. 나는 내 아이와 같은 디지털 네이티브(디지털 원주민)에게 미래에 다가올 인생은 어떤 모습을 띠게 될지 그리고 아이들을 전적으로 온라인 환경에서 기르면서 그들의 인생 모든 순간을 기록하고 녹화하는 첫 번째 부모세대가 직면하게 될 도전들에 대해 이야기하려 한다. 그리고 우리에게 중요한 것을 위해 어떻게 기술을 활용할 수 있는지에 대해서도 이야기하고자 한다.

제3장

복잡미묘한 인터넷 세상

• • •

나는 보통 때와는 달리 크리스마스는 모든 사람이
가족들과 즐거운 한때를 보내는 저녁시간이라고 생각했다.
"오마이갓, 여기 봐. 마크 저커버그가 자기 가족들과 모여서
웃기는 사진을 찍었네! 이 사진을 바로 블로그에 올려야지"
라고 생각하는 사람은 없을 거라고 여겼다. 그런 까닭에
앞으로 나에게 닥쳐올 일에 대해서는 아무것도 몰랐다.

• • •

2012년 늦가을 어느 날, 나는 기술과 현대 생활방식에 대해 깊이 생각하기 시작했다. 에티켓 · 관례 · 정체성 · 공유에 대한 생각이다. 앞서 언급한 것처럼 1년이 걸린 순회강연 동안 기술의 역할과 사람들의 생활, 구체적으로는 자녀들과 가족들과 직업세계에서 달라지는 소통에 대해 물어오는 개인적 질문을 많이 받았다. 어디를 가든, 청중이 누구이든 간에 마찬가지였다.

동시에 브래들리 로텐바흐(2008년 선거 ABC 뉴스-페이스북 토론 때 파트너였고, 저커버그 미디어를 함께 만든 동업자)와 나는 제프 펙(우리 회사 CFO)과 함께 최근 캘리포니아 멘로 파크에 1,115m²(약 338평) 규모의 제작 스튜디오를 완공하고 우리가 만들고자 하는 오리지널 프로그램들을 기획하고 있었다.

어느 날 나는 한 여성과 직장에서의 정보기술에 대해 대화하고 있었는데 그녀가 갑자기 울음을 터뜨렸다. 그녀는 정보기술을 잘 아는 누군가에게 자기 일자리를 빼앗기게 되었다고 털어놓으며 어떻게 하면 최신 정보기술을 좀 더 잘 보유할 수 있는지 조언을 부탁했다.

난 충격을 받았다. 내 앞에 있는 이 여자가 기술과 자신의 삶과 직업에 그토록 처절하게 위험을 느꼈다면 분명히 같은 감정을 갖는 또 다른 사람들이 수백만 명 넘게 있을 것이다. 기술은 지나치게 혼란스럽거나 복잡해서는 안 된다. 적절하게 관련성 있게 접근 가능한 방식으로 기술이 설명되면, 기술은 즐거운 대상이 되고 삶을 변화시키는 도구가 될 수 있다. 나는 정보기술을 탈신화화하고 사람들의 공포를 덜어 주기를 간절히 희망했고, 이 목적을 달성하기 위해 우리 제작 스튜디오를 활용할 수 있는지 검토하기 시작했다.

브래들리와 나는 우리의 새로운 비전에 관해 매우 고무되었다. 브래들리는 ABC방송에서 「굿모닝 아메리카」를 제작했기 때문에 아침 텔레비전 방송 시청자들을 깊이 이해하고 있었고, 어떻게 하면 유익하고 오락적이면서도 적절한 콘텐츠를 만들 수 있는지 잘 알고 있었다.

우리는 사람들이 기술 세계 바깥에 살고 있으며 실제로 자신들의 정체성을 '기크(geek: 컴퓨터나 정보기술에 대해 지식 수준이 높은 괴짜)'나 '테키(techie: 컴퓨터 기술 전문가)'로 여기지도 않는다는 걸 알고 있다. 만약 당신이 대부분의 여성들에게 잡지나 블로그에서 어떤 종류의 글을 읽고 싶으냐고 물어보면 정보기술에 관해 더 많은 읽을거리를 원한다고 대답하는 사람은 거의 없을 것이다. 하지만 마찬가지로 많은 여성들이 정보기술에 관한 기사를 인터넷에서 찾아 읽고 있으며 그 비율은 놀라울 정도로 높아지고 있다. 우리는 또한 대다수 사람들이 스스로 자신에 대해 평가하는 것보다 훨씬 더 기술 애호적이고, 그들의 일상생활을 영위하도록 돕는 정보기술 콘텐츠에 깊은 관심을 갖고 있다는 것을 알게 되었다.

정보기술은 이제 우리들 생활에 이토록 깊이 스며들었기 때문에 실제로는 더 이상 '정보기술적' 콘텐츠가 아니라, 그저 '현대생활(modern living)'의 일부일 따름이다.

우리는 사람들이 정보기술에 대해 경탄하는 동시에 혼돈스러워하는 모습을 본다. 사람들은 앱을 다운로드하기 좋아하지만, 자녀들의 사용을 모니터링하는 방법이나 자녀들에게 인기 있는 앱에 대해 간단하게 이야기하는 법을 잘 알지 못한다. 문자메시지 보내는 방법을 알고 있는 사람들도 문자메시지 발송을 중단하는 방식에 대해서는 잘 알지 못하는 경우가 많다. 스스로도 부적절한 시간이라고 여겨지는 때 문자를 보내고 있다는 것을 알면서도 말이다. 그들은 사진 공유를 좋아하지만, 공유할 때 프라이버시 설정을 어떻게 해야 하는지 잘 알지 못하는 경우도 있다. 사회의 회색지대가 점점 확대되고 있으며 날마다 점점 더 회색으로 변해 가고 있다. 그리고 모든 새로운 혁신은 새로운 문제의 그림자를 함께 드리우고 있다.

우리가 지금 무엇을 해야 하는지가 갑자기 분명해졌다. 나는 사람들로 하여금 정보기술이 사려 깊고 적절하게 사용되기만 하면 그들의 삶에서 얼마든지 놀라운 도구로 쓰일 수 있다는 사실을 이해시키고 싶어 한다는 것을 확실히 느꼈다. 그래서 우리는 '닷 컴플리케이티드(Dot Complicated: 복잡미묘한 인터넷 세상)'라는 웹사이트를 개설하기로 결정했다. 미션은 우리의 "서로 연결된 경이로운 인생의 엉킴을 풀어내는 것"이었다.

나는 정보기술의 인간적 측면에 깊은 관심을 가지고 있다. 하버드대학에서 심리학을 전공했고 페이스북에 근무하는 동안 컴퓨터 프로그램 코드 뒤에 있는 '사람'들을 인식하는 일에서 둘째가라면 서러운 자리를 오랫동안 차지하고 있었다. 지난 6년 동안은 기술과 사람들의 생활과 관련된 다양한 이슈를 다루기 위해 담당자들 및 기업들과 함께 일해 왔다. 나는 또한 페이스북에서 언론을 상대하는 대변인으로 활동했는데, 이때는 페이스북에 정보기술과 일상의 삶 사이의 간극을 메우기 위한 업무에 적절하고 연관성 있는 사람이 필요했던 시점이었다.

'닷 컴플리케이티드'가 어떤 점에서는 항상 내 인생의 일부였다는 생각이 든다. 갑자기 새로워지고 넘치는 활력을 느꼈다. 페이스북에서 내가 했던 모든 일들, 구체적으로 내가 개척했던 모든 프로젝트와 혁신들, 그리고 내가 저질렀던 모든 실수가 결국 이 일을 하기 위한 준비작업이었다는 생각이 들었다. 현대의 디지털 삶이 지향하면서 일어나는 이들 이슈를 공표할 시점이었다.

새롭게 발견한 비전을 품은 채 브래들리와 나는 크리스마스부터 새해 첫날까지 1주일 동안 휴가를 가기로 했다. 휴가를 통해 새해에 재충전되어서 돌아올 수 있었다.

운이 좋아진다는 것은 길가에 널려 있는 기회를 가리키는 신호를 알아볼 줄 안다는 뜻이다. 비록 이들 신호가 미디어를 타고 증폭되어 당신에게 온라인에서의 일대 소동이나 상당한 비용을 치르도록 하는 공개망신이라는 형태로 돌진한다고 하더라도 말이다.

결국 …….

"성공하는 여성은 남들이 그녀에게 던질 벽돌을 이용해 단단한 토대를 만들어 가는 사람이다."

– 데이비드 브링클리(David Brinkley)*

| 기술의 덫에 걸린 저커버그 패밀리

우리 가족은 2012년 크리스마스 저녁을 함께하기 위해 모였다. 뛰어난 요리사인 내 동생 도나는 크리스마스에 중국요리를 먹는 우리 가족의 현대화한 유대교 전통을 존중해서 북경오리 요리를 만들고 있었다. 바쁜 와중에 가족 모두가 함께 모인다는 것은 정말 특별한 일이었다. 가족 모두가 연말 휴가에 고향 마을에 함께 있게 된, 상당히 드문 경우였다.

식사를 끝내고 나서 남편 브렌트는 아들 어셔를 재우러 가고 나는 설거지를 돕느라 다른 가족들과 함께 남아 있었다. 모두가 부엌에 모여서 그릇을 닦고 커피를 마시는 동안 마크는 페이스북이 그 주 초에 출시한 새로운 앱 '포크(Poke)'를 실행하면서 설명했다. 포크 앱은 누군가에게 메시지를 보내면 10초 안에 그 메시지가 사라지는 게 특징이다.

"이 메시지는 앞으로 자폭해서 사라질 거야. 10, 9, 8 ……."

내가 대학생이라면 이런 앱을 이용해 즐겁게 놀았을 거라고 생각했

* 1943년부터 1997년까지 미국 NBC와 ABC 등에서 뉴스앵커로 활동한 언론인. "성공하는 사람(man)이란 남들이 자기에게 던진 벽돌로 튼튼한 기초를 쌓아 가는 사람이다"라는 브링클리의 말을 랜디 저커버그가 살짝 변형함.

고, 이러한 '소멸하는 메시지' 유행이 10대와 젊은 세대 사이에서 왜 그토록 인기를 끄는지 알 수 있었다.

우리 모두는 포크 앱을 다운로드 받아 직접 사용해 보고 있었다. 주위를 둘러보면서 나는 우리가 여기에 서 있는 게 재미있다고 생각했다. 부엌 조리대 주변에 서서 서로 이야기하기보다 모두가 각자 자기 전화기를 들여다보면서 미친 듯이 문자를 입력하고 서로에게 보낸 뒤 포크 앱에서 사라지는 걸 체험하고 있었다.

"치~즈! 하세요." 카메라를 꺼내면서 내가 말했다. "모두 다 섹스팅* 하는 시늉을 해 봐!" 모두가 매우 자극적이고 재미난 표정을 지었고, 나는 재빨리 사진 한 장을 찍었다.

사실 나는 가족들의 사적인 사진을 웬만해서는 온라인에 올리지 않는다. 뜻 깊은 관계는 항상 세상에 떠벌리고 다녀야 할 필요를 느끼지 않아야 가능하고 또 그러해야 한다고 굳게 믿는 사람이기 때문이다. 하지만 이것은 사랑스럽게 시키는 대로 하는, 귀여운 사진이었다. 이것을 친구들만 볼 수 있게 프라이버시가 설정된 내 페이스북에 포스팅한 뒤 아들을 재우러 갔다.

물론 그 사진이 어딘가로 유출될 가능성이 있다는 걸 모르지는 않았다. 나는 온라인에 내가 올린 내용이 신문 1면에 그대로 실렸을 때도 문제없다는 판단이 들지 않으면 절대로 인터넷에 올리지 않는다. 그리고 이 사진은 '페이스북에서, 페이스북을 이용하는 페이스북 가족'이라는 기술 사진의 성배였다.

---

* sexting: 섹스와 문자 보내기의 합성어(sex + texting)로 음란문자 채팅을 말한다.

또한 나는 보통 때와는 달리 크리스마스는 모든 사람이 가족들과 한 때를 보내는 저녁시간이라고 생각했다. "오마이갓, 여기 봐, 마크 저커버그가 자기 가족들과 모여서 웃기는 사진을 찍었네! 이 사진을 바로 블로그에 올려야지"라고 생각하는 사람은 없을 거라고 여겼다. 그런 까닭에 앞으로 나에게 닥쳐올 일에 대해서는 아무것도 몰랐다.

한 시간쯤 뒤에 내 아들은 행복하게 잠자리에 들었고 나는 우리 집 거실에서 뜨거운 사과주를 한 잔 마시면서 인터넷을 이리저리 돌아다니느라 얼른 잠들지 못했다. 나는 트위터를 살짝 둘러보러 방문했다가 뒤늦게 깨닫고 '아차' 했다. 페이스북에 올린 가족사진을 누군가 가져다가 트위터에 게시한 것이었다. 이 상황은 내 페이스북 친구 중 누군가가 자신의 페이스북 타임라인에 내가 올린 사진이 올라오자 이를 다운로드하거나 그 사진의 스크린샷(screenshot)을 찍어 자신의 컴퓨터나 전화기에 저장한 뒤에 전혀 다른 사이트에 그 사진을 올린 것이었다. 늦은 밤이었기 때문에 나는 가족들과 보낸 즐거운 저녁의 기분이 약간 망가지는 느낌이었다. 나는 실망감을 표시하는 반응을 트위터에 발사했다.

그러고는 자러 갔다.

이튿날 아침 깨어나 보니 전국적인 뉴스 스캔들의 대상이 되어 있었다. 수십 통의 문자메시지가 도착해 있었고, 브래들리에게 걸려온 여러 통의 다급한 전화가 미수신 상태로 남아 있었으며, 수천 개의 트윗이 유통되고 있었다. 내가 그동안 리모컨으로 채널을 돌려 댔던 뉴스 방송사마다 전날의 가족사진을 화면에 내보내면서 내가 트위터로 주고

받은 메시지에 대해 말하고 있었다. 볼 것도 없이 사람들은 페이스북과 프라이버시를 다뤄야 하는 골치 아픈 일에 빠져들게 된 저커버그 가족의 '샤덴 프로이데(Schaden Freude)'*를 '쌤통이다'라면서 즐기고 있었다.

꿀꺽, 마른 침을 삼켰다.

"랜디," 답신을 위해 내가 브래들리에게 전화를 걸었을 때, 그는 소리쳤다. "ABC 방송의 「굿모닝 아메리카」 팀이 오늘 아침 나한테 벌써 세 차례나 연락해 왔어. 프라이버시와 에티켓에 대한 당신의 코멘트를 받고 싶대. 그리고, 연말 휴가라서 뉴스도 별로 없는데 앞으로 3일 동안

---

* '사악한 즐거움'이란 말로, 다른 사람의 불행을 즐기는 심리를 나타내는 독일어 표현

은 실컷 떠들어 댈 따끈한 소재를 미디어에 던져 주게된 셈이야. 축하해."

괜찮은지 물어오는 친구들의 문자메시지 세례와, 인터뷰를 요청하며 쏟아지는 방송사 프로듀서들의 전화와, 트위터에서 나를 향해 독을 뿜어 대는 익명의 사람들 사이에서 그저 멀거니 앉아 있을 따름이었다. 브래들리는 내가 논란을 일으키지 않았다면, 자기가 왜 3일간의 조용한 휴가를 떠나지 못했겠느냐고 내게 따져 물었다.

그러나 나에게 떠오른 생각은 이 모든 상황이 결국 '인터넷이 얼마나 복잡하고 미묘한가(dot complicated)'라는 것이었다.

모든 미디어들이 "저커버그의 누나, 페이스북 프라이버시 설정의 덫에 걸리다"는 헤드라인을 뽑으며 떠들썩하게 보도했지만, 실제로는 전혀 사실이 아니었다. 나는 나의 프라이버시 설정을 완벽하게 이해하고 있었다. 이는 공유행위, 사회적 관습, 온라인 에티켓의 회색지대에 관한 것이었다.

역설적이게도 이후 며칠 동안 페이스북의 포크 앱은 다운로드 순위가 치솟았다. (내가 아직도 그 회사를 위해 마케팅하고 있는 셈인가?)

더 중요한 것은 이번 사건이 결국 나로 하여금 우리의 현대적, 디지털 삶에 대한 토론을 시작하는 데 더욱 빠져들게 했다는 점이다. 기술이 한편으로는 상당히 멋지고 놀라운 도구이면서, 동시에 당신을 큰 곤경에 빠뜨릴 수 있다는 것을 보여 주는 살아 숨 쉬는 사례가 바로 나였다. 그리고 나는 이런 일에 관련된 사람들이 수백만 명이 넘는다는 것을 알고 있었다.

이 일을 계기로 나는 새로운 임무를 향해 급히 서둘러서 뛰어들었다. 나는 NBC 방송의 「투데이 쇼」에서 '현대의 기술 딜레마'라는 연속 기획 코너를 맡아 진행하게 되었다. 「뉴욕타임스」는 온라인 에티켓에 관해 1면 기사를 내보낼 때 나를 인용했다. 나는 '닷 컴플리케이티드'라는 제목으로 나만의 이메일 뉴스레터 서비스를 시작했고, 이를 통해 어떻게 기술이 당신의 직업적 경력, 애정생활, 가정생활, 인간관계 등을 개선시켜 줄 수 있는지에 관한 글들을 담았다.

그리고 이 책을 쓰기 시작했다.

| 바로 지금이 터닝 포인트다

왜 내가 정체성 · 인간애 · 에티켓이 향후 기술 발달과 관련해 우리의 현대 생활 및 관계에 끼치는 영향이 핵심적이라고 생각하는지를 독자들에게 이해시키기 위해서는, 먼저 우리가 어디에서부터 출발했는지에 대해 어느 정도 설명할 필요가 있다.

저명한 공상과학 소설가 아서 클라크(Arthur C. Clarke)는 일찍이 "어떤 기술이든 충분히 발달하면 마법과 구분하는 게 불가능하다"고 말했다. 그의 말이 맞다. 새로운 기술은 일종의 마법과 같아서, 오늘날 우리는 불과 몇 년 전만 해도 불가능했던 일들을 손쉽게 처리할 수 있다. 마법처럼 새로운 혁신기술들마다 우리의 사회와 잠재력을 진전시켜 왔다. 물론 이러한 마법적 도구들의 유혹적인 불빛은 우리의 눈을 멀게 해서 그 기술의 부작용과 부정적 측면으로 이끌어 가기도 한다.

나의 여정은 뉴욕 돕스 페리의 마법 같은 땅에서 출발했다.

1990년대 초 유행한 눈부시게 아름다운 선명한 컬러 티셔츠에 엄브로(Umbro) 반바지를 입고 다니던 때였다. 나는 그 시절 아마도 9살 아니면 10살이었을 것이다. 어느 날인가 학교에서 집으로 돌아오는 길, 아빠가 집 1층에 있는 치과병원으로 들어오라고 나를 불렀다.

"깜짝 놀랄 만한 걸 보여 줄게." 아빠가 말했다.

'이빨 때우는 거 정말 싫은데 ……'라고 난 생각했다.

아빠의 사무실로 내려가니 그 물건이 눈에 들어왔다. 바퀴가 달린 카트 위에는 베이지색 커다란 상자가 올려 있고, 벽에 있는 콘센트에 꽂혀 있었다. 옆면에는 한 쌍의 조명 불빛이 깜빡거리고 있었다.

"이게 무엇에 쓰는 거예요?" 별로 대단한 물건으로 보이지는 않았다.

아빠가 쉽게 설명해 주었다. "네 사진을 찍어서 이 기계에 넣는단다. 그리고 다른 사람 사진을 찍은 다음에 그 사람 얼굴에 너의 미소를 바꾸어 넣을 수 있어. 그래서 이제 사람들이 우리 병원에 오면 자기가 원하는 미소를 고를 수 있고, 그렇게 미소를 바꾸었을 때 어떤 모습이 될지를 미리 알 수 있지."

나는 흥미를 느껴서 아빠에게 그 기계를 당장 작동시켜 달라고 요구했다. 우리는 내 미소와 엄마 미소를 스캔하고 서로 교환해 보는 정도로 끝냈다.

물론 오늘날처럼 즉시 수천 명의 사람들과 사진을 공유할 수는 없었다. 나는 아빠가 인쇄해 준 복사본을 학교로 가져가서 몇몇 친구들에게 보여 주었다. 그게 다였다. 그러고 나서는 곧바로 그 사진을 내 침대 아래 있는 신발상자에 집어넣고 잊어버렸다. 만약 그 사진을 수천 명의 사람들과 공유할 수 있었다면 내가 과연 그렇게 했을까? 그리고 그렇게 해야 했을까? 다행스럽게도 그 시절에는 모든 일이 복잡하지 않았다. 게다가 얼굴에 다른 누군가의 미소가 대신 들어앉은 내 사진은 상당히 괴기스럽기까지 했다.

당시 나는 그 기계에 매혹되었다. 학교 수업이 끝나면 아빠의 병원으로 몰래 들어가서 사진에서 미소를 바꿔치기 하는 놀이를 친구들과 몇 차례 하곤 했다. 가끔은 들키기도 했는데 그러면 한바탕 꾸지람을 들었다. 그래도 그러한 마술 같은 놀이는 정말 해볼 만했다.

나는 7학년(중학교 1학년) 때 처음으로 내 전화를 가졌다. 당시에 휴대폰은 아직 대중화되지 않은 때였고, 그 전화는 유선전화였다. 그 전화가 전적으로 내 소유는 아니었지만, 문제될 것은 없었다. 낮 시간대 그 전화는 아빠의 병원 전화 회선으로 쓰였다. 그러나 치과의원이 문을 닫은 시간 이후로는 내가 그 전화선을 썼다. 저녁이나 주말에는 친구들과 몇 시간 동안 수다를 떨 수 있게 되었다! 남자친구나 영화 이야기, 가수 너바나(Nirvana)나 에이스 오브 베이스(Ace of Base) 등 우리에게 중요한 모든 주제에 대해 수다를 떨었다. 가끔 나는 치과 치료를 받으려는 사람들과 예기치 않은 통화를 하곤 했다. 그런 대화는 그다지 흥미롭지 않았다.

그 무렵 나는 생애 처음으로 인터넷과 만나게 되었다. 집에는 컴퓨터가 없었지만, 내가 기억할 수 있는 아주 오래 전부터, 아빠는 사무실에 두 대의 오래된 컴퓨터 기계를 갖고 있었다. 하나는 1970년대에 만들어진 아타리(Atari)였고, 또 하나는 내가 태어난 무렵 샀다는 IBM PC였다. 나는 한 번도 그 기계를 만져 보지 않았다. 아빠가 환자 기록을 저장하고, 병원 업무를 처리하거나 그 밖의 중요한 일을 하는 데 쓰는 기계일 따름이었다. 그러나 1990년대 중반에 부모님은 우리 남매를 위해 컴퓨터를 사 주었고 나도 함께 쓸 수 있었다.

그 첫 번째 컴퓨터는 크고 느린 데다가, 쓰기에 불편한 일이 자주 생겼다. 컴퓨터가 인터넷에 전화걸기(dial up) 방식으로 연결하기 위해서 작동하는 중에 내는 신음소리 같은 기계음을 듣는 일은 지루한 경험이었다. 더욱이 집안의 누군가가 통화하려고 전화기를 들 때마다 연결되었던 인터넷이 끊어지는 것은 지루함과는 차원이 다른 문제였다. 하지만 최초로 AOL에 접속해서 이메일을 보내고, 학교 과제를 위해 「그롤리어(Grolier)」 온라인 백과사전을 찾거나 친구들과 인스턴트 메시지(IM)를 주고받게 되면서부터는 인생이 바뀌는 경험이었다.

한편 나는 고등학교 3학년 때 처음으로 나만의 휴대폰을 갖게 되었다. 커서 다루기 불편한 라임그린색의 '노키아5110'이었다. 생김새나 느낌이 벽돌 같았고, 나는 실제로 그렇게 불렀다. 그러나 그 전화기는 다시 새롭고 놀라운 가능성의 세상을 열어주었다. 처음으로 누군가에게 연결할 수 있는, 또 내가 연결될 수 있는 가능성이 물리적 장소에 구애받지 않게 되었다. 더 이상 쇼핑몰 서쪽 출입구에 있는 친구를 동쪽 출입구에서 20분 동안이나 기다릴 필요가 없었다.

당신이 만약 운이 좋은 사람이라면, 전화걸기 방식으로 접속하는 인터넷 시기를 완벽하게 건너뛰었을 수도 있다. 그리고 첫 번째 전화기가 스마트폰일 수도 있다. 몇 시간 동안 자그마한 단색 화면을 보면서 게임을 하는 경험도 건너뛰었을지 모른다. 그러나 어찌되었든 이런 순간들은 흘러갔다. 실제로는 모두 같은 이야기를 하고 있다. 기술과 연결성은 날마다 점점 더 발전하고 있다는 사실이다.

지난 시절 자신만의 전화선을 갖는다는 것은 멋진 일이었다. 지금은 지구상에 50억 명이 전용 핸드폰을 갖고 있으며, 그중 약 10억 명은 스마트폰을 소유하고 인터넷, 이메일은 물론 놀라운 기능의 앱들을 사용할 수 있다. 불과 10년 전에는 인터넷 접속이 일종의 특권이던 세상이었는데, 이제 24억 명이 온라인에 연결되어 있다. 날마다 수백만 명이 추가로 인터넷에 연결되고 있는 것이 오늘의 모습이다.

기기들은 우리가 불과 1년 전에 상상했던 것보다도 훨씬 빠르고 싸고 강력해지고 있다. 실리콘밸리에서는 누구나 인텔의 고든 무어(Gordon Moore)의 이름에서 유래한 '무어의 법칙'에 친숙하다. 1965년 고든 무어는 컴퓨터 칩이 대략 18개월마다 처리 능력이 2배로 늘어날 것이라고 예측했다. 그 예측은 지금까지도 들어맞고 있다. 컴퓨터가 매년 갈수록 빨라지는 현상이 계속됨에 따라, 기기 가격도 지속적으로 하락해 왔다.

이 트렌드는 수많은 사람들이 지난 10년간 컴퓨터, 스마트폰, 태블릿피시를 손에 넣게 된 이유와 왜 이런 컴퓨팅 기기가 점점 더 많은 장소에서 눈에 띄게 되는지를 설명해 준다. 무어의 법칙은 수십억 명이 휴대폰을 사용하고 인터넷에 연결되게 만들었고, 어떻게 해서 오늘날의 핸드폰이 과거에 사람을 달에 운반하는 데 사용된 아폴로 우주선에 탑재되었던 컴퓨터보다 수만 배 강력하게 되었는지를 설명해 준다.

게다가 사람들은 해마다 온라인에서 점점 더 많은 것들을 공유하고 있다. 몇 해 전 어떤 사람은 우리 가족 이름을 딴 기술 트렌드를 제시한 바 있다. 동생 이름을 딴 '저크의 법칙(Zuck's law)'이라는 말로, 세상에서 우리가 공유하는 정보의 양이 2년마다 2배씩 증가한다는 내용이었다. 당신이 이 책 한 페이지를 읽는 동안 수백 시간의 고양이 동영상, 스케이트보드를 타는 우스꽝스런 강아지, 그 밖의 수많은 소중한 콘텐츠들이 인터넷에 업로드되었을 것이다. 트윗은 수백만 개가 공유되었을 것이며 그중 일부는 실제로 누군가 읽어 보았을 것이다. 그리고 1,600만 개가 넘는 콘텐츠가 페이스북에 포스팅되었을 것이다. 그중에는 점심식사 메뉴를 찍은 사진들도 많이 있을 것이다.

물론 이런 추세에는 한계가 있다. 어떤 점에서 사람들은 더 이상 많은 정보를 다룰 수 없다. 다만 우리가 볼 수 있는 방대한 양의 웃기는 고양이 동영상과 아기 사진들이 있을 따름이다. 그래도 당신은 아이디어를 얻을 수 있다. 공유되는 콘텐츠의 규모는 거의 우리들의 이해 범위를 넘어선다. 시장분석 기업인 IDC가 2012년 12월 발표한 보고서 「디지털 유니버스」에 따르면 이미 지구상 모든 바닷가의 모래알만큼이나 디지털 콘텐츠가 많다는 것이다.

그리고 이 추세는 수그러들지 않고 있다.

세상 전체는 점점 더 연결되고 있다. 어디에서나 온라인에 연결될 수 있다. 에베레스트 산 꼭대기에서도 인터넷에 연결할 수 있다. 우주정거장에서도 인터넷 신호를 찾을 수 있다. 많은 우주인들이 우주 궤도에서 지구를 찍은 멋진 사진들을 포스팅해 이를 팔로잉하는 팬들을 많이 만들고 있다. 코닥 모먼트*다.

세상을 연결하는 것에 대해 언급하기 시작한 지 채 40년도 안 되는 기간 동안에 우리는 실제로 세상을 연결하게 되었다. 우리가 연결성에

* Kodak moment : 1960년대 및 1970년대의 코닥은 현재의 구글, 애플 같은 동경의 대상인 기술기업이었는데 당시 미국인들은 영원히 간직하고 싶은 소중한 순간을 '코닥 모먼트'라고 불렀다.

대해 기대하는 것은 점점 더 늘어나고 있다.

자라면서 나는 몇 분 동안이라도 온라인에 연결되는 게 얼마나 흥미진진한 경험이었는지, 또 친구들과 AOL의 인스턴트 메신저인 AIM으로 수다를 떨 때 가족 중 아무도 전화기를 들지 않아서 끊어지지 않고 30분을 계속 통화하게 되면 대단한 행운이라고 여겼던 것을 기억한다. 누군가 전화기를 들면 미친듯이 수화기를 내려놓으라고 울부짖듯 부탁하곤 했다.

오늘날 우리는 항상 온라인에 연결될 것을 기대하고, 어디에서라도 연락이 가능할 것으로 기대된다. 보통 그렇다. 모건스탠리의 「인터넷 트렌드 리포트」는 90%가 넘는 사람들이 휴대폰을 24시간 내내 자신으로부터 3피트(약 1미터) 거리 안에 두고 있다는 걸 보여 준다. 2012년 5월의 해리스 폴 조사는 미국에서 53%의 사람들이 이미 잠자리에 든 이후 한밤중에도 전화기를 정기적으로 체크하고, 놀라울 정도로 상당히 많은 사람들이 화장실에 있을 때도 전화기를 체크한다. (나는 그들 중 대부분이 볼일을 본 뒤 손을 깨끗이 씻을 거라고 생각지 않는다. 누군가 당신한테 스마트폰을 건네면서 사진 한 장 찍어달라고 하는 걸 생각해 보라. 당신은 그동안 "좋아"라고 대답해 왔다.)

이러한 '24시간 온라인' 사고방식은 우리 일상의 모든 영역을 침범한다. 2012년 야후와 가젤(Gazelle)이 실시한 조사는 놀랄 만한 데이터를 보여 준다.

– 여성의 25%는 태블릿피시를 계속 쓰기 위해서 1년간 섹스를 포기할 수 있다고 답했다.

- 전체 응답자의 15%는 태블릿피시를 계속 쓰기 위해 승용차를 포기할 수 있다고 답했다.
- 모든 응답자의 약 15%는 1주일 동안 아이폰 없이 지내는 것보다는 그 기간 동안 섹스를 포기하는 게 낫다고 답했다.

2012년 텔레나브(TeleNav)도 유사한 조사를 했는데 1주일 동안 휴대폰을 쓰지 못하는 것 대신에 포기할 수 있는 생활의 '작은 즐거움'에 대해 사람들이 다음과 같이 답했다.

- 70%는 음주를 포기할 수 있다고 답했다.
- 21%는 신발을 포기하겠다고 말했다.
- 애플 스마트기기 사용자의 28%와 안드로이드 스마트기기 사용자의 23%는 중요한 사람을 만나지 않는다는 데 동의했다.

매캔 트루스 센트럴(McCann Truth Central)이라는 집단의 최근 조사에서는 결혼한 여성의 49%가 휴대전화를 쓰지 못하는 것 대신에 약혼반지를 포기해야 한다면 그렇게 하겠다고 답했다. 그리고 2012년 해리스 인터랙티브(Harris Interactive)는 조사 대상자의 40%가 그들의 소셜네트워크 계정을 포기하는 대신 차라리 하룻밤 감옥에 갇혀 지내겠다고 답했다고 발표했다.

이것이 지금 우리가 살아가는 세상의 모습이다. 기술은 거의 모든 곳에 존재하고, 우리의 생활을 지배하게 되었다. 그러면 그럴수록 우리는 사람들이 덜 연결된 삶을 소망하며 인간관계를 발전시키고 재능을 개발하며, 예의범절을 훼손하지 않는 연결된 삶을 보장받고자 그들과 가족의 삶에 규칙을 만들려 노력하는 모습을 실제로 보고 있다.

앞으로 10년 동안 우리들은 세상이 점점 더 이상하게 변하는 것을 보게 될 것이기 때문에, 균형을 찾는 일은 갈수록 중요해질 것이다. 모든 사람과 모든 사물은 연결될 것이며, 온라인과 오프라인 사이의 구분도 앞으로는 사라지게 될 것이다.

사람만이 아니라 우리는 사물들, 즉 환경, 가정, 의류, 자동차 등등까지 데이터를 활용하게 되는 걸 보게 될 것이다. 실리콘밸리에서 가장 대중적인 미래 전망 중 하나는 우리의 자동차, 주방기구는 물론 신발 같은 것까지 연결되는 '사물인터넷(Internet of Things)'이다. 이미 우리 눈앞에서 현실이 되고 있다. 2011년 4월 시스코(Cisco)의 연구에 따르면, 현재 세상에 150억 개의 연결된 기기(connected devices)가 있는데 2020년이 되면 그 숫자가 500억 개에 이를 것이다.

몇 달 전 나는 아들 어셔와 재미나게 놀다가, 마음 한편에 미래의 모습이 어떨지가 갑자기 떠올라 잠시 섬뜩한 느낌을 받았다. 어셔는 최근 자주색 공룡이 등장하는 어린이 TV 프로그램 「바니와 친구들(Barney and Friends)」을 알게 되어 몹시 좋아하게 되었다. 어셔는 프로그램 주인공들의 노래와 춤을 따라 부르고, 내버려 두면 몇 시간이고 끝날 때까지 그 프로그램을 시청한다. 어느 날 오후 어셔는 러그 위에서 장난감을 갖고 놀고, 나는 노트북으로 작업을 하고 있었다. 어셔는 잠시 후 놀이에 흥미를 잃었는지 내 시야에서 사라졌는데, 책장에 있는 사진액자를 바라보고 있었다. 부모님 사진이었다.

"그게 뭐지, 아가?" 호기심을 품고 아들에게 물었다.

아들은 나를 보더니, 액자를 가리키며 "바니는?"이라고 물었다.

잠시 동안 나는 아들이 무엇을 말하는지 몰랐다. 그러나 곧 알아차렸다. 어셔는 스크린에서는 항상 콘텐츠가 제공된다고 인식하고 있었던 것이다. 어셔는 커다란 TV에서 '바니'를 볼 수 있다. 내 아이패드에서도 바니를 볼 수 있다. 그러므로 당연히 사진액자에서도 자기가 좋아하는 텔레비전 주인공을 볼 수 있어야 한다는 생각이었다.

나는 웃음이 나왔고, 아들은 실망한 듯 보였다.

그러고 나서 나는 내 아들이 전적으로 옳다는 생각이 들었다. '왜 사진액자에서는 「바니와 친구들」을 볼 수 없는 거지? 그렇다면, 모든 기기들이 우리가 원하는 정보들을 보여 줘서는 안 되는 이유라도 있는 걸까?' 어느 날 내 아들이 옳았다는 게 드러날 테고, 그 아이의 생각은 다가올 미래가 얼마나 직관적이고 명백할지를 이미 보여 주고 있었다. 유리로 된 모든 표면은 스크린이 될 것이고, 모든 스크린은 정보 · 콘텐츠 · 아이디어 · 오락의 세계로 가는 관문이 될 것이다. 모든 액자마다 자주색 공룡 바니가 나타나지 못할 절대적 이유는 없다.

초보 엄마인 나에게 이는 흥미로우면서도 전적으로 두려운 일이었다. 스크린을 보는 시간과 보지 않는 시간 사이에서 균형을 유지하는 것은 실제로 매우 어려운 일이다. 모든 것이 스크린에 나타나는 세상에서는 어떤 일들이 일어나게 될까?

미래는 무한한 가능성의 세상이 될 것이다. 더 이상 마법 같은 경험을 위해서 아빠의 사무실로 몰래 숨어들어 갈 필요가 없을 것이다. 그러나 우리가 점점 더 연결될수록, 어느 때가 뒤로 물러서야 할 순간인지, 그리고 어느 때가 우리 주위의 사람들과 장소에 집중해야 할 순간인지를 분별할 수 있는 능력의 중요성 또한 커져 갈 것이다. 모든 대상이 스크린이 되는 세상은 정보에 대한 무한한 접근이 이루어지는 세상을 의미한다. 그러나 이는 또한 만약 우리가 수시로 스크린에서 다른 곳으로 눈을 돌리지 않는다면, 우리가 사랑하는 사람들과의 관계가 위험에 빠질 수도 있는 세상이 된다는 것도 의미한다.

'마법 같은 순간'에 대한 우리의 정의는 누구도 연결되어 있지 않고 그래서 어떠한 종류의 마법도 존재하지 않는, 점점 찾아보기 어려운 단순한 순간으로 변할 수 있다.

> 무엇이 긍정적인 측면인가? 우리가 점점 더 연결되어 간다는 점이다. 그러면 무엇이 부정적인 측면인가? 우리가 점점 더 연결되어 간다는 점이다.

기술은 우리의 관계들로부터 가족, 직업적 경력, 연애생활에 이르기까지 생활의 모든 측면을 바꿔 놓았다. 우리가 생일을 축하하는 방식, 인생에서 중요한 소식을 알리는 방법, 우정을 정의하는 방식, 고객 서비스를 요구하는 방식들도 변화시켰다.

카메라가 내장된 스마트폰을 이용해 친구들과 가족들은 각자의 인생에서 일어나는 모든 중요한 일들을 사건이 일어나는 즉시 서로 공유할 수 있다. 2011년 퓨리서치센터(Pew Research Center)가 미국 성인 2,000명을 대상으로 연구한 결과, 페이스북은 그들의 가장 가까운 친구들과 강한 유대를 유지시켜 주며, 사람들로부터 도움과 조언을 좀 더 쉽게 얻도록 해 주고 있음을 발견했다. 또한 고등학교나 대학교 때의 오래된 친구들이나, 멀리 떨어져서 살고 있는 사람들 등 '잠들어 있는 관계'에서도 연락을 취하기 더 쉬운 것으로 드러났다.

할아버지, 할머니 들은 수천 마일 떨어져 있어도 갓 태어난 손자의 얼굴을 웹캠 렌즈와 영상통화를 통해서 볼 수 있게 되었다. 버밍엄의 앨라배마 대학 셀리아 코튼(Shelia Cotten) 박사가 2012년 발표한 연구는 인터넷을 사용하는 노인들은 그렇지 않은 노인들에 비해 우울증에 걸릴 확률이 30% 낮은 것으로 나타났다.

동료들끼리는 세상 어느 곳에 있는 사무실에서 일하는 사람들과도 가상 면대면 미팅을 할 수 있다. 외따로 동떨어진 사무실 같은 것은 더 이상 존재하지 않는다.

친구들은 저녁 파티의 모든 순간을 카메라로 포착할 수 있으며, 사진들은 전문적으로 보이도록 해 주는 편집도구, 필터, 테두리로 멋지게 장식될 수 있다.

소통방식도 편리해지면서 마찬가지 현상이 일어난다. 이제는 당신 생일에 전화 대신 비공식적인 페이스북 메시지를 받게 되고, 사무실 바로 옆에 있는 사람들과 실제 대화를 하는 대신 이메일을 주고받을 수 있다. 또한 저녁 파티에 참석한 모든 사람들이 저마다 사진을 찍고 사진 속 자신이 멋지게 보이도록 보정 작업을 하느라 바빠서 더 이상 서로에게 주의를 기울이지 않을 수도 있다. 우리가 전화기 화면에 늘상 머리를 파묻어 버리면 중요한 순간을 놓칠 수 있다.

오늘날은 만인이 시청자인 동시에 방송 송출자다. 과거에 우리는 모두 정보의 수동적인 소비자였을 따름이다. 콘텐츠 생산은 거대한 미디어 회사를 운영하고 통제할 수 있는 부를 지닌 권력자들을 위해서만 예약되어 있었다. 그러나 이제 우리 모두는 받아들이는 만큼 생산하고 공유할 수 있다.

고등학교 시절 학교신문에 글을 썼을 때다. 나는 전체 독자 1,000여 명을 대상으로 한 신문을 만들어 내느라 20여 명의 학생기자들과 열심히 일했다. 오늘날 우리는 트윗, 사진, 페이스북 상태 업데이트 하나만으로도 그만한 수의 사람들에게 도달할 수 있다.

이제는 모든 사람들 각자가 미디어 기업이다. 우리는 기술을 이용해 목소리를 더 크게 키워 더 많은 곳에서 들리게 할 수 있다. 사람들이 그들의 목소리를 합창으로 키워 내기 위해 온라인에 함께 모이면, 실로 엄청난 일이 일어난다. 2008년 콜롬비아의 21살 난 실직한 엔지니어 오스카르 모랄레스(Oscar Morales)는 콜롬비아의 테러리스트 그룹인 파크(FARC)에 항의하는 페이스북 페이지를 개설했다. 파크는 수년 동안 사람들을 납치하고 폭탄을 설치하고 무고한 시민들을 대상으로 테러를 저질러 왔다. 오스카르는 어느 날 저녁 컴퓨터 앞에 앉아 파크가 자행한 공격들에 관한 뉴스를 읽었다. 좌절감으로 인해 그는 페이스북 페이지에 '파크에 대항하는 백만 명의 목소리'라는 낙관적 이름을 달았다.

처음에는 그다지 많은 사람들의 호응을 기대하지 않았다. 그러나 믿을 수 없는 일이 일어났다. 페이스북 페이지 개설 4시간 만에 1,500명이 가입했다. 이튿날에는 4,000명, 주말에는 회원이 10만 명으로 늘어났다.

온라인 운동의 예상치 못한 성공에 놀란 오스카르는 그가 한 번도 상상해 보지 못했던 일을 감행하게 됐다. 전국적으로 파크 규탄 시위의 날을 제안했다.

한 달 뒤 1,200만 명이 200개 시에서 행진했다. 역사상 가장 큰 규모의 테러리즘 반대 시위로 기록되었다. 결국에는 콜롬비아 정부와 반란군이 평화회담 자리에 마주하도록 정치적 압력을 넣는 데 커다란 기여를 했다.

오스카르의 행위는 놀랍고 용감했다. 그러나 특별한 것은 아니다. 오늘날 전 세계에 걸쳐서 커피숍과 골방, 기숙사와 마을 광장에서 또 다른 용감하고 그러나 아주 평범한 사람들이 기술의 도구를 활용해 자신들의 공동체에서 변화를 위해 일어나고 앞장선다. 젊고 이상주의적이고 잘 조직된 활동가들에게 있어서 구글 · 페이스북 · 트위터 같은 서비스는 단지 일개 앱이나 인터넷 사이트가 아니다. 변화의 도구가 되었으며, 자유에 이르는 경로가 되었다.

이것이 바로 오늘날 우리가 '아랍의 봄' 기간에 이집트와 튀니지 같은 곳에서 목도한 인터넷의 쓰임새다. 중동과 북아프리카 모든 나라들에서 수많은 젊고 의욕적인 활동가들은 더 큰 사회적 · 정치적 자유를 요구하며 거리로 쏟아져 나왔고, 이는 러시아 · 중국 · 이란과 다른 많은 나라들에서도 이어졌다.

변화는 정치에 국한된 것이 아니다. 인터넷은 직업을 만들어 내고 경제를 개선시키는 데 중요한 역할을 한다. 오늘날 비록 세계 경제는 여전히 취약한 상태지만 새로운 거대 인터넷기업들과, 인터넷이 사업에 핵심적인 부분을 차지하게 된 기존 기업들을 통해서, 성장과 직업, 기회를 위한 불가결한 힘으로 인터넷은 더욱더 부상하고 있다. 2011년 매킨지 글로벌 인스티튜트(McKinsey Global Institute)의 보고서 「인터넷의 문제들(Internet Matters)」에서 연구진은 웹 때문에 일자리 1개가 사라질 때마다, 바로 그 웹으로 인해 일자리 2개가 늘어난다는 것을 발견했다. 이 숫자는 더 많은 사람들과 서비스가 인터넷으로 가는 현상을 가속화시킬 뿐이다.

연결성의 경제적 혜택은 단지 선진국 경제에 국한되지 않는다. 2012년 세계은행의 「모바일 극대화(Maximizing Mobile)」 보고서는 사업을 도와주는 모바일 앱을 이용해 어떻게 인도의 감자 경작 농민들이 수입을 19%까지 증대시켰는지, 우간다의 바나나 경작 농민들이 36%까지 수입을 늘릴 수 있었는지 보여 준다.

재난이나 참사가 일어났을 때 인터넷은 생명을 구조하고, 지원 조직을 동원하고, 사랑하는 사람들을 재결합시키고, 사회의 가장 취약한 구성원들을 지원한다. 2011년 동일본 대지진 이후 실종된 친구 · 가족을 찾기 위해 수십만 명이 페이스북 · 트위터 · 구글에 접속했고, 구조활동을 지원하기 위한 모금에 온라인을 통해 전 세계에서 수십억 달러의 기부가 쏟아져 들어왔다.

인터넷은 과거 어느 때보다 더 빠르고 더 멀리 정보가 여행할 수 있도록 허용하고 촉진한다. 이는 긍정적 정보가 빠르게 유포될 수 있게 만든다. 만약 식당이나 여행지에서 특별히 멋진 경험을 한다면 내 네트워크에 있는 모든 사람들에게 추천할 수 있다. 하지만 이는 또한 부정적 정보도 마찬가지로 빠르게 전파될 수 있다는 것을 의미한다. 어디에선가 최악의 경험을 했다면, 모든 친구들은 어떤 일이 있었는지 바로 알게 될 것이다. 그러므로 사업은 고객 지원 노력을 갑절로 늘릴 필요가 있다. 모든 사람이 제각각 미디어 기업인 세상에서 낮은 수준의 고객 경험을 제공하는 비즈니스는 더 이상 생존 불가능하다.

언젠가 할리우드의 메이저 영화사 임원이 "상대적으로 작품성이 부족한 영화를 배급할 수 있는 우리의 능력을 페이스북이 망쳐 놓았다. 사실 우리는 사업을 유지하기 위해 작품성이 떨어지는 영화를 배급할 수 있는 능력도 필요로 한다"고 말하는 걸 전해 들었다. 지금까지는 아주 저급한 영화도 대대적으로 주말 개봉을 할 수 있었던 게 사실이다. 왜냐하면 졸작이라는 입소문이 확산되려면 적어도 며칠은 걸렸기 때문이다. 하지만 페이스북과 트위터의 시대에는, 개봉한 지 불과 몇 시간 안에 박스오피스에서 그 영화를 고사시킬 수도 있다.

그러나 우리가 메가폰을 지니고 있다는 사실이 우리가 메가폰을 사용해 항상 소리를 쳐야 한다는 의미는 아니다. 만약 우리가 끊임없이 "늑대야"를 외친다면 누구도 우리의 말을 진지하게 받아들이지 않을 것이다. 우리에게 제공된 선물을 수용하되 여기에는 일련의 책임감이 수반되는 것이라는 사실을 깨달을 필요가 있다. 사려 깊게 그리고 주의해서 사용될 때 우리는 지식과 정보에 대한 접근을 확대할 수 있고 이해를 가로막는 오랜 장벽을 파괴할 수 있으며 한때 스스로의 소리를 낼 수 없던 이들에게 세상 곳곳으로 퍼질 수 있는 목소리를 제공할 수 있다.

앞으로 10년 안에 현재의 30억 명에 더해 30억 명이 추가로 (주로 이동전화를 통해서) 온라인에 연결될 것이다. 우리 가정에서 요리책, 인화된 사진, 서랍 속 영수증 같은 물리적인 물건들은 앱에 의해 대체될 것이다. 현관, 알람, 전등, 온도조절장치, 벽장 등 온갖 것들은 버튼 하나를 터치해서 조종할 수 있게 될 것이다. 도로에서 차량들은 그 안에 플랫폼을 탑재하고 스스로 플랫폼이 되어서 우리들의 여행 가이드와 가상 비서로 기능할 것이고 결국에는 무인자동차가 되어 스스로 운전자가 될 것이다. 우리는 착용 가능한(wearable) 건강 기기와 스마트 의류를 통해서 날마다 건강 상태를 모니터링할 수 있을 것이다. 우리가 어떻게 콘텐츠를 소비하는지, 어떻게 우리 자녀들을 교육시키는지, 소유물을 어떻게 바라보는지 등 모든 것이 정신없이 빠른 속도로 변화하고 있다.

과거 한때 이 모든 것들은 공상과학 소설에나 등장하는 이야기였다. 하지만 이제는 과학적 현실이 되었다.

제 4 장

인터넷 세상의 자아 찾기: 진실은 언제나 힘이 세다

• • •

항상 현실의 자신으로 사는 걸 선택할 필요가 있다. 매
상황마다 다른 사람이 되고자 애쓰는 것은 소모적인 일이다.
우리가 온라인에서 진실하면 우리는 실제 그대로 다른
사람들과 연결될 수 있고, 그 반대의 경우도 마찬가지다.

• • •

상황에 따라 각기 다른 누군가의 역할을 맡아서 연극을 하는 것은 피곤한 일이다. 누군가는 당신에게 출세한 것처럼 보이도록 네 모습을 바꿔 연기하라고 조언할지도 모른다. 그러나 당신이 늘 연극을 하는 상태로 살아가는 일을 지속할 수 없다면, 각각의 상황에서 당신이 누구인지 궤적을 유지하고 누가 당신을 어느 정도까지 알고 있는지 관리하는 것은 상당히 어려운 일이 될 것이다.

진실해진다고 해서 항상 인기경쟁에서 바로 승리하거나 모든 사람들과 절친한 친구가 되는 것은 아니다. 그러나 나는 개인적으로 그날 나 자신에게 진실했을 때 쉽게 잠들 수 있다는 것을 항상 느끼고 있다.

다행히 인터넷에서도 변화가 시작된 상태다. 지난 10년 동안 우리는 온라인에서 일종의 별명(screen name)을 사용하던 사람들이 점점 더 많이 그들의 실명, 실제 신분을 쓰는 것으로 전환하고 있는 현상을 목격하고 있다. 행동에서 이러한 변화를 시도하면서 그리고 온라인에서 우리 자신에 관해 더 많은 정보를 제공하면서 안도감을 갖게 되는 것은 더 큰 혁신과 변화를 이끌어 내도록 해 왔다.

생각이 잘 안 날지 모르지만, 당신은 혹시 최초의 이메일 주소나 AOL 인스턴트 메신저의 스크린네임을 기억하는가? 나는 기억한다. 'Peggy42st'였다. 내가 다닌 고등학교에서 공연했던 뮤지컬 「42번가(42nd Street)」에서 내가 페기(Peggy) 역을 맡았기 때문에 고른 이름이다.

나는 하버드 대학 입학 허가를 받고 나서 엄마와 나누었던 대화 한 토막을 고스란히 기억하고 있다. 엄마는 사람들은 대개는 평범해서 지나치게 튀는 행동이나 거만한 행동은 하지 않을 거라고 내게 장담했다. 그 대화를 마치자마자, 앞으로 하버드에 같이 다니게 될 친구 하나가 갑자기 나에게 AIM으로 대화를 신청했다. 그의 스크린네임은 'igot1600'이었다.*

(엄마, 이제 그 이론은 그만 포기하세요.)

당신이 완벽한 인스턴트 메신저 프로필 사진을 고르기 위해 기울였던 정성, 혹은 좀 더 멋진 '자리 비움' 상태 메시지를 생각해 내기 위해 쏟았던 시간을 기억하는가? 나는 당시 내가 빠져 있던 최신 노래에서 중의적이면서도 의미 깊은 가사를 고르느라 너무 많은 시간을 쏟았다. 상당 시간 동안 나는 내 메신저의 온라인 상태를 "나는 날 수 있어(I believe I can fly)", "나는 그 신호를 봤지(I saw the sign)", "나는 나가떨어졌어(I get knock down)"로 표시했다.

그러나 한번 보자. 실토하겠다. 믿기 어렵겠지만, 나는 '42번가의 페

---

* 당시 미국 수학능력시험에 해당하는 SAT는 1600점이 만점이었다.

기'가 아니었다. 나는 돕스 페리의 랜디였다. 온라인에서 나 자신을 페기라고 부를 수 있었지만 페기는 아니었다. 소셜웹 초기에 이는 문제가 되지 않았다. 친구들은 페기가 랜디라는 것을 알았고 이 사실에 대해 크게 혼란스러워하지 않았다.

그러나 만약 내가 오늘날 내 페이스북 프로필에 나를 페기라고 하거나 메신저 스크린네임을 'igot1600'으로 사용한다면 좀 이상하게 여겨질 것이다. 이것은 단지 SAT 점수체계의 만점이 1600점에서 달라졌거나 내가 어른이 되었기 때문이 아니다.

인터넷이 주로 정보에 접근하는 기능으로 사용되었을 때, 우리는 최신 뉴스, 유명인 가십, 영화 목록, 지도, 학교 과제 등을 찾기 위해 검색어 상자에 키워드를 입력한 뒤 나타나는 밝은 파란색 링크를 통해 인터넷을 체험했다. 검색엔진은 우리에게 단추를 한 번 누르는 것만으로 대답을 제공해 주었다.

지난 10년 동안 인터넷은 단지 정보를 찾는 기능을 넘어 사람들을 연결시키는 도구로 성장했다. 이제 우리는 친구들의 지혜를 맘껏 빌릴 수 있다.

나는 친구들이 내게 트위터 계정을 @randijayne에서 @randizuckerberg로 바꿔서 사람들이 나를 알아볼 수 있도록 해야 한다고 단호하게 말했던 때를 명확히 기억한다. 그 무렵 나는 버진 아메리카 항공을 타고 샌프란시스코와 뉴욕을 오가고 있었다.

우리가 온라인에서 실제 이름과 신분을 사용하면 우리는 친구 · 가족 · 동료들이 인생의 어느 지점을 여행하고 있든 그들을 쉽게 찾아내고 연결할 수 있다. 우리는 모든 사람들에게 이력서와 직업 경력을 노출하듯이 장래 고용주들에게도 실제 모습을 보여 주게 됨으로써 새로운 기회와 생계수단을 찾을 수 있다. 우리는 누군지 모를 임의의 웹사이트 방문객으로서보다는 비즈니스와 더 많이 상호작용을 할 수 있고, 그에 따라 더욱 개인화되고 적절하며 유용한 제품 · 제안 · 서비스의 혜택을 누릴 수 있다. 우리의 관심과 개인정보를 잘 파악하고 있는 스마트 광고 시스템은 우리가 구매하거나 무엇인가를 즐기고자 할 때 실제로 우리가 원하는 것을 추천해 준다. 우리가 지메일에서 이메일에 '듀드(Dude)'라고 이름 붙여놓으면 듀드랜치(Dude ranches: 관광용 목장)라는 광고가 나타나는 것 같은 방식이다.

사람들은 종종 나에게 페이스북이 거둔 초기의 성공에 대해 궁금해 하면서 어떻게 그렇게 많은 계기들을 재빨리 얻을 수 있었는지 물어본다. 물론 이 성공의 대부분은 사이트와 제품 자체의 우수성에 기인하지만, 나는 페이스북 초기 성공의 주요한 부분이 사이트에서 사람들이 실명을 쓰도록 한 데서 기인했을 것이라고 생각한다.

출발부터 페이스북에는 이러한 실명 사용 문화가 있었다. 당시 마이스페이스(MySpace)나 프렌드스터(Friendster) 같은 다른 소셜 네트워크 사이트들에서는 실명 사용이 규범이 아니었다. 사람들은 페이스북에서 자신들의 실제 성과 이름을 사용하는 게 편리하다고 느꼈는데 이는 그들이 닷에듀(.edu) 이메일 주소를 이용해 인증을 받아야 했기 때문이다. 이는 그 사이트에서 자신들과 만날 수 있는 사람들이 수업이나 기숙사 · 캠퍼스 내 파티에서 마주치는 사람들과 같은 사람이라는 것을 의미했기 때문이다. 이 점은 일찌감치 신뢰 수준을 형성하고 페이스북에서 형성된 연결은 다른 사이트에 비해 더 가치 있고 진실하다는 것을 의미했다. 더 중요한 것은 이로 인해 사람들이 신중하고 진실하게 행동하는 경향을 갖게 만들었다는 의미다. 정체가 쉽게 드러나는 관계에서는 사람들은 저속한 말이나 자신에 관해 노골적인 거짓말을 좀처럼 하지 않게 된다.

더 크게 보면, 우리가 온라인에서 자신을 드러내고 말할 때 우리 목소리는 더 큰 힘을 갖고 더 멀리 전달된다. 거대한 사회적 변화를 만들어 낸 온라인 운동의 모든 놀라운 사례들은 그들 자신을 드러냄으로써 다른 사람들에게 행동하도록 용기를 북돋운 용감한 개인들 덕분에 가능할 수 있었다. 정체성은 단지 영감을 주는 인용구를 활용하거나 친구에게서 사랑스러운 사진을 얻어 사용하는 것 이상의 의미를 지닌다. 이는 단지 아이디어나 이론을 믿는 것과 탱크 앞에 목숨을 건 채 서 있는 것 사이의 차이를 의미한다.

온라인과 오프라인에서 사람들이 동일 인물인 세상에서, 우리는 사람들에 대해 유명인과 정치인과 그리고 우리가 접하는 모든 사람들에 대해 더 잘 알게 될 것이다.

나는 진실된 정체성의 힘을 열렬히 믿는 사람이다. 그래서 진실한 웹이 주는 엄청난 혜택을 누리기 위해서는 인터넷에서 익명성이 사라져야 한다고 내가 발언한 내용이 여러 차례 매체에 인용되기도 했다. 이는 또한 사이버 폭력과 맞서 싸우는 데도 도움이 될 것이라고 생각한다. 온라인에서 사람들의 행동이 모두가 볼 수 있도록 공개되어 있고 그들의 실제 이름과 함께 얼굴 사진이 붙어 있으면 사람들은 더 나은 행동을 하고 다른 사람들의 욕을 덜 하게 될 것이라는 게 나한테는 명백한 사실로 보인다.

그렇다고 위트 넘치고 우스꽝스러운 공간이 전혀 필요 없다거나, 온라인상의 별명으로 이루어지는 게 모두 사라지도록 하자거나, 아바타를 통한 온라인 상호작용을 통해서는 아무런 의미 있는 관계도 생기지 못하도록 하자는 것은 아니다. 어떤 커뮤니티와 국가에서는, 또는 극단적으로 민감한 주제를 다룰 때는, 익명성이라는 망토가 개인의 안전이나 프라이버시를 위해서 필수적일 수 있다. 전 세계에서 사회적 변화를 위해 일하고 있는 활동가와 캠페인 운동가들은 온라인에서 비밀리에 만나고 조직을 꾸릴 필요가 있다. 사람들의 건강에 관한 것이나, 범죄 희생자에 대한 질문은 실명을 사용하지 않을 수 있어야 한다. 그러나 이는 규칙의 예외일 따름이다. 사람들이 일상생활에서와 같은 실제 이름을 쓸 것을 기대하는 매우 훌륭한 이유들이 있기 때문에, 모든 사람이 일관되게 자신들의 실명을 쓴다면 인터넷은 더욱 나은 장소가 될 것이다.

그리고 인터넷은 우리들의 진실한 자아에 의해 정의되기 때문에, 온라인에서 당신이 누구인지는 오프라인에서의 당신을 더 많이 반영하게 될 것이다. 오늘날 당신이 어딘가를 방문했다는 것을 입증할 체크인 기록이나 사진을 갖고 있지 않다면, 당신이 그곳을 진짜 방문했거나 그 행위를 정말로 했는지 설명하기는 점점 어려워지고 있다. "사진을 찍어 두어라. 그렇지 않으면 그 일은 일어나지 않은 것이다(Pics or it didn't happen)"라는 표현이 있을 정도다.

우리는 자신들의 온라인 1인극을 공연하는 연기자이자 큐레이터인 셈이다. 우리의 디지털 자아는 빠르게 우리의 실제 자아를 반영해 가고 있다. 5만 9,000명의 미국인 페이스북 프로필 데이터를 분석한 케

임브리지 대학의 2013년 연구에서, 연구진들은 페이스북의 '좋아요' 데이터에 대한 분석에만 기반해 사용자의 성별과 인종을 95% 정확하게 예측해 낼 수 있었다. 민주당 지지자인지 공화당 지지자인지는 85%의 확률로, 또 기독교인인지 무슬림인지는 82%의 정확성으로 예측해 냈고, 심지어 사용자가 21살이 되기 전에 그의 부모가 이혼했는지에 대해서도 60%의 확률로 밝혀냈다.

인터넷에서 이런 진실한 자아를 드러냄으로써 아름다운 결과를 얻은 사례들이 있다.

오리건 주 포틀랜드의 트위터 이용자인 애런 듀란(Aron Durand)은 자기 어머니가 운영하는 서점을 망할 뻔한 위기에서 구해내기도 했다. 애런이 "엄마의 서점에서 50달러 이상 책을 사는 고객에게 부리토를 사겠다"고 약속하는 트윗을 올렸고, 이 메시지는 수백 명에 의해 공유되었다. 그의 제안은 수많은 사람들이 그 서점의 새로운 고객이 되도록 만들었고 서점은 다시 수익을 내게 되어 영업을 계속할 수 있게 되었다.

그리고 진실된 정체성은 68세 된 뉴요커 후앙 크리소스토모(João Crisóstomo)가 오래 전에 잃어버린 친구 빌마 크라쿤(Vilma Kracun)과 재회하게 해 주었다. 후앙은 1970년대 런던에서 웨이터로 일하면서 빌마를 여자친구로 사귀게 되었지만 그가 나중에 브라질로 또 나중에 다시 뉴욕으로 옮겨 가면서 연락이 끊어졌다. 40년이 지난 2011년 밸런타인데이 때 그는 두 사람을 함께 아는 지인에게서 전화를 받았다. 빌마를 페이스북에서 찾았다는 이야기였다. 그들은 곧 파리에서 만날 계획을 세우고 다시 연인관계로 돌아갔다. 둘은 2012년 4월 결혼했다.

물론 모든 변화에는 성장통이 있게 마련이다. 온라인 정체성은 관리가 쉽지 않다. 특히 다양한 소셜 네트워크 · 은행 · 데이트 · 구직 사이트 등을 사용할 때는 관리가 더욱 어렵다. 산업계 전체가 그리고 사람들이 그들의 온라인 계정을 저장하고 관리하고 온라인 평판을 개선하는 일에, 그 결과 구글 검색에서 더 앞선 자리에 나타날 수 있도록 하는 일에 나서고 있다.

게다가 프라이버시 문제가 있다. 온라인에서 당신이 현실의 자신이 되는 것은 긍정적 측면이 부정적인 측면을 능가하지만, 온라인에서 자신에 대해 더 많은 정보를 공개한다는 것은 항상 두려운 일이다. 만약 우리가 무엇인가에 불편해 했다면 그것이 진짜로 나쁜 것이었기 때문인지, 아니면 변화에 저항할 수 없는 새로운 것이었기 때문인지 파악하고자 노력해야 한다.

내가 예로 들기 좋아하는 사례는 전화기의 발신자 표시 기능의 도입이다. 처음 발신자 표시 기능이 도입되었을 때 사람들은 거세게 반발했다. '감히 우리의 프라이버시가 침해당하다니!' '감히 다른 사람들이 내가 전화 건 사람이라는 사실을 알 수 있게 되다니!' 그러나 지금은 발신자 표시 없는 세상은 상상하기 힘들게 되었다. 당신은 어떨지 모르지만 나는 모르는 번호에서 전화가 걸려오면 바로 음성녹음으로 연결되게 해 놓았다. 발신자 표시 기능은 엄청나게 유익한 기능이 되었다. 처음에는 불쾌하게 느껴질 수 있으나 여러 차례 변화를 통해 나중에는 개선될 수 있다.

그래서 항상 현실의 자신으로 사는 걸 선택할 필요가 있다. 매 상황마다 다른 사람이 되고자 애쓰는 것은 소모적인 일이다. 우리가 온라인에서 진실하면 우리는 실제 그대로 다른 사람들과 연결될 수 있고, 그 반대의 경우도 마찬가지다.

| 회색지대로 진입하다

물론 놀라운 이점에도 불구하고 인터넷은 당신을 커다란 곤경에 처하게 할 수 있다. 이는 '충분히 진보한' 기술에 관한 문제다. 기술은 마법일 수 있으나, 우리는 마법사가 아니다.

페이스북 초기 시절 사이트에서 우리가 실행한 것들은 거의 모두 미국 내 대학들에 이미 있던 것들을 따라서 만들어졌다. 프로필 안에는 수강 수업들을 나열하는 기능, 봄방학 계획, 화이트보드와 유사한 당시의 담벼락(wall, 지금은 타임라인으로 흡수됨), 한 번에 메시지 하나만 노출하는 기능들이 있었다. 마찬가지 이유로 사이트에 광고를 하는 대신 페이스북에는 '전단지' 기능이 있었다.

어느 날 마케팅 부문에서 밤늦게까지 파워포인트 작업을 할 때 나는 사이트에 게시할 전단지가 날리는 사진이 필요했다. 동료와 나는 재빨리 스탠퍼드 대학 여학생 클럽에서 다음날 가입 권유 파티를 여는 것처럼 내용을 꾸며 가짜 행사 전단지를 디자인해서 네트워크에 포스팅했다가 스크린샷 사진을 찍었다. (우리는 내 동료가 친구를 통해 들었던 실제 여학생 클럽 이름을 사용했다.) 나는 프레젠테이션 작업을 마치고 컴퓨터를 끄고 집으로 자러 갔다. 긴 야근으로 탈진하다시피 했다.

이튿날 아침, 공포스러운 현실과 함께 눈을 떴다. 그 전단지를 삭제하는 걸 깜빡했던 것이다.

(이런 맙소사!)

물론 즉시 그 포스트를 내렸지만, 이미 늦었다. 존재하지 않는 가입 기념 파티를 기대하면서 여학생 클럽 가입 신청이 모여들기 시작했다. 수십 명이 넘게 모여 들었다. 더욱이 당시는 학기 중반으로 남학생 사교클럽이나 여학생 클럽들이 공식적인 행사를 개최하는 게 금지되어 있었다. 휴대용 확성기로 "파티 없음, 파티 없음"을 외쳐 대는 경비들에 의해서 돌발적인 플래시몹이 연출되었을 따름이다.

카파 카파 섬싱(Kappa Kappa Something) 소속 여학생들은 이 일로 페이스북에 대해 상당한 유감을 갖게 되었다. 그 여학생 클럽이 대학에서 활동 금지를 당하기 전에 대학 행정당국을 만나 문제를 깨끗이 처리하는 게 내 업무가 되었다. 실수에 대한 보상으로 클럽의 여학생들 모두에게 페이스북에서 하룻밤을 지낼 수 있도록 하자는 우리 엔지니어 한 사람의 친절한 계획이 제시되었다. 당시 내게는 그것이 그다지 좋은 아이디어로 여겨지지는 않았다. 그러나 우리는 결국 모든 사람들과 무사히 일을 마무리지을 수 있었다.

나는 그날 몇 가지 소중한 교훈을 얻었다. 첫째 페이스북 광고는 분명히 작동한다는 것이다. 나에게 커다란 깨달음을 준 더 중요한 사실은 다음과 같다. 그때까지 나는 단지 온라인에서의 행동이 오프라인에서 사람들을 동원할 수 있다는 믿기 어려운 영향력을 직접적으로 목격하지 못했다. 인터넷에서 버튼 한 번 누르는 행위는 사소해 보이지만 현실에서는 매우 강력한 힘을 가질 수 있다. 어느 면에서 나는 내가 이후 이끌었던 현실정치, 비영리, 대중문화 등 많은 프로젝트에서 내 생각을 인도하는 데 있어 그때의 경험을 신뢰하게 되었다. 모든 게 전 세계로 방송되는 이러한 소셜 미디어의 새로운 시대에는 간단한 메시지조차 아주 멀리까지 도달하는 결과를 잠재적으로 지니고 있다.

온라인상의 당신이 현실의 당신에게 상당히 나쁜 영향을 끼칠 수 있는 것들은 매우 많다. 순간적 흥분을 자제하지 못한 채 보낸 감정적 문자메시지가 널리 확산될 수도 있고, 당신만 찍을 수 있는 은밀한 사진을 우발적으로 게시할 수도 있다. 드러나지 말아야 할 정보가 아래쪽에 담겨 있는 이메일을 읽지도 않은 채 제3자에게 전달할 수도 있다. 그리고 당사자가 직접 말하기도 전에 당신이 누군가의 중요한 소식을 실수로 공개할 수도 있다.

중학교 시절 당신이 어울리지 않는 옷을 입고 등교했더라도 기껏해야 일진클럽의 심술궂은 여학생 패거리 정도가 눈치 챌 수 있던 시절이 있었다. 이제는 그런 패거리가 어디에나 널렸다.

| '사적인 것'과 '개인적인 것' 사이의 미묘하지만 중요한 차이

인터넷 시대가 도래하기 전부터 우리는 우리들의 정보를 세 가지 방식으로 간단하게 범주화할 수 있었다. 공적인(public) 정보, 사적인(private) 정보, 개인적인(personal) 정보가 그것이다.

공적인 정보는 정확하게 들리는 그대로다. 사람들이 알아야 하고, 접근할 수 있고 또한 신문 1면에 보도될 수 있는 모든 정보다.

사적인 정보는 당신이 당신의 변호사, 치료사, 의사, 배우자, 일기에만 말하는, 또는 아무에게도 말하지 않는 일들을 포함한다.

그런데 이 둘 사이에 복잡미묘한 뉘앙스로 가득한 개인적 정보라는 범주가 있다. 여기에는 친구들에게는 말할 수 있지만 모르는 사람들과는 공유하지 않을 정보가 포함되어 있다.

나는 항상 페이스북에서 가족사진은 친구들만 볼 수 있도록 공유를 설정한다. 또한 나도 친구 아이들이나 결혼식 사진, 가족사진들을 본다. 이들 중 어느 것도 그 자체로 사적인 것은 없다. 설령 이처럼 귀엽고 해로울 것 없는 사진들이 신문에 보도된다고 하더라도 누구의 인생을 망가뜨릴 가능성은 없다. 하지만 이 사진들은 분명히 개인적인데, 이 말은 내 친구들이 내가 그 사진들을 보고 적절하게 행동할 것이라 나를 믿고 있다는 것을 의미한다.

정보를 공적인 정보와, 사적인 정보로 구분하는 것은 일반적으로 매우 수월한 일이다. 그러나 개인적 정보에 관해서는 다르다. 당신의 직접적인 범위 어느 정도 바깥에 있는 사람들과 공유하는 것은 괜찮지만 모든 사람과 공유하는 것은 전적으로 안 되는 것 사이에 있는 중간지대다. 일종의 회색지대로 들어서는 셈이다.

인터넷이 등장하기 전에도 회색지대는 있었지만 아주 좁았다. 아마도 당신은 여름휴가 때 찍은 비키니 차림의 사진을 친구들에게 보여 주는 문제로 그다지 고민하지 않았을 것이다. 그러나 그렇다고 이모나 이모의 친구들, 고등학교를 같이 다닌 남학생들이 마구잡이로 그 사진을 보게 하거나, 유포하거나, 품평할 수 있도록 허용하지는 않을 것이다. 당신의 친구들은 그들이 보고 있는 사진의 맥락과 미묘한 속뜻을 이해할 것이고, 외부 세계와 개인적인 무엇을 공유해서는 안 된다는 것도 알 것이다. 커피 테이블에 둘러 앉아 당신의 사진을 돌려 보면서 당신은 정보의 배포 범위를 통제했다.

그러나 온라인에서는 그런 호사스러운 것을 더 이상 누릴 수 없다. 온라인에서 당신은 사적인 영역을 갖고 있고, 공적인 영역도 지니고 있지만, 개인적 정보라는 개념은 통째로 사라져 버렸다.

이게 문제를 일으킨다.

나는 이 교훈을 나의 '처녀 파티' 사진들이 내 생각과 달리 라스베이거스 안에만 머무르지 않는 것을 보면서 깨달았다. 그 사진들은 나와 내 친구들이 라스베이거스의 수영장에서 즐겁게 노는 사진들로, 스캔들이 생길 사진은 아니었다. 나는 그 사진들을 페이스북에 포스팅하는 것에 대해 거듭 생각할 필요도 없었다. 하지만 그 이후로 그 사진들은 실리콘밸리의 가십을 다루는 블로그에 등장했고 거기에서 나는 불편한 토론의 주제가 되었다.

난처하지만 두렵지는 않다. 누구도 벌거벗고 있거나 부적절한 차림새는 아니었고, 여자들 몇 명이 평범한 처녀 파티를 즐기는 정도다. 물론 나는 그 사진들이 웹에 널리 확산되지 않기를 바랐지만, 누구도 울고불고 할 사안까지는 아니었다. 누구의 경력이나 인생을 망치거나 하지도 않았다. 오늘까지도 나는 누가 내 사진 앨범에서 이 사진을 보고 널리 퍼뜨렸는지 알지 못한다. 나는 수백 명의 친구들이 내 사진들을 볼 수 있도록 설정해 놓았고, 그들을 개인적 영역으로 적절하게 분류해 놓았다. 하지만 이 이야기의 교훈은 단지 개인적 영역을 이해하지 못하거나 존중하지 않는 친구는 내쫓아야 한다는 것뿐이다.

우리의 개인적 정보가 공개되었을 때 어떻게 해야 하는지를 알기는 매우 어렵다. 여기에는 대립하는 두 가지 이론이 있다. 어떤 사람들은 정보를 내려 달라고 요청하는 게 옳은 방법이라고 생각한다. 그러나 많은 사람들은 당신이 일찍이 개인적 정보라고 여겨 정보 공개에 반대하는 그 정보가 널리 퍼지지 않기를 바란다면 삭제 요청 대신 조용히 그대로 있어야 한다고 주장한다. 이를 문제 삼는 일은 불에 기름을 붓는 행위가 될 뿐이어서, 역설적으로 더 많은 사람들에게 노출되기 쉽기 때문이다. 이는 온라인에서 '스트라이샌드 효과(Streisand effect)'로 알려져 있다. 유명 팝가수 바브라 스트라이샌드(Barbra Streisand)가 자신의 저택 사진이 인터넷에 공개되자 이를 지우기 위한 소송을 걸었다가 대중들의 관심을 끌어 오히려 해당 사진의 노출을 더 확산시킨 결과가 된 사건이 '스트라이샌드 효과'로 불린다.

이런 전체 상황은 바로잡을 필요가 있다. 완전히 공적이거나 아무데도 쓸모없는 정보 외에는 우리가 아무것도 공유할 수 없는 세상에 적응해야 하는 것이 되어서는 안 된다. 개인적인 것을 다른 사람들과 공유하는 것은 인간다운 삶에 필수적으로 요구되는 요소다. 우리의 온라인 생활이 오프라인 생활처럼 성취감을 안겨 주려면, 그리고 온라인과 오프라인 생활이 전면적으로 통합되려면 우리는 개인적 정보를 온라인으로 다시 가져오는 방법을 찾아 나설 필요가 있다. 우리는 전 세계가 찾아볼 것이라는 걱정 없이 수영장 사진 정도는 찍고 올릴 수 있어야 한다. 비록 우리 친구들 중 한 명은 그날 사진에 공유 버튼을 누를 정도로 약간 과잉 흥분 상태를 느낀다고 할지라도 말이다.

실제로 얼마나 인기가 있었는지와는 별개로, 당신은 서부영화에서 개척민들이 왜 무거운 정장을 입고 항상 꾸밈이 많고 공손한 방식으로 대화했는지 궁금하게 여겨본 일이 있는가? 멀리 떨어진 촌구석에서 왜 영화 속 사람들은 그들의 말하는 방식이나 옷이 근사한지 여부에 대해 그토록 주의를 기울였을까?

나는 이 현상은 그게 멋져 보이는 유행이었기 때문이 아니라, 그러한 태도가 낯선 새로운 환경에서 질서를 유지하는 데 있어서 중요한 역할을 했기 때문이라고 생각했던 영화감독들의 시대 묘사 방식에서 이유를 찾아야 한다고 본다. 인터넷은 우리를 친숙하지 않은 세상 속으로 데려온 가장 최신의 기술적 발전이다. 과거 서부 개척민들처럼 우리는 부모 · 교사 · 공동체들이 함께 많은 시간을 들여 우리의 성장에 따라 단순하게는 에티켓이라고 하는 무엇인가를 우리에게 심어 주기 위해서 필요한 것이 무엇인지 파악해 가야 한다.

다른 사람들이 당신에게 하는 것처럼 당신도 상대를 응수하라.

온라인은 여전히 거친 서부(wild west)이고, 우리는 디지털 시대를 위한 새로운 가이드라인이 필요하다. 비록 우리가 커뮤니케이션하는 방식이 크게 달라졌지만, 품위와 정중함이라고 하는 기본적 규칙은 변화하지 않았고, 실은 이전보다 훨씬 더 소중해진 것일 수 있다.

어떠한 기술이나 도구에 관해서도 마찬가지이듯, 기술이 집중을 방해하게 하는 대신에 우리의 생활과 관계를 고양시키는 방식으로 활용될 수 있도록 기술로부터 무엇을 끌어낼지는 사람에게 달려 있다. 기술은 우리 생활을 더 재미있게 만들 수 있지만, 우리의 모든 문제를 해결해 줄 수는 없다. 앞서 살펴본 것처럼 오히려 과거에 없던 새로운 문제를 일부 만들어 내기도 한다.

사람들이 세상을 볼 때 마치 전자기기 화면이 훨씬 '리얼'한 것처럼 자신들의 휴대폰 카메라렌즈를 통해서만 보려고 하는 데 대해서 많은 지적이 있어 왔다. 나는 콘서트에서 자신들 앞의 무대 대신에 머리 위에 카메라를 올려든 채 흔들리는 스크린을 통해서 전체 쇼를 지켜보는, 뜻은 좋으나 별로 바람직하지는 않은 방식으로 콘서트를 공유하는 사람들을 많이 보아왔다. 나는 사람들이 그 순간을 사진 찍어서 인스타그램에 올리기에 너무 바빠 그걸 진짜로 경험하는 기회를 놓치는 걸 본 것이다.

현실 세계의 정체성을 지니고 행실의 표준을 지킨다고 해서, 인터넷이 반드시 지루한 공간이 되거나 경찰국가가 될 이유는 없다는 사실을 명심하라. 이는 단지 당신이 오프라인의 유사한 상황에서 어떻게 행동해 왔는지를 비춰 주기 위해 필요한 거울일 따름이다. 사려 깊음, 공감, 온라인 에티켓은 시민사회에서 우리 모두에게 기대되는 기준을 반영한 요구들로 세상을 재미없게 만들기 위한 것이 아니다. 우리의 온라인 생활이 오프라인 생활로부터 분리될 수 없게 되면서 우리는 스크린의 다른 쪽에서 진짜 신원을 사용하려는 실제 사람들이 있다는 걸 인정하는 일련의 규칙, 금기, 가이드라인을 필요로 한다는 게 요점이다.

봄방학 때 멋진 게 추수감사절 때는 근사하지 않을 수 있다. 인터넷에는 여기서 언급할 가치 없는 공포스러운 곳들도 있을 수 있다. 당신은 보고 싶지 않았던 것들을 보게 되고, 당신의 망막은 그걸 본 당신을 절대 용서하지 않을 수 있다. 합법의 영역 안에 있지만 특정한 맥락에서만 수용될 수 있는 것들이 있다. 그러나 이 점이 온라인 어디에서든지 통용되는 행실 규범이 불가능하다는 것을 의미하지는 않는다.

우리는 자신이 공개하는 것만이 아니라 친구들의 정보를 받는 사람으로서 민감한 내용이 담긴 다른 사람의 게시물을 다루는 데 더 현명해져야 한다.

무엇보다 온라인이든 오프라인이든 간에 친구를 선택하는 데 있어서 신중해질 필요가 있다. 포크에서 나의 크리스마스 사진 소동이 보여 준 것처럼 친구의 잘못된 판단에서 당신을 구해 줄 프라이버시나 보안 설정은 없다.

우리는 온라인과 오프라인에서 실제 자아로 살 수 있다. 공유하는 걸 두려워할 필요는 없다. 그토록 복잡미묘할 필요는 없다. 우리는 세상에 현실적이고 의미 있는 영향을 끼치기 위해서 다양한 긍정적인 방식으로 기술을 지렛대로 사용할 수 있다.

실로 우리는 역사상 가장 큰 권력을 부여받은 세대다. 몇 해 전만 해도 상상할 수 없었지만 기술은 우리로 하여금 소통하고 협동하고, 우리 주변의 세계를 이해하도록 했다. 새로운 권력을 이용해 우리는 해묵은 과제를 풀고 모두를 위한 새로운 기회를 만들어 낼 수 있다.

당신이 해야 할 일은 당신 자신이 되는 것이다.

제 5 장

연결해야 할 때, 끊어야 할 때:
기술과 삶에서 균형을 찾는 법

• • •

모바일 기기와 즉시적 연결성의 시대가 도래하기 전에는
누군가 당신에게 이야기하는 대화 도중에 신문을 꺼내 들고
읽기 시작하거나, 또는 고등학교 시절 친구들에게 갑자기
전화를 걸어 그들의 아이가 어떻게 생겼는지 들려달라고
말한다면 눈앞의 대화 상대에게 끔찍한 결례를 저지르는
것으로 여겨졌을 것이다. 그러나 지금은 스마트폰 때문에
이러한 일이 항상 일어나고 있다.

• • •

그 전화는 친구(a)의 친구(b)로부터 걸려 왔다. 그 사람(b)은 내게 의사를 묻지도 않고 자신에게 나를 소개해 준 내 친구(a)로부터 연락처를 받아 이메일로 자기소개를 해 왔다. 그 사람은 사업체를 운영하고 있었고, 우리가 멘로 파크에 차린 새 제작 스튜디오에 자기 회사 서비스를 공급하기 위해서 나에게 연락을 하고 싶어했다.

나는 전화 통화를 위한 시간약속을 피하고 있었는데, 어떻게든 빠져나갈 길이 있기를 바라면서 최초의 이메일에 기분 좋게 회신하려 했다. 그러나 이틀 뒤부터 이메일 폭주가 시작되었다.

"안녕 랜디!!!" 첫 메시지가 시작됐다. "내일 전화 통화를 위해 시간을 좀 내줘요. 나는 우리가 함께할 수 있는 게 상당히 많다고 생각해요."

당시 나는 뉴욕과 캘리포니아를 오가면서 2개의 대규모 고객 프로젝트 마감을 앞두고 일더미와 씨름하면서도 이성을 잃지 않으려고 애쓰는 중이었다. 일면식도 없는 사람을 위한 시간을 내기는커녕, 가족과도 거의 얼굴을 보지 못하고 지낼 정도로 바빴다. 나는 머지않아 연락하게 될 것이라는 모호한 약속으로 답장을 보냈다. (특정 단어가 강조된 이메일을 보면서) 나는 아마도 그가 키보드 입력 때 특정 단어를 강조하는 걸 좋아한다고 생각했다.

"좋아요!" 그가 즉시 답장을 보내왔다. "내일이 안 되면 모레는 어때요?"

이런.

그 뒤 2주 동안 나는 그와 수십 통의 이메일을 주고받았다. 그는 내가 만나 본 사람 중 누구보다도 더 고집 세고 눈치 없는 성격을 지닌 부류였다. 내 습관에 대해서 말하자면, 나는 전화기를 통화용으로는 거의 사용하지 않는다. 나는 폭풍우처럼 이메일과 문자 보내기를 한다. 수백 개의 앱을 사용하지만 몇 주씩이나 음성 메일을 확인하지 않고 지낸다. (내 음성 메일에 녹음된 메시지는 귀찮은 음성 메일을 남기지 말아달라는 부탁까지 하고 있다.) 그걸 염두에 두면서 나는 이미 꽉 짜인 내 스케줄 속으로 또 하나의 전화 통화가 끼어들기를 정말로 원치 않았고 왜 그가 이메일로 자신의 용건을 보낼 수 없는지 이해할 수 없었다. 그러나 그는 지치지 않고 전화 통화 요청을 계속해댔고, 결국 나는 어느 날 저녁 전화 통화를 위해 시간을 내야 했다.

약속된 시각에 전화가 울리고 나는 그의 음성을 듣기 시작했다. 나는 그가 거의 20분을 말하도록 내버려 두었다. 그의 말은 장황했다. 20분이 30분이 되었다. 시간이 째깍째깍 계속 흘러갔다. 나는 피곤했고 얼른 집으로 가서 어셔를 돌봐주는 보모를 퇴근시켜야 했다. 결국 나는 전화 통화를 끝내야겠다고 마음먹었다.

"네, 통화해서 좋았어요"라고 내가 말했다.

"잠시만요!" 그가 내 말을 가로막았다. "대화를 개인적으로 좀 더 할 수 있을까요? 내일 만나는 건 어때요?"

이럴 수가. 전화 통화를 위한 수십 통의 이메일의 실제 목적은 만남을 위한 단지 정지작업일 뿐이었다니.

"이미 다 자세히 얘기했다고 생각하는데요. 안 그래요?" 내가 대답했다.

"어, 음 ……." 그가 중얼거렸다.

나는 작별인사를 하고 내가 할 수 있는 한 가장 격하게 전화를 끊었다. 작은 통화 종료 버튼을 누르는 게 평소의 통화 종료와 비교할 수 없이 만족스러운 경험이었다. 사무실 문을 닫고 주차장으로 걸어갔다. 모두가 퇴근한 저녁시간이었다.

차에 올라탔을 때 브렌트로부터 문자가 왔다. "먼저 집에 도착했어. 어셔는 피곤해해서 내가 재웠으니까 서둘러 올 필요 없어."

나는 텅빈 주차장에서 갑작스레 슬픔과 분노를 느끼면서 잠시 차 안에 앉아 있었던 게 기억난다. 모르는 사람이 나의 하루에서 한 시간 가까이를 가져가 버리고 나는 그날 밤 내 아들을 재울 기회를 날려버렸다.

기술은 우리에게 가장 소중한 사람들과 연결할 수 있는 새로운 길을 제공하지만, 종종 전혀 중요하지 않은 사람에게로 우리의 소중한 시간과 주의를 가져가게 만들 수 있다.

미래 생활에서 최대의 장점은 늘 우리가 연결되어 있다는 점이다. 나쁜 점도 우리가 늘 연결되어 있다는 점이다. 우리 자신을 웹에 좀 더 접근할 수 있게 함으로써 우리는 이미 웹이 우리에게 훨씬 더 가까이 올 수 있도록 만들었다. 오늘날 스마트폰을 가진 누군가와 연결을 하고자 한다면 그걸 가능하게 해 주는 방법이 수십 가지나 있다. 스마트폰을 사용하는 대부분의 시간은 편리하고 자율권이 있다. 그러나 어떤 때는 골치 아프고 스트레스 또한 가져온다. 당신의 전화기에 이메일, 인스턴트 메시지, 문자가 올 때마다, 또 포크, 공유, 리트윗, 블로그 공유 등 당신의 사회관계망 안에서 알림이 올 때마다 쉬지 않고 울려 대면, 가장 중요한 사람들에 집중하기가 어려워질 수 있다.

우리 자신을 온라인에 맡김으로써 우리는 과거에 비해 훨씬 더 많은 사람들과 접촉할 수 있게 되었다. 그러나 그 모든 연결성에는 커다란 모순이 있다. 오늘날 우리는 한 번도 만난 적이 없는 사람에게 페이스북을 통해 콩팥 하나를 기증할 수도 있는 세상에 살고 있다. 그러나 사무실 바로 옆에 있는 직원과는 수년 동안 거의 전적으로 이메일과 인스

턴트 메시지로만 소통하면서 거의 한마디도 한 적이 없을 수도 있다. 당신은 고등학교를 같이 다닌 친구들 한 사람 한 사람 모두와 연락을 유지하고 지내면서 집으로 돌아와서는 식구가 서로를 거의 무시하다시피 하면서 각자 자신의 노트북, 태블릿피시, 스마트폰에 들러붙어서 소중한 시간을 보낼 수도 있다. 우리는 스카이프를 통해서 버튼 하나로 수천 마일 떨어진 누군가와 통화할 수 있는 세상에 살고 있지만, 가까운 친구를 만나기 위해서는 수십 통의 메일을 주고받아야 할지도 모른다.

나는 스마트폰과 태블릿피시를 좋아하긴 하지만, 끝없이 늘어나는 반짝이고 소리 내는 기기들은 주의를 끌기 위해 우리가 실제로 사랑하는 사람들과 경쟁을 벌이고 있다.

이따금 나는 밤에 침대에서 몇 통의 이메일 답신을 몰래 처리하기 위해서 전화기를 담요 속에 묻어 두곤 한다. 불행하게도 반짝이고 빛나는 네모는 덮여 있어도 선명하게 보여서 눈에 안 띄기는 어렵다.

“랜디, 앵그리버드에게 복수라도 하게?” 남편이 어둠 속에서 속삭인다.

내 작전은 별로 은밀하지 못하다.

전화기는 점점 더 많은 시간을 할애하라고 요구하고 있으며, 우리는 기꺼이 시간을 내주고 있다. 그러나 이 현상에 대한 책임이 전적으로 우리에게 있는 것은 아니다. 연구 결과 스마트폰을 체크하는 습관은 마약 사용처럼 중독성이 있다. UCLA의 시밀 신경의학 및 인간행동 연구소(Semel Institute for Neuroscience and Human Behavior)를 운영하는 정신의학자 피터 와이브로(Peter Whybrow) 박사에 따르면, 스마트폰은 심지어 일종의 '전자 코카인'과 유사하다. 우리의 두뇌는 새로운 것으로 보상받기를 바라고 있으므로, 당신이 친구들에게서 받는 모든 지속적인 업데이트와 알림은 기본적으로 당신이 '새로 고침'을 누를 때마다 자극을 준다. 와이브로 박사가 말한 것처럼 "기술에서 새로운 것은 보상이다. 우리는 본질적으로 점점 더 새로운 것에 중독될 수밖에 없다."

누군가 페이스북에서 당신의 상태에 대해 "좋아요"를 누르면, 당신의 뇌는 보상받았다는 신호로 뇌에서 만들어 내는 화학물질인 도파민의 세례를 받는다. 이게 바로 우리가 기기들에 그토록 중독되는 이유다. 알림을 받을 때마다 우리는 또 다른 자극을 기대하게 된다.

이것이 바로 저녁 시간에 전화기가 울리더라도 화면을 바로 들여다보고 싶은 마음을 참고, 최소한 동석한 사람이 화장실에 가거나 시야에서 사라질 때까지 기다려야 하는 이유이다. 이런 때 참지 않으면 우리는 음식이 나오면 바로 먹거나(Insta-eating) 자연스런 방식으로 즐기는 대신에 먼저 사진을 찍어 인스타그램에 올리는(Instagramming) 자신들을 발견하게 될 것이다. 때로는 브런치를 즐기기 전에 누군가 해시브라운 감자(hash brown)를 먼저 해시태그(hashtagging)를 달아 올려야 할 것 같은 생각이 들기도 한다.

정신 산란한 식사 자리가 너무 많아지게 되자 일부 식당들은 끝없는 휴대전화 사용을 차단하기 위해 고객들에게 별도로 음식 사진을 찍을 시간을 마련해 주거나 메뉴와 함께 미리 마련된 샘플 음식 사진들을 제공하기도 한다.

이것도 하나의 방법이다. 하지만 더 나은 방법이 있을 수 있다.

오늘날에는 일과 생활의 균형에 관한, 즉 직업적 성취와 가정 생활을 함께 잘 관리하는 것에 대해 어떻게 '둘 다' 이룰 수 있는지에 대해 많은 이야기가 있다. 그러나 나는 이런 토론이 기술과 삶의 균형을 성취하는 것에 대해서도 좀 더 많이 이루어져야 한다고 생각한다. 당신이 집에 오자마자 다시 컴퓨터에 머리를 파묻어 버린다면 퇴근시간이 언제인지는 전혀 의미가 없다. 만약 바로 옆자리에 있는 동료와 몇 주가 지나도록 얼굴을 맞대고 대화하지 않는다면, 지구 반대편 사람들과 수시로 이메일을 주고받는다는 것이 무슨 의미가 있겠는가. 친구들과 함께 식사를 하는 것은 멋진 일이지만, 만약 실제로는 당신 친구들이 모두 식탁에서 문자를 보내고 있다면 어떨 것인가? 만약 당신이 '삶' 부분에 투자할 시간을 낼 수 없다면, 균형을 찾는 일은 항상 헛된 결과만을 가져올 것이라는 사실을 알게 될 것이다. '모든 것을 한꺼번에' 갖기 위해 '전부'를 가져야 하는 건 아니다.

기기들이 당신을 컨트롤하도록 하지 말고 당신이 기기를 통제해야 한다. 기술은 도구에 불과하므로 그것이 당신의 삶에 질서를 가져올지 혼란을 부를지는 당신이 기술을 어떻게 사용하느냐에 달려 있다. 기술 자체는 중립적이다. 기술이 당신의 삶을 고양시키면서도 그로부터 당신의 삶이 방해받지 않게 하는 것은 당신이 기술을 사용하는 방식에 달려 있다.

기술이 점점 더 발전할수록 우리의 개인적 삶에 미치는 기술의 영향력은 날마다 더 커져 가고, 이러한 문제를 해결하고자 하는 필요는 갈수록 긴급해져 간다. 스마트폰은 이미 지금 이 순간을 사는 우리의 능력을 위협하고 있으며, 머지않아 우리는 각자가 디지털 코쿤 속으로 숨어들어 가도록 더 큰 압력을 받게 될 것이다.

구글 글래스는 기술 애호가들이 황홀해 하는 최신의 매혹적 제품이다. 안경 형태의 이 제품을 머리에 쓰면 렌즈가 작은 디스플레이를 당신의 눈에 쏘아, 당신 눈에 유튜브 동영상부터 위키피디아 기사나 포르노에 이르기까지 인터넷에 있는 모든 것을 보여 준다. 당신이 바라보고 있는 것이 무엇이든 사진을 찍고 동영상으로 촬영해 그것을 바로 당신의 소셜 네트워크에 올려 놓을 수 있게 해 준다. 기본적으로 구글 글래스는 정보에 무한한 접근을 가능하게 해 주는 당신 머리 위의 스마트폰이다.

놀라운 혁신이지만 구글 글래스는 또한 중요한 문제를 제기한다. 시선을 맞추는 것은 당신이 말하는 것에 누군가 관심이 있다는 것을 표시하는 신호로 여겨져 왔다. 만약 눈길을 맞추는 게 더 이상 누군가 말하는 것에 주의를 보내는 표지가 아니라면, 인간관계에서 시선을 맞춘다는 것은 무엇을 의미하게 되는가?

소녀 시절 나는 수백 명의 하객이 지켜보는 가운데 성대한 결혼식과 피로연을 하는 것을 꿈꾸었다. 그러나 페이스북에서 수년간 일하고 난 뒤에 보니 내 인생의 거의 모든 순간이 소셜 미디어에 기록되어 있고, 날마다 수천 명의 사람들과 연락을 하고 있었다. 무엇인가 변화가 일어났다. 실제로 결혼 계획을 세울 때가 되자, 어릴 적부터 꿈꾸어 왔던 원래 계획과는 아주 다른 것을 내가 원한다는 걸 알았다. 나는 친밀함을 갈망했다. 300명 하객이 모여드는 결혼식은 하고 싶지 않았다. 내 결혼식을 고교와 대학 시절 친구들을 오랜 만에 불러낼 핑계로 삼을 필요가 없었다. 왜냐하면 페이스북 덕분에 친구들의 상세한 일상까지 이미 모두 알고 있었기 때문이다.

2008년 늦은 5월 나는 가장 친한 친구들 몇 명과 가족들과 함께 자메이카로 여행을 가서 브렌트와 조촐한 결혼식을 올렸다. 내게 가장 소중한 사람들과 진정으로 귀중한 시간을 보내고 싶었고, 그 사람들에게서 가장 귀하고 소중한 선물을 받고 싶었다. 그들의 관심 말이다.

그게 내가 바랐던 것이고, 그때가 내 인생에서 가장 멋진 순간이 되었다. 우리는 바닷가에서 가장 친한 친구들 그리고 가족과 함께 기쁨으로 충만한 사흘을 보냈다. 우리의 초대 손님 한 사람 한 사람과 뜻깊은 대화를 나누었다. 또한 사랑하고 소중하게 여기는 모든 사람들에게서 흐트러지지 않은 관심을 받았다. 그리고 내가 꿈꾸어온 멋진 남자가 이제 남편이 되었다. 그는 나를 페이스북에 합류하라고 격려했으며 내 열정을 지지했고, 경력을 지원하기 위해 결국 캘리포니아로 나를 따라왔으며, 무슨 일이 생기더라도 항상 곁에 있어 줄 사람이다.

| 관심을 화폐로 계산한다면

이 새로운 온라인 세상에서 우리의 관심은 프리미엄이 붙게 되었다.

모바일 기기와 즉시적 연결성의 시대가 도래하기 전에는 누군가 당신에게 이야기하는 대화 도중에 신문을 꺼내 들고 읽기 시작하거나, 또는 고등학교 시절 친구들에게 갑자기 전화를 걸어 그들의 아이가 어떻게 생겼는지 들려달라고 말한다면 눈앞의 대화 상대에게 끔찍한 결례를 저지르는 일로 여겨졌을 것이다. 그러나 지금은 스마트폰 덕분에 이러한 일이 항상 일어나고 있다.

업무 도중에 인스턴트 메신저가 도착하고, 영화를 보고 있을 때는 주머니 속에서 문자메시지가 붕붕 대고, 운전할 때에 전화벨이 울리고, 할머니 댁을 방문하고 있는 중에 페이스북 접속이 이루어진다. 당신은 중요한 사람이든 그렇지 않은 사람이든 누구에게나 말을 걸 수 있고, 전화벨이나 진동이 울리면 그 즉시 당신의 관심은 불가피하게 떠다니기 시작한다. 그렇지 않으면 전화기는 상당 시간 벨소리를 내거나 진동을 울리다 멈춰 버린다.

하루의 일과는 마치 우리의 관심을 끌기 위한, 또는 다른 사람들의 관심을 얻기 위한 경쟁인 것 같다. 스마트폰과 소셜 미디어는 최근 몇 년 동안 우리의 삶에 엄청난 변화를 가져왔지만, 매 순간마다 실제로 '존재하는' 우리의 능력을 빼앗아 간 것처럼 보인다. 당신이 만나고 있거나 말하고 있는 상대에게 주의를 100% 기울이지 않는다는 것이 이제는 사회적으로 용인되는 상황이 되었다.

2013년 워싱턴 대학의 부상예방센터 연구진은 20곳의 '고위험' 교차로에서 길을 건너는 1,102명의 보행자를 조사한 결과, 약 30%가 교차로에서 전화 통화, 문자 발송, 음악 감상을 한다는 것을 발견했다. 엄마가 길을 건너기 전에 반드시 도로 양편을 살피라고 말했던 것이 기억나는가? 이제 당신은 고개를 들어야 한다는 것을 하나 더 기억해야 한다.

비슷하게, 당신이 물리적으로는 직장에 있더라도, 하루 종일 수시로 소셜 미디어 계정을 체크하고 있다면 당신은 고용주가 당신에게 지불하는 것에 대한 대가를 고용주에게 제공하지 않는 셈이다. 고용주는 당신의 전면적 주의에 대한 대가를 지불하는 것이다. (물론 당신이 페이스북을 위해서 일하는 경우가 아니라면 말이다. 그 경우에는 만약 당신이 하루 종일 페이스북에 있지 않으면 이상한 상황이다.)

당신이 참석하고 있다는 사실이 더 이상 당신이 실제 주의를 기울이고 있다는 걸 나타내는 표지가 되지 못한다. 그래서 오늘날 '주의'는 존재나 위치보다 훨씬 중요한 것이 되었다. 사실 주의는 일종의 사회적 화폐이기 때문에 그토록 중요한 것이다. 잘 모르는 사람이 당신에게 수십 통의 장황한 이메일을 보내 불필요한 전화 통화를 요청한다면 그 사람은 당신의 주의 은행에서 대량 인출을 하는 셈이다. 당신이 전화 통화나 이메일에 방해받지 않고 친구들과 귀중한 시간을 보낼 때면, 당신은 자신의 관계에 주의를 투자하는 것이고 그 사람의 계정에 상당한 양을 예치해 두는 것이다. 당신의 주의는 한정되어 있고 매우 소중한 자원이기 때문에, 당신의 친구나 가족, 업무 또는 자신이든 간에 당신이 원하는 대로 당신의 주의를 집중하는 것이 가장 중요하다.

물론 이것들 가운데 그 어느 것도 본질적으로 인간 감정인 것을 돈으로 환산되는 것이라고 문자 그대로 이해해서는 안 된다. 당신은 아이를 보면서 "말할 시간 없어. 엄마 시간이 얼마나 소중한지 알아?"라고 말하지는 않을 테니 말이다. 그렇게 한다면 기묘하고 복잡한 느낌을 줄 것이다. 당신은 화폐처럼 관심을 단위별로 교환할 수는 없을 것이다. 어떤 사람들이 당신의 '가치 있는' 시간을 투자할 만큼 중요하지 않다고 해도 그것이 당신이 '소중한 시간을 쏟을 사람이 아닌' 모든 사람을 무시할 수 있다는 뜻은 아니다. 그런 행동은 당신을 이상한 사람으로 보이게 할 것이기 때문이다.

누군가에게는 주의를 기울이고 다른 사람에게는 기울이지 않는다고 해서 당신이 남을 무시하거나 오만하다는 의미는 아니다. 이는 엄연한 사실을 반영할 따름이다. 우리가 주의를 기울이거나 관계를 형성할 수 있는 사람들의 숫자에는 한계가 있다. 일부 과학자들은 우리가 안정적으로 사회적 관계를 유지할 수 있는 사람들의 숫자가 우리 두뇌에 의해 태생적으로 제한되어 있을지 모른다고까지 생각한다. 저명한 진화인류학자인 로빈 던바(Robin Dunbar) 교수는 우리 정신이 실제로 의미 있는 관계를 형성할 수 있는 사람들의 최대치가, 오늘날 '던바의 수'라고 알려진 약 150명 안팎에 불과하다고 이론화했다. 사실이든 아니든 간에 우리가 모든 사람들과 진짜 친구가 될 수 없다는 것을 받아들이는 편이 안전하다.

사람 심리가 정말 이상한 것이 때로는 우리가 좀 이상한 방식으로 관계에 순위를 매기고, 이렇게 매긴 순위가 우리가 주의를 할당하는 방식에 영향을 끼친다는 점이다. 이 사실에 대해 잠시 생각해 보자. 빚을 갚아야 할 때 사람들은 가장 덜 친한 사람에 대해서 가장 큰 상환 압박을 느낀다. 역으로 우리는 가장 친한 사람들 그리고 미래에 다시 만날 걸 아는 사람에게 빚을 질 때 좀 더 편안함을 느낀다. 심리학자들은 빚 상환 속도를 관찰함으로써 우정의 유형을 정확히 예측할 수 있었다.

이 연구는 우리가 왜 잘 알지 못하는 사람들의 이메일에 대해서는 답장해야 한다는 압력을 크게 느끼면서 친척이 보낸 편지는 받은편지함에 곪아터지게 두는지를 잘 설명해 준다. 직장 동료나 우연히 알게 된 사람이 이메일을 보냈는데 우리가 그것을 무시했다면, 우리는 그 사람이 메일을 보냈을 때 쏟은 주의에 대해 되돌려 줘야 할 것 같은 압박감을 느낀다. 그러나 만약 친구가 시간을 내서 이메일을 보내오면 우리는 그 호의를 재빨리 돌려줘야 한다는 압력을 느끼지 않는다. 우리는 머지않아 그 친구와 직접 만나거나 다시 연결될 기회를 갖고 있다는 것을 알기 때문이다.

우리가 페이스북에서 함께 일하는 동안 내 동생 마크는 여자친구 프리실라(Priscilla, 현재 마크의 부인)가 전화를 해 오면 빠짐없이 받았다. 무슨 일을 하고 있더라도 마크는 다른 누구보다 여자친구에 대한 주의를 최우선에 두었다. 브렌트와 나도 비슷하게 해 왔다. 나는 아무리 바빠도 전화기에 '내 사랑 브렌트'라고 뜨면 최선을 다해서 응대했다. 만약 내가 누군가에게 쏟을 수 있는 가장 소중한 것이 나의 관심과 주의라면 나의 가족보다 더 나의 관심을 받을 가치 있는 사람은 세상에 없다.

한편, 기술적 발전에 힘입어 사람들이 주의를 주거나 받을 수 있는 방법은 끊임없이 확장되고 있다. 그렇지만 한정된 주의 자원에 너무 많은 요구가 주어진다면 이는 생활을 어렵게 만들고 우리에게 가장 중요한 사람들과의 개인적 관계에 부담을 주게 된다.

누구에게 주의를 기울여야 할지 결정할 때 우리는 소셜 네트워크 친구 목록에 있는 친구들과 진짜 '친구들' 사이의 차이를 이해해야 한다. 지금 기억하기는 어렵지만 '친구(friend)'가 아직 명사이고 동사가 아닌 시기가 있었다. 그때로 돌아가면 친구들은 우리 가까이 있는 사람들로, 정기적으로 어울려 술 마시고 비밀을 털어놓는 대상이었다. 페이스북과 소셜 네트워크 시대는 모든 것을 바꿔놓았다. 이제 '친구'는 가장 가까운 절친으로부터 몰래 보복을 꾀하는 사람에 이르기까지 다양하다. 직장 동료, 먼 친척, 이웃집 강아지, 그리고 브래드 피트까지.

그뿐만 아니라 커뮤니케이션의 방법이 다양해짐에 따라 우리의 주의에 대한 요구도 다변화되었다. 만약 누군가 어떤 이유로 우리에게 손편지나 선물을 보내 주었다면, 우리가 그것을 받고 감사 인사를 보내기까지는 여러 날이 걸리게 된다. 전화 통화는 영상 통화에 비해 주의 요구가 적다. 통화하면서 다른 일을 할 수도 있고 통화 내내 머리 스타일을 계속해서 매만져 주어야 할 필요도 없기 때문이다. 휴대폰을 끄고 직접 대화를 하는 게 우리가 누군가에게 기울일 수 있는 최고 수준의 주의다.

제한된 양이 공급되는 날마다의 주의를 화폐로 생각하면 사람들에 대한 우리 반응의 우선순위를 정하는 데 도움이 된다. 우리는 받은편지함의 모든 이메일에 반응해야 한다는 압력을 느끼면서 '받은편지함 0'이라는 불가능한 목표에 도달하려고 한다. 그렇지 않으면 머리 위에 빚을 이고 있는 것 같은 느낌을 갖기 때문이다. 주의의 개념적 가치를 다분히 글자 그대로 해석해 상업적 이메일 발송자에게 할증요금을 부과하는 서비스도 있다. 이는 기술기업에게는 상당히 큰 변화다. 소셜 네트워킹 초기 시절에 모든 서비스는 사회적 영토 확보 경쟁에 나섰고 거대한 규모로 인기 경쟁을 펼쳐 가능한 한 많은 친구를 확보하려고 했다. 이제 사람들이 점점 온라인 관계에 지나치게 많이 빠져 있게 되면서 중심추가 다시 뒤로 물러나고 새로운 서비스가 제공되기 시작하고 있다. 실제로 자신들을 잘 알고 서로 관심을 쏟는 소수의 사람들과만 연결하기를 바라는 사람들을 위한 서비스가 등장하고 있다. 하나의 사례가 패스(Path)로, 이 소셜 네트워크는 친구의 최대 숫자를 150명으로 한정하고 있으며, 페어(Pair)라는 서비스는 커플들 사이의 소셜 네트워크다.

결국 우리는 우리에게 가장 소중한 사람들에게 집중해야 한다.

올해 엄마 생일에 우리 가족은 함께 이틀 동안 멀리 온천 여행을 다녀왔는데 저녁에는 멋진 여행을 기념하며 건배했다. 이처럼 지속적으로 집중을 방해받고 늘 바쁘게 돌아가는 생활 속에서 항상 서로에게 집중된 주의를 기울이고 기쁜 일에 축하할 시간을 갖자고 서로 약속하고 그를 위해 건배한 것이다. 앞으로 오랫동안 꼭 지키고 싶은 약속이다.

| 지금은 잠시 스마트폰을 내려놓을 때

기술과 삶 사이에서 균형을 잡고 주의를 어디에 기울여야 하는지 유의할 필요가 있다는 것은 분명하다. 그런데 정확하게 무슨 의미인가? 어떻게 해야 하는가? 지금 이 순간을 좀 더 집중해서 살려면 어떻게 해야 하는가?

쉬운 답은 없지만 나는 무엇보다 마음가짐이 달라져야 한다고 생각한다. 우리는 새로운 기술적 발전을 생활의 기본구조 속으로 통합시키기 위한 의미 있는 방법을 찾아내야 한다.

우리는 뒤로 돌아갈 수는 없다. 기술은 이미 여기에 있고 계속 발전하고 있다. 우리는 기술로부터 지금 시대의 우정과 관계를 분리해 낼 수 없다. 물론, 때때로 당신은 소셜 미디어나 문자메시지, 온라인에서의 사진 공유에 참여하는 걸 거부하는, 다시 말해 페이스북 같은 세계를 거부하는 기술공포증을 가진 사람들을 만나게 될 것이다. 물론 우리는 다른 사람들의 취향과 기술에 따라 달라지는 편의를 존중할 필요가 있지만, 이러한 부류의 사람들과 관계를 유지하는 것은 점점 어려워지고 더 큰 수고를 필요로 한다. 그래서 그들이 우리에게 아주 중요한 사람들일 경우에만 그런 수고를 감수하는 경향이 있다.

새로운 기술은 우리의 친구들, 친구처럼 보이는 적(frenemy: friend + enemy)들, 사랑하는 사람들, 과거의 연인들과 우리가 어디에 있든지 상관없이 이들과 연결하고 재연결하는 능력을 근본적으로 바꿔놓았다.

과거 한때 우리가 고등학교 친구들의 졸업앨범에 남기는 글귀와 서명은 아마도 우리가 그 친구들과 마지막으로 나누는 말이 되는 경우가 많았다. 이런 생각은 졸업앨범에 서명하는 일을 아주 특별하고 엄숙한 순간으로 만들었다. 나는 친한 친구들의 졸업앨범에 가능한 한 가장 작은 글씨로 페이지를 가득 채워 쓰고 여백에는 고백을 남기곤 했다. 그러나 오늘날 우리는 찾으려만 한다면 초등학교 친구는 물론 유치원 친구들과도 관계를 유지하며 지낼 수 있다.

우리 인생에서 가장 아름다운 순간들은 일어나는 그 순간 포착되어 공유될 수 있게 되었다. 행사는 별 준비 없이도 바로 조직될 수 있으며 새 친구들이 오랜 친구들에게 쉽게 소개될 수 있다. 아무리 많아도 많다고 느껴지지 않는 아기 사진을 무제한 가질 수 있게 되었다. (내가 좀 심하다는 점은 인정한다.)

물론 다른 기술적 변화들의 경우와 마찬가지로 무엇인가가 크게 잘못될 수도 있다. 우리는 소중한 사람들을 방치하거나, 외로움을 느끼게 하면서 온라인에서 많은 시간을 보내기 쉽다. 생일은 이제 스트레스와 복잡한 느낌을 준다. 페이스북에 포스팅하는 것만으로 충분한가? 문자메시지를 보내야 하나? 카드? 전화통화? 단지 지인 관계라면 생일을 굳이 아는 척까지 할 필요 있나? 중요한 사람의 생일을 까맣게 잊은 경우에는 어떻게 해야 하나? 그리고 내 생일에 온 이 모든 메시지와 축하들에 대해서는 도대체 어떻게 해야 하나?

그렇다면 답은 무엇인가? 이 모든 것은 우리들에게 온라인에서의 생활을 절제하면서 살아야 하고 기술로부터 해방된(tech-free) 순간을 가까운 사람들과 즐겨야 한다는 것을 일깨워 준다. 만약 주의와 집중이 이제껏처럼 한정되어 있고 현재 시점에서 일종의 화폐처럼 통용된다면 우리는 오프라인에서와 마찬가지로 온라인에서도 친구들과 삶 속에서 의미있는 경험을 하는 데 사용하게 될 것이다.

이는 우리가 모든 상호작용에 깊이 숙고하면서 오랜 시간을 소비해야 한다는 것을 말하는 게 아니다. 때때로 기술은 우리에게 짧고 재미난 순간을 제공하기도 한다. 인스타그램 화면을 스크롤하거나 재미난 트윗을 리트윗하거나 우스꽝스러운 유튜브 영상을 친구들에게 전달할 때처럼 별 이유 없이 그저 웃고, 우리 자신을 위해 잠시 휴식시간을 즐기고자 할 때처럼 말이다.

만약 당신이 그랜드캐니언에 있다면, 그리고 당신 앞에 대자연의 거대하고 압도적인 장관이 놓여 있다면 수시로 '#canyongram'이라고 해시태그를 달아서 사진과 글을 올리는 행동을 그만두라는 것이다. 그 순간의 아름다움을 감상하는 데 시간을 쓰고, 당신이 담아 두고 싶은 느낌을 불러일으키는 사진 한 장을 업로드하고 일상으로 돌아가라. 깨어 있는 모든 순간을 기록할 수 있다는 것이, 모든 순간을 반드시 기록

해 담아 두어야 한다는 의미는 아니다.

이는 '홀로 외출하기'가 오늘날 중대사건이 된 현상에 대해서도 마찬가지로 적용된다. 이는 단지 혼자서 밥 먹는 일을 뜻하는 게 아니다. 이는 젊은이들이 친구들을 만날 때 휴대전화를 집에 두고 만나는 데서 나타나는 '복고적' 트렌드를 말한다. 친구들에게 전적이고 분산되지 않은 관심을 기울여서 더 가까워지기 위한 방편으로 선택한 방법이다.

나는 최근에 우연히 이런 멋진 트렌드의 이점을 경험하게 되었다. 한 동료와 점심을 먹는 중이었는데 "전화기 배터리가 방금 나갔어. 1시간 동안은 당신한테만 주의를 기울일 수밖에 없겠네." 이 시간은 우리가 전기 콘센트를 다시 찾을 때까지만 지속되었다. 하지만 그 짧은 시간은 상당히 멋졌다.

어떤 사람들은 '스마트폰 안 쓰기' 트렌드를 수용하고 나아가 토요일이나 일요일을 '디지털 안식일'로 정해 지킨다. 만약 우리가 가족들과 소중한 시간에 귀 기울이고자 한다면, 해볼 만한 시도다. 그렇지만, 10대 자녀에게서 스마트폰을 떨어뜨려 놓으려면 특별한 행운이 따라야 할 것이다. 어느 날 밤 가족이 저녁식사를 하러 나갈 때 '홀로 외출하기'를 시도해서, 가족 모두가 전화기를 집에 두고 나가는 것도 한 가지 방법이다.

온라인에서 현대식 우정의 복잡미묘함, 많은 요청과 곤란한 문제들은 대부분 기술과 삶의 균형성 결핍 문제로 귀결될 수 있다. 온라인이나 오프라인 상에서 친구들의 행동에 대한 기대를 높게 가지고 그 기대가 충족되지 못했을 때 의견 불일치, 후회, 상심한 감정 따위가 시작되는 것이다.

만약 당신이 친구를 만난 지 꽤 오랜 시간이 지났고 주로 문자로 소통해 왔다면, 실제로 얼굴을 마주하고 만나야 할 때가 되었다. 만약 인스타그램이 우편엽서의 현대적 대체품이라고 본다면, 아마도 당신은 바닷가로 간 휴가 기간 내내 우편엽서만 쓰면서 보내지는 않을 것이다. 그렇지 않을까?

당신에게 아주 가까운 친구를 위해 그의 페이스북 담벼락에 "생일 축하해!!!"라고 올린 포스팅은 느낌표를 세 번이나 찍었어도 그걸로 마무리될 게 아니다. 전화기를 들고 통화를 하라. 그들에게 당신이 신경 쓰고 있다는 걸 알게 해야 한다.

누군가의 생일을 기억한다는 것은 한때 아주 중요한 의미를 지녔다. 그것을 기억하기 위해 상당한 의식적 노력을 기울여야 했기 때문이다. 예를 들어, 페이스북이 없던 세상에서 만약에 고교 2학년 영어상급반 교실 당신 옆자리에 앉아 있던 조시(Josh)라는 친구가 이번 당신 생일에 '생일 축하해'라는 제목의 편지를 우편으로 보냈다면, 섬뜩한 느낌이 들었을 것이다.

'친애하는 랜디에게'라고 그 편지는 시작될 것이다. '우리가 1997년 이후 서로 연락은 없었지만 이 편지가 너에게 잘 전달되길 바란다. 마침 오늘이 네 생일이라는 걸 기억하고 너의 서른한 번째 생일을 축하하는 편지를 쓰고 있어. 축하, 축하, 축하! 나의 강아지 사진과 석양 사진 석 장을 동봉한다. 이런 사진 좋아하니? 좋아하면 위에 적은 주소로 답장을 보내서 나한테 알려줘. 진실한 너의 친구, 조시로부터."

그 순간부터 당신은 이름을 바꾸고 아주 멀리 떨어진 곳으로 이사 가고 싶은 마음이 들 것이다.

하지만 이제는 달라졌다. 조시 같은 과거의 수많은 친구들이 당신에게 생일 축하를 하는 것은 이제 완벽하게 정상이고 용인되는 일이며 심지어 멋진 일이기까지 하다. 오늘날 당신의 생일과 같은 개인적 정보는 아무 때나 접근 가능한 공공정보가 되었고 당신의 믿음직한 온라인 정체성의 한 부분으로 당신이 기꺼이 공유하려는 대상의 하나가 되었다.

이는 감정 손상을 피하는 데 있어서 기술과 삶의 적절한 균형이 왜 중요한지 알려주는 사례다. 그 균형은 온라인에서의 행동 경계에 대한 기대치를 명확하게 설정하는 것이다. 소셜 네트워킹은 우리가 한 번도 만난 적 없는 사람에게 생일 축하 메시지를 보내는 걸 엄청나게 쉬운 일로 만들어 버렸고, 의도한 바는 아니지만 생일 축하 메시지는 과거처럼 친밀감의 소중한 징표가 되지 못한다.

결혼, 이사, 취업, 그 밖의 중요한 일 같은 인생의 일대사건이 일어나면 가까운 친구들에게는 이런 중요한 변화를 페이스북을 통해서 알게 되기 전에 미리 알려 주는 것이 좋다. 이런 알림은 친구들 목록에 있는 사람들과 한덩어리가 되게 함으로써 친구들이 더욱 친밀감을 느끼게 하고 잠재적으로 덜 기분 나쁘게 만든다.

브렌트는 2007년 밸런타인데이의 아름다운 저녁 캘리포니아 하프문베이(Half Moon Bay)의 리츠칼튼 호텔에서 내게 프러포즈했다. 감동, 눈물, 놀람, 충격이 진정된 뒤 나는 전화 몇 통을 걸어야겠다고 생각했다. 우리는 만약에 우리의 약혼 소식을 우리 둘에게서 직접 듣지 못하거나 페이스북 포스팅을 통해서 알게 될 경우 매우 서운해할, 우리 인생에서 중요한 사람들의 목록을 재빨리 머릿속으로 작성했다. 다행히 브렌트는 영리하게도 내 가족에게 이미 알려 놓은 상태였고, (분명히 엄마는 거실에서 확인 전화를 기다리고 있었을 것이다) 우리의 절친들(그들 중 몇몇은 브렌트가 반지를 고르고 프러포즈 계획을 세우는 걸 도와주었다)과 내 직장동료들(그들 덕에 브렌트가 주중에 나를 하프문 베이 1박 여행에 데려갈 수 있었다) 중에 우리가 직접 전화를 걸어야 할 대상은 그리 많지 않았다.

다음 단계는 페이스북에 '반지 사진'을 올리는 일이었다. 당신이 만약 페이스북을 10분이라도 사용해 봤다면, 내가 무슨 말을 하고 있는지 분명히 알 수 있을 것이다.

그러나 나는 그날 밤 내내 전화기를 치워 놓았고 이튿날 늦게까지 전혀 체크하지 않았다. 나는 둘이 함께하고 있는 그 시간을 즐기고 서로에게 흐트러지지 않은 주의를 선사하면서 우리 인생의 새로운 장을 출발하고 싶었다.

페이스북 초기 시절, 회사의 모든 사람이 단지 동료가 아니라 서로의 온라인 '친구'이던 시절에 동료들 중 몇 명이 나파 밸리(Napa Valley)로 즐겁게 여행을 다녀왔다. 돌아오고 나서 나는 한 동료를 만나게 되었는데, 그녀는 페이스북 포스팅을 통해 우리의 여행에 대해 알게 되었고 눈물을 참으면서 왜 자기가 그 소풍에 초대받지 못했는지를 알고 싶어했다. 나는 그럴 듯한 대답을 하지 못했다. 누구도 그녀를 빼고 가자고 한 것이 아니었다. 마지막 순간에 같이 있던 사람들끼리 소풍을 가기로 했을 따름이다. 나는 초대자 명단에 관해 책임 있는 사람도 아니었다. 하지만 그녀는 따돌림 당한 것에 상처를 받았고 친구들이 자기를 빼놓고 모두 함께 즐거워하는 사진을 보는 것은 질투심과 불행감을 느끼게 했다. 때로는 서로 연결되어 있다는 바로 그 사실이 가장 참을 수 없는 일이 되기도 한다.

소셜 미디어의 부상과 함께 나타난 이러한 새로운 현상은 '포모(FOMO)'라는 신조어를 만들어 냈다. 포모(FOMO)는 '고립에 대한 두려움(fear of missing out)'을 나타내는 말이다. 포모는 다른 사람들의 엄청나게 멋진 인생을 보면서 경험하게 되는 질투심과 무력감을 뜻한다. 2013년 7월 학술지 『인간행동과 컴퓨터(*Computers in Human Behavior*)』에 실린 연구논문에서 앤디 프르지빌스키(Andy Przybylski) 교수는 삶의 만족도가 가장 낮은 사람들이 포모는 제일 높게 나타났다는 연구결과를 발표했다. 결론적으로 포모가 실제로 "지금 이곳에서 보내는 시간에 집중하지 못하도록" 한다는 것이었다.

'고립에 대한 두려움(포모)'은 치유법이 있을까? 우리는 누군가 포스팅하기로 선택한, 그의 인생의 아주 작은 부분만을 볼 뿐이라는 것을 알아야 한다. 사람들이 소셜 네트워크에 올리거나 올리지 않는 것이 그들이 실제로 사는 모습을 나타내는 게 아니다. 우리는 누군가의 인생 중 닫힌 문 안에서의 실제 모습이 어떠한지 전혀 알지 못한다. 우리는 강아지가 거실 매트에 오줌을 싸는 사진이나 사람들이 가까운 사람들과 싸우는 사진을 페이스북에서 보지는 않는다.

아마 다른 사람들도 우리들의 포스트를 보면서 우리에 대해 똑같은 감정을 느낄 것이다. 그런데도 우리는 질투심과 경쟁심을 느끼게 된다. 가끔 나는 다른 사람들이 즐거운 시간을 보내고, 성공을 축하하고 그것에 대해 온라인에서 별 것 아닌 듯 자랑하는 것을 보면서 질투심 비슷한 고통을 느낀다. 특히 직장에서 힘든 시간을 보냈거나, 아픈 아이를 돌보느라 집에 있을 때 더욱 그렇다. 그러나 그때마다 나는 다른 사람들에 대해 편안한 감정을 가지는 게 좋겠다고 스스로를 타이른다. 다음날 상황은 역전될 수도 있는 것이고, 당신은 친구들이 편안하게 생각하기를 바랄 것이다. 만약 친구들이 당신을 진정 소외시키거나 기분 나쁘게 하는 포스팅을 게시한다면, 그들에게 전화를 걸어서 속을 터놓고 대화를 하라. 친구니까 가능한 거다. 그들의 말을 끝까지 들어보고 선의로 해석하는 게 좋다.

최근에는 행사에 '초청 안 함'이라는 메시지를 실제로 보내는 사람들이 있다. 당신이 초청하지 않을 사람들에 대해서 미리 "양해를 부탁한다"고 알리는 행위다. 예를 들어 당신이 결혼식을 올린다고 해 보자. 당신은 예식에 초청하지 않을 사람들에게 미리 귀띔을 해줄 수 있다. 그들이 당신의 결혼식 사진을 이후 온라인에서 보게 되더라도 놀라거나 불편해하지 않게 하기 위해서다. 개인적으로는 이런 일을 하는 게 참 끔찍할 것 같긴 하다. 사람들에게 "당신은 초대받지 못했다"고 말하기가 참 쉽지 않을 것이다. 사람들에게 그런 이야기를 정면으로 해서 놀라게 하거나 실망시키는 것이 물론 절대로 재미있는 일은 아니다. 그러나 직접 말하는 게 나은 상황에서는 이런 방식이 쓰일 수도 있다. 만약 당신과 친밀하다고 생각하는 사람이 초대를 받지 못해 어리둥절해 한다면 컴퓨터 화면 뒤에 숨는 대신 직접 말하거나 전화를 걸어 이야기하는 게 더 낫다.

또 하나, 온라인 관계에는 극도로 까다로운 부분이 있다. 어떻게 온라인 관계를 끝내는가이다. 사람들은 대부분 친구 끊기에 대해 말하는 것조차 싫어한다. 걸스카우트 단원들의 노래도 "새 친구 사귀고 오랜 우정 간직하자(Make new friends and keep the old)"라고 하지, "새 친구 사귀고 오랜 친구 절교하자(Make new friends and unfriend the old)"라고 하지는 않는다. 게다가 친구관계를 끊은 누군가를 우연히 만나게 되는 일처럼 난감한 경우도 별로 없다. 2013년 콜로라도대학 덴버경영대학원의 크리스 시보나(Chris Sibona) 연구팀이 조사한 바에 따르면, 582명의 응답자 중 40%가 페이스북에서 친구관계를 끊은 사람들을 실제 생활에서 마주치는 일을 의도적으로 피한다고 응답했다. 특히 친구관계를 안 좋은 이유로 끊었을 때 더욱 그러했다.

이 책을 쓰는 동안 나는 친구 목록에서 사람들을 삭제하는 일에 대해 찬성과 반대, 에티켓과 관련해서 여러 차례 친구들과 토론했다. 대부분의 친구 삭제자들은 둘 중 하나로 분류되었다. 하나는 친구 끊기를 전혀 하지 않는 사람들인데 이들은 친구 끊기를 떳떳하지 못한 짓이라고 여기며 나중에라도 소중해질지 모르는 연락처, 동료 또는 친구의 친구를 잃고 싶어하지 않는 사람들이다. 이 그룹에 속하는 하위집단에는 누가 자신의 친구 목록에 들어 있는지 전혀 신경 쓰지 않는 수도승 같은 사람들도 있었다. 그리고 열정적으로 자주 친구 끊기를 하는 집단도 있었다. 이들은 상대가 경미한 무례를 범하거나 친구관계에서 부적절하다고 생각하는 단계를 넘어서기만 하면 즉시 친구 목록에서 상대를 삭제했다.

나는 중간에 속한다. 친구 끊기는 당신이 어떤 시점에 만나 관계를 맺었지만 오랫동안 상호작용이 없거나 아무런 의미 있는 소통을 하지 않았다면, 봄 대청소처럼 주기적으로 정리되어야 한다.

친구 끊기가 그 사람을 당신 인생에서 지워버리는 것처럼 생각되어서 떳떳하지 못한 일로 생각할 수도 있다. 그래서 인생에서 한 사람을 지우려면 그들에게 이유를 설명해야 한다는 마음도 들 것이다. 그러나 당신의 친구 목록에서 수상한 '친구들'을 주기적으로 정리하는 행위는 완벽하게 정당한 일이다. 그것은 "친애하는 페이스북 지인께, 나는 당신이 누구인지 잊었고 내 아이들의 사진을 당신이 보게 되는 것을 원하지 않습니다"라고 말하는 이상의 의미를 지니지 못한다.

친구를 끊을 때는 신중하면서도 빠르게 하라. 친구 삭제 이후 당신의 담벼락에 여전히 남아 있는 친구들이 그런 일을 당하지 않아서 얼마나 다행인지 떠벌리는 것 같은 바보짓을 해서는 안 된다. 누구도 절교당하는 걸 좋아하지 않는다. 그러니 자랑하지 마라.

당신이 상호작용하고 있는 사람들이거나 혹은 개인적으로 만나는 사이지만 지금은 사이가 안 좋은 사람이 있다면, 페이스북에서 그들과 친구관계를 끊는 것은 전혀 다른 문제다. 만약 당신이 일을 잘 처리해낼 수 있으면, 즉시 친구 끊기라는 '핵폭탄 같은 선택'을 사용할 이유가 전혀 없다. 말하자면 그들은 파티에 그냥 홀로 있도록 남겨 두는 게 낫다. 잠시 동안 그 친구관계를 소원한 상태로 유지하다가 해가 지난 뒤 봄 정기 대청소 시즌에 정리하는 게 낫다.

마지막으로 만약에 관계가 회복 불가능할 정도로 손상되었고 화해의 희망이 없다면, 혹은 상대가 독을 품고 있어 해를 끼칠지 모르고 도움을 줄 수도 없는 상태라면 친구를 끊어라. 그러나 진지하게 하라. 왜냐하면 마찬가지로 당신도 어느 날 친구 끊기를 당할 수 있기 때문이다.

결국 디지털 세상의 새로운 규칙도 전통적 규칙과 다르지 않다. 공감과 이해 그리고 상식이 핵심이다. 다른 사람의 입장을 생각해 보고 스크린의 맞은편에 있는 실제 사람에 대해 관심을 기울여라. 가장 중요한 것은 당신이 마음을 기울이는 사람들에게 항상 시간과 주의를 투자하는 노력을 해야 한다는 것이다.

| 삶은, 언제나 우선이다

고등학교 1학년 때 나는 인생에 중대한 영향을 준 음악 선생님을 만났다. 지금도 또렷하게 기억나는 그 선생님의 습관은 항상 학생들에게 이렇게 말하는 것이었다. "가던 길을 멈추고 꽃향기를 맡아 보아라." 우리는 당시 열여섯 아니면 열일곱에 불과했고 이 말을 비웃거나 묵살하기 일쑤였다. "오늘은 멈춰서서 꽃향기를 맡아 봤니?"라는 게 그 선생님의 수업에 들어가기 전에 우리가 하는 농담이었다.

2년 쯤 전에 그 선생님이 돌아가셨다. 내 인생에 그 선생님이 끼친 영향을 생각하면서, 나는 그 수수께끼 같은 구절을 정겹게 기억하고 있는 걸 깨달았다. "얘들아, 멈춰서 꽃향기를 맡아 보렴." 왜 선생님은 이 말을 그토록 자주 했을까? 정확히 무슨 말을 하고 싶으셨던 걸까?

이 책을 쓰는 동안 마침내 나는 선생님 말씀을 완벽하게 이해하게 되었다.

2013년 봄 도쿄에서 남편, 아들과 함께 몇 주를 보냈다. 원고를 쓸 때가 아니면 스마트폰을 충전하지 않고 놔두려고 의도적인 노력을 기울였다. 남편과 아이에게 주의를 집중하면서 스마트폰도 태블릿피시도 컴퓨터도 없이 시간을 보냈다. 몇 시간씩 외부 세계와 완전히 차단된 채 지냈다. 일본은 아름답고 매혹적인 나라였다. 모든 순간을 음미하기 위해 나는 매 순간을 살아야 했다. 그리고 비록 아들 어셔가 여행을 기억하기에는 너무 어렸지만 우리 시간과 경험을 함께 깊은 인상으로 남기고자 했다.

저녁에는 행복감과 생산적인 시간들로 충만한 미팅과 방문, 만남, 얼굴을 마주한 진실한 대화 등으로 하루를 잘 보냈다는 느낌이 충만한 상태에서 노트북 컴퓨터를 열고 온라인 세상으로 들어가곤 했다. 브라우저는 이내 이메일과 다양한 웹사이트 탭들로 가득 찼다.

이를 두고 당신은 고도로 연결된 현실로 다시 돌아온 스트레스 많은 경험이라고 생각할 수 있다. 솔직하게 말해서, 아니었다. 나는 활기를 되찾았고 내가 처리하고자 하는 일들의 우선순위, 즉 기다릴 수 있는 일과 즉시 처리가 필요한 일들의 순서를 정할 수 있는 능력이 훨씬 나아졌음을 느낄 수 있었다.

오늘날 민감한 사회문화에서 업무는 종종 환영받지 못하는, 게다가 휴가 때는 '초대받지 못한 손님' 취급을 받는다. 피어스(Fierce Inc.)의 최근 조사에 따르면 노동자의 58%는 휴가를 다녀온 것이 스트레스를 전혀 덜어 주지 못했다고 느끼며, 28%는 오히려 휴가를 떠나기 전보다 더 스트레스를 받고 돌아왔다고 답했다. 보스턴 컨설팅 그룹(Boston Consulting Group)은 주말 이틀 중 최소한 하루 동안 업무에서 완전히 벗어났던 직원들이 더 높은 직무 만족도를 나타냈고 그 회사에 더 오래 근무하고 싶어하는 성향이 증가했다는 것을 밝혀냈다.

일부 전문가들에 따르면 아침에 제일 먼저 이메일을 확인하는 대신 하루에 이메일을 몇 차례만 체크하고 이메일에 응답하는 시간을 전체적으로 제한하는 것은 생산성을 매우 높이는 방법이라는 것이다. 노스

캐롤라이나 대학의 연구자들은 사람들이 생각할 시간적 여유가 있을 때 훨씬 긍정적으로 변화하고 관계 속에서도 안정감을 느끼며 사회적 습관도 변화시키기 시작한다는 것을 발견했다. 나는 최근 일본 여행을 통해서 나 자신의 생활에서도 이런 변화가 일어나는 것을 경험했다.

물론 나는 모든 사람이 날마다 몇 시간 동안 이메일과 핸드폰을 처박아 두어야 한다고 말하는 것은 아니다. 기술 사용을 완전히 차단하는 것은 고용된 상태에 있는 사람에게는 그리고 일반적으로도 사회적 삶을 유지하는 데 좋은 방법이 아니다.

그럼에도 가끔씩 우리가 함께 있는 사람들과 진실로 그 순간을 생생하게 경험하고자 한다면 우리는 전화기를 끄고 연결을 끊어야 한다. 우리가 기기를 소유한 것이지, 그 반대가 아니기 때문이다. 기술을 사용해야 할 시간이 있고, 멀리 밀어내야 할 순간이 있다.

기술과 삶의 균형을 찾는 문제에 부닥칠 때는 언제나 삶이 우선이다. 멈춰서 꽃향기를 맡는 걸 잊지 말라.

제 6 장

페이스북 시대의 사랑: 진실하라, 사랑은 아직 변하지 않았다

• • •

우리는 기술이 우리의 모든 관계에 영향을 미치는 것을 알고 있지만, 특별히 연인관계에서 그 영향력은 더욱 강력해서 친밀함을 더해 주거나 새로운 인연을 찾도록 돕기도 하고 때로는 결별과 절망의 순간으로 이끌 수도 있다는 것을 알고 있다. 조금의 과장도 없이 지금 시대에 데이트와 연애는 너무나 복잡미묘하다. 그리고 사랑을 찾기 위해 기술을 활용하는 것은 위험한 일이 될 수도 있다.

• • •

2001년 어느 추운 겨울밤이었다. 나는 보스턴에 있는 하버드 대학의 꽤 규모가 큰 파티에 아카펠라 동아리 하버드 오퍼튠스 동료들과 함께 참석하고 있었다.

이 날 파티는 비교적 재미난 모임이었다. 영화 「소셜 네트워크」*에서 묘사된 것만큼 격렬하지는 않았지만 그 영화와 달리 이날 파티는 실제로 일어났던 일이다. 거기에는 루지 썰매가 있었고, 잔마다 최상급 울프슈미트(Wolfschmidt) 보드카가 채워져 있었다.

시간이 좀 더 흐르자 그럭저럭 괜찮은 싸구려 보드카로 바뀌었지만, 근사한 남아프리카공화국 억양을 가진 브렌트란 멋진 사내를 만났다. 그날 그가 어쨌든 나하고 오퍼튠스 이야기를 하면서 시간을 보냈다는 사실은 그가 정말로 믿을 만한 친구라는 걸 의미했다. (우리는 술을 마실

* 데이비드 핀처 감독의 페이스북 탄생 실화를 다룬 2010년 개봉 미국 영화로, 미국 전역 박스오피스 1위를 차지한 바 있다.

수록 더 많이 노래를 불렀다고 말해두기로 하자.) 우리는 그날 밤 잠깐 동안 이야기를 나누었지만 헤어질 때는 마지막으로 인스턴트 메신저의 대화명(screen name)을 교환했다. 지금 같은 페이스북이 없던 당시 상황에서 그것은 그야말로 대박 사건이었다.

물론 두어 가지 사소한 골칫거리도 있었다. 무엇보다 그에게는 여자친구가 있었다. 게다가 나는 파티를 끝내고 돌아가는 길에 나무덤불에 빠져서 얌전히 퇴장하게 되었다. 맙소사!

이튿날 AIM 친구 목록에 '브렌트T(Brent T)'를 추가했다. 하지만 그를 다시 만날 수 있을 거라고는 생각하지 않았다.

2년의 시간이 빠르게 흘러갔다.

오길비 앤 마더에서 근무하기 시작한 지, 또 사내에서 네이키드 카우보이를 시작한 지 몇 달 안 돼서 나는 컴퓨터 앞에서 일하면서 동시에 동료와 AIM으로 다른 프로젝트에 대해 이야기하고 있었다. 동료의 메시지를 기다리고 있던 중, AIM의 친숙한 알림 소리가 들렸다.

'브렌트T'였다.

"안녕, 42번가의 페기(Peggy42st), 오랜만이야. 나는 얼마 전 유럽 배낭여행에서 돌아왔고 지금은 뉴욕에서 일하고 있어. 시간 되면 한번 볼까?"

호기심이 생겼다.

우리는 그날 저녁 내 사무실 아래에 있는 바에서 만나 마르가리타 칵테일을 마시기로 약속했다. 그날 나는 업무가 끝나기를 애타게 기다렸다. 사무실을 막 나가려고 할 때 상사가 하찮은 일 몇 가지를 끝내 놓으라고 지시했다. 10분 늦은 게 20분이 되고, 결국 45분이나 늦어버렸다. 모든 걸 인스턴트 메시지로만 약속했기 때문에 나는 브렌트의 휴대폰 번호도 몰랐다. 내가 약속시간을 1시간쯤 지나서 바에 나타났을 때 그는 그때까지도 나를 기다리고 있었다. 멋진 모습으로, 나를 위해 소금 없는 마르가리타를 시켜 놓은 채. 우리는 서로의 근황을 이야기하고 일과 인생에 대해 대화했다. 그는 대학 때의 여자친구와는 헤어졌다고 했다. 우리 둘은 모두 싱글이었다.

두 번째 마르가리타를 마실 때쯤 나는 그에게 깊이 빠졌다. 예전에 나무덤불에 빠진 것까지 치면 이번이 두 번째다.

몇 달 뒤 남동생이 '더 페이스북'을 시작했다. 그때 브렌트와 나는 사랑으로 꽃피운 관계가 결혼과 가족으로 진전했다. 그래서 나는 디지털 시대의 연애에 따르는 여러 가지 경험들과 복잡한 문제들은 대부분 건너뛰었다. 하지만 우리 관계가 계속 이어지도록 작용한 기술의 역할에 대해서는 깊이 감사하고 있다.

만약 우리가 그 운명적인 저녁, 서로 인스턴트 메신저 대화명을 교환하지 않았다면, 나중에 다시 연결되는 우연한 기쁨을 누리지 못했을 것이다. 그 시절에는 그 정도가 기술 덕분에 가능하게 된 사회생활 또는 연애였다.

기술은 연애를 비롯한 로맨틱한 관계의 모든 면을 완전히 바꿔 놓았다. 수많은 앱과 웹사이트들이 사람들에게 연애 상대를 찾을 수 있도록 도와준다. 문자메시지 · 영상통화 · 소셜 네트워크 사이트는 구애하는 방법과 관계를 만들어 가는 초기 단계에서부터 완전히 새로운 규칙을 형성했다. 온라인 공유와 '결혼/연애 중'처럼 한 사람의 이성관계를 표시하는 상태 메시지는 언제 당신이 오프라인 관계에서 새로운 단계로 진전했는지를 알려주는데, 그것은 온라인에서도 마찬가지로 관계가 진전되었음을 뜻한다. 그리고 관계가 끝났다는 것은 디지털 세계에서도 동시에 파국을 맞았다는 것을 의미한다.

만약 누군가에게 관심이 생기고 그를 알고 싶은 마음이 생기면 당신은 자신의 프로필을 만들어서, 무엇을 좋아하고 싫어하는지, 친구관계와 관심 분야를 서서히 채워 나가야 한다. 그 다음 파티에서 우연히 그를 만나려고 시도해 보거나 두 사람 모두를 알고 있는 친구에게 조심스럽게 만날 기회를 주선해 달라고 요청할 수 있다. 그런 다음 '친구 요청이 수락되었습니다'라는 메시지를 보는 순간부터 당신은 그 사람에 관한 정보 일체에 즉시 접근해서 그가 어디에서 학교를 다녔는지, 어떤 사람들과 친구인지, 지난해 할로윈 파티 때 어떤 복장을 했는지까지 알 수 있다.

예전에는 파티에서 만난 사람에게 이성 친구가 있는지를 알아보려면 난처한 상황에 빠질지도 모르는 탐색전을 치러야 했다. 이제 그런 정보는 손쉽게 제공된다. 만약 당신이 그에게 너무 늦게 다가갔다면 그의 배우자 사진까지 보게 될 것이다. 요즘에는 사교 범위 바깥에 있는 사람과 연애를 시작할 때 그와 페이스북 친구관계를 맺으면 서로 함께 아는 친구들, 독서와 음악, 영화 등의 취향, 그리고 깜찍하고 귀여운 애완견까지 공유할 수 있게 되었다.

과거에 멀리 떨어져 있는 연인들이 서로 연결하려면 편지를 쓰거나 때맞춰 전화를 해야 했다. 이제 인터넷은 아무리 멀리 떨어져 있더라도 손쉽게 소통할 수 있게 이어준다.

물론 일을 크게 망칠 수도 있다. 소셜 네트워킹은 짧은 순간에 모든 것을 아주 고약한 상황으로 만들어 버릴 수도 있다.

| 데이트 현장을 생중계하는 사람들

페이스북이 출범했을 때 페이스북은 다분히 이름 그대로 실제 '얼굴책'이었다. 모든 사람들의 홈페이지는 새로 작성된 담벼락 메시지와 글 말고는 달리 콘텐츠라고 할 게 없는 정적인 페이지였다. 친구들이 프로필 페이지를 편집하면 그걸 확인할 수 있는 유일한 방법은 직접 친구의 프로필 페이지를 찾아가서 지난번 방문 때와 비교해 무엇이 변화했는지를 알아차리는 것이었다. 무엇이 달라졌나를 알아내는 지루한 게임이었다. 소셜 네트워킹은 세상을 바꾸려 하고 있었지만 2005년만 해도 페이스북은 상당히 기본적인 참조 사이트에 불과했다.

만약 사용자들이 친구들의 사회적 활동에 즉각적으로, 그리고 쉽게 접근할 수 있다면 온라인의 사교적 영역이 광범하게 개선될 수 있을 것이라는 생각은 페이스북으로 하여금 뉴스 피드(Nees Feed) 기능을 만들게 하였다. 이것은 사용자의 글, 프로필 변화, 사진, 친구들을 자동적으로 널리 방송하도록 하고 로그인한 사람 누구나 한눈에 볼 수 있도록 모든 정보를 수집하게 했다. 오늘날 뉴스 피드는 모든 사용자의 페이스북 사용 경험을 통합시키고, 페이스북을 믿기 어려울 정도로 강력하게 만드는 기능으로 작용한다. 페이스북은 단지 하나의 홈페이지가 아니라 사람들이 살고 있는 실제 가정과 같이 느껴지게 되었다.

뉴스 피드가 모든 사용자들에게 서비스되기 몇 주 전 페이스북 직원들은 먼저 내부 테스트에 들어갔다. 실리콘밸리에서 '개밥 먹기(dogfooding)'로 불리는 내부 테스트는 기술기업의 직원들이 실제로 그들이 만든 제품을 사용해 보면서 자신들이 만든 '개밥'을 먼저 먹어 보는 일이다.

페이스북 관계 업데이트가 아주 불편하게 작동하고 있음을 알리는 첫 번째 신호가 도착했다. 당시 페이스북 직원 두 사람이 사내 연애 중이었다. 편의상 그들을 조(Joe)와 새러(Sara)로 부르기로 하자. 둘은 냉온탕을 오가는 관계였고 모든 직원이 최근 둘 사이에 아주 매서운 찬바람이 오갔음을 알고 있었다. 새러는 내 친한 친구로, 일주일에 한 번씩 퇴근 뒤 운동을 함께 다니면서 수다 떨고 샐러드와 화이트와인을 먹는 사이여서 두 사람 연애 드라마의 대부분을 가장 가까이서 지켜보고 있었다. 그러나 그때까지만 해도 우리는 둘 사이가 여느 때처럼 다시 좋은 관계로 돌아가리라고 짐작하고 있었다. 그런데 우리가 페이스북의 새 기능인 뉴스 피드 내부 테스트에 들어간 첫날 바로, 사무실 전체에 조와 새러의 관계가 아주 끝나버렸다는 게 뉴스 피드를 통해 알려지면서 모든 직원들이 받았던 충격이라니.

그날 사무실의 모든 직원들은 페이스북에 접속하자마자 그들의 뉴스 피드 맨 꼭대기에 밝은 빨강색의 깨어진 하트 표시와 그 옆에 조와 새러의 이름이 나란히 있는 것을 목격했다. "조와 새러의 관계는 이제 끝"이라는 짧고 잔인한 설명이 붙어 있었다.

사무실 곳곳에서 웅성거렸고 화장실에서도 수군거림이 이어졌으며 새롭게 싱글이 된 두 사람을 향해서 동정 어린 또는 호기심 어린 시선이 집중되었다. 우리는 두 사람의 결별 소식이 알려지기 전 며칠 동안 그들이 남에 눈에 띄지 않았다는 것도 그때 어렴풋이 알게 되었다.

어쨌든 마침내 뉴스 피드는 서비스되었다.

우리는 믿을 수 없을 정도로 강력한 현상을 만나게 되었다. 사내 연애가 과거보다 훨씬 불편해지게 되었다는 점 때문이 아니다. 우리는 사회적 상호작용의 본질에 관한 기본적 토대를 바꿔 버린 것이었다. 더 이상 친구들이 무엇을 했는지 알기 위해서 친구 페이지에 머물러야 할 필요가 없어졌으며, 최신 소식을 귀동냥하기 위해서 정수기 근처에 모여들 필요가 사라졌다. 이제 당신과 당신 친구들만을 보도하는 교우 관계 전문 일간신문처럼, 최신 정보가 당신에게 직접 방송되게 되었다. 사상 최초로, 기술은 친구에 관한 소식을 신문에서 얻을 수 있는 뉴스 가치 있는 소식으로 만들었다.

오해는 하지 말기 바란다. 조와 새러의 이야기는 뉴스 피드가 탄생시킨 불편한 순간으로 부각되었지만, 우리가 보는 상태 업데이트의 대부분은 놀랍도록 긍정적이다. 비록 우리가 뉴스 피드가 없던 세상으로 돌아갈 수 있더라도 그 역시 잃는 것이 많을 것이다. 우리가 정수기 옆에 모여들곤 했던 데는 이유가 있었다. 이제 정수기는 온라인으로 갔고, 친구들도 모두 거기에 모여 있다. 그러나 조와 새러뿐만 아니라 세상의 나머지 사람들까지도 이제 우리의 로맨틱한 관계는, 아직까지도 충분히 납득되지는 않지만, 전대미문의 공적인 속성을 갖게 되었다는 걸 알게 되었다.

이것이 바로 내가 '관계를 널리 방송하기'라고 부르는 것이다.

관계를 널리 방송하는 것은 뉴스 피드나 혹은 페이스북에 국한된 현상이 아니다. 또한 우리가 선택하거나 피할 수 있는 것도 아니다. 인터넷과 소셜 네트워크, 스마트폰을 통해 수없이 많은 방법으로 연결되어 있는 덕분에 우리들의 모든 관계가 처하게 된 현실이다. 이제 우리는 인생에서 경험하는 모든 순간을 실시간으로 친구들과 공유할 수 있으며, 기술은 관계를 온라인에서 진행되는 TV 드라마의 축소판 같은 하나의 긴 이야기로 바꿔 버렸다. 처음 만남부터 이별의 순간까지, 사진에 태그를 달다가 나중에 태그를 제거하는 것까지, 친구 맺기와 친구 끊기 그리고 다시 친구 맺기까지 모든 과정이 그렇다.

친구들과 온 세상 사람들의 눈앞에서 일어나고 있는 이 모든 상호작용의 결과는, 관계라는 게 사람들이 함께 직접 경험한 순간에 의해서 규정되는 것이 아니라 방송과 시청에 의해서 규정되는 것이 되었다.

우리가 4년마다 지켜보는 대통령 선거 TV토론을 생각해 보자. 후보자 중 누군가가 그 토론이 이루어진 스튜디오에서는 승리했을 수 있지만 진짜 승패는 스크린 바깥에 있고 거기에서 토론의 진짜 승자가 결정된다.

우리 모두는 연인의 자리를 얻으려 출마한 후보자들이다. 우리 모두는 사귀는 사람들에게 좋은 인상을 심어 주기 위해서 멋진 레스토랑에 데리고 가고 특별한 와인에 비싼 값을 지불하고 상대의 피곤한 친구들도 잘 참고 지낸다. 그러나 이제 우리는 단지 그 순간에 감동을 주는 것만으로는 안 된다. 다른 사람들이 우리에 대해 가지는 인식은 우리 관계의 내러티브가 온라인에서 어떻게 효력을 상실하게 되느냐에 따라서도 형성된다. 만약에 친구와 함께 찍은 사진에서 당신이 좋은 이미지로 보이지 않는다면 어떻게 할 것인가? 만약 당신이 '페이스북 공인 유명인(Facebook Official)'이 되었는데도 친구들이 흥분하지 않는다면?

만약 당신이 니켈백(Nickelback)* 을 좋아하는 음악으로 표시한 누군가를 남모르게 싫어한다면?

이런 질문들은 얼핏 보기에 어리석어 보인다. 당신 친구들이 당신의 데이트에 대해 어떻게 생각하는지 누가 신경이나 쓰겠는가? 당신의 실제 관계가 문제없다면 온라인 관계에 대해 왜 관심을 갖겠는가?

하지만 진실한 온라인 정체성의 세상에서는 우리의 실제 자아와 온라인 자아 사이의 차이가 점점 줄어들기 때문에 이런 질문들은 중요하다. 둘은 분리해서 생각할 수 없다. 그래서 관계가 방송되는 세상에서 우리들의 관계에서 발생하는 모든 일은 개인들로서의 우리의 정체성에 영향을 끼치고 하나의 짝을 이루어 공유된 정체성이 된다.

이 점이 관계에서 온갖 복잡미묘한 새로운 고려사항을 만들어 낸다. 예를 들어, 당신이 누군가와 데이트를 시작할 때 당신은 무엇보다 먼저 "그 사람의 프로필은 어떻게 되어 있을까?"를 궁금해하게 마련이다. 그의 정체성을 파악한 뒤 당신과 잘 지낼 수 있는지를 알고 싶어할 것이기 때문이다. "우리 둘은 커플인가?"로 언제나 시작했던 토론은 이제 항상 "언제 우리가 온라인에서 관계를 공식화했는가?"로 마무리되게 되었다. 관계를 공식화하는 시점은 당신이 자신의 전체 온라인 커뮤니티에 대해 판단과 요청을 승인하는 때다.

둘 사이가 인터넷에 공개되고 공적인 정보로 여겨지는 관계로 바뀐다는 점에서 그 공표는 단지 동의에 의해서만 이루어지는 게 아니다. 데이트 장소에서부터 저녁 메뉴가 무엇이었는지까지 모든 게 트윗되고

* 캐나다 출신의 4인조 록밴드.

리트윗되며, 인스타그램으로 찍은 사진이 업로드되고 유포되며, '좋아요'가 눌러지고 댓글이 달린다. 당신이 알아차리거나 승인할 수는 있겠지만, 그렇지 않더라도 상관없다.

나는 데이트하다가 페이스북에 '현재 상황'을 중계하기 위해 화장실로 숨어드는 사람들을 여럿 알고 있다. 내가 제작한 「브라보 쇼」의 한 에피소드인 "스타트업: 실리콘밸리"는 허풍쟁이 기업가 새러 오스틴(Sara Austin)이 그녀의 데이트를 생중계하고 극 중에서 점점 더 그 행위에 사로잡히게 되는 것을 소재로 했다. 현실에서 해선 안 될 일이다.

또 다른 친구는 트위터 팔로어들에게 자신의 데이트가 어떻게 진행되고 있는지를 알리는 실시간 중계를 하기 위해서 일종의 프로그램을 사용하기도 했다. 우리들 중 그녀의 이런 비밀 프로그램을 알고 있는 사람들은 소수에 불과하다. 하지만 나는 그런 행동에 박수를 보내지 않는다.

그래도 아직 대부분의 사람들이 자신들의 데이트를 중계하지 않고 있다는 것은 다행스런 현실이다. 그리고 많은 사람들이 상대방의 마음을 얻으려고 하는 동안에는 서로 소셜 미디어 사용을 삼가고 있다.

관계에 대한 이러한 새로운 압력을 넘어서 우리 관계를 방송하는 것은 스트레스만 늘려 지치게 만들고 우리가 기술과 삶 사이에서 균형을 추구하는 걸 더 어렵게 만들 뿐이다. 여기서 우리가 생각해야 할 중요한 세 가지는 친밀함, 기대의 공유, 그리고 정체성이다.

| '태그'로 처리할 수 없는 친밀한 관계

2008년 초 브렌트와 나는 자메이카에 가서 결혼식을 하려고 준비 중이었다. 짐도 거의 꾸렸다. 웨딩드레스를 태우기 위한 비행기 표도 이미 구매했고(농담이 아니라, 진짜 그러고 싶었다), 엄마와 함께 예식 1주일 전에 자메이카로 가서 모든 준비가 잘 되고 있는지를 점검할 예정이었다. 하지만 인생에서 모든 것이 계획대로 되지는 않는다. 출발하기 이틀 전 자메이카에서 결혼식을 집전하기로 한 유대 랍비에게서 전화를 받았다. 이미 미국에서 합법적으로 결혼을 했는지를 확인하는 전화였다. 브렌트와 나는 당황해 서로 마주봤다. 뭐라고? '결혼하기 전에 미리 결혼해야 한다'는 그 말을 우리가 어떻게 한 글자라도 잊을 수 있을까? 랍비가 우리에게 자메이카 결혼식은 법적 효력이 없기 때문에 먼저 미국에서 법률적 결혼식을 올릴 필요가 있다고 말하는 것을 잊어버렸는지, 혹은 우리가 그 말을 듣고도 망각했는지는 모르겠지만, 어쨌든 우리는 서둘러야 했다.

다행히 우리의 좋은 친구 크리스와 제니퍼가 잘 아는 지방판사가 있어서 내가 자메이카행 비행기를 탑승하기 불과 몇 시간 전인 그 이튿날 그 사람이 우리 둘이 법률적 결혼을 하는 데 동의해 주었다. 하지만 일은 간단치 않았다. 나는 마저 짐을 꾸려야 했고, 3주 동안 미국과 그리고 업무에서 떠나 있기 위해 처리하고 가야 할 일이 사무실에 산더미처럼 쌓여 있었다.

이튿날 아침 나는 사무실에서 미팅 마지막 순간까지 바쁘게 뛰어 다니며 일을 점검하고 있었다. 대통령 선거와 관련해 모든 일이 가장 바

쁠 때였고, 모든 게 제대로 굴러가고 있다는 것을 확인하고 싶었다.

갑자기 내 일정관리 프로그램인 아웃룩(Outlook) 캘린더가 깜빡였다. 내 컴퓨터 스피커에서 양철 소리의 벨이 울렸다. 그리고 팝업창 알림이 나타났다. '브렌트 트와츠키로부터의 초대-결혼하기(Get married)'

나는 그걸 노려보다가 잠시 어안이 벙벙했다. 그리고 이렇게 중요한 일이 그처럼 감동이라고는 전혀 없는 방식으로 나타나는 걸 지켜봐야 하는 현실에 웃음이 터져 나왔다. 브렌트가 판사에게 가야 한다는 걸 잊지 않기 위해 일정관리 프로그램의 알림을 내게 보낸 것이라는 사실은 잘 알고 있었지만, 나는 나중에 이 건을 가지고 브렌트를 놀려댔다.

이처럼 기술이 인생의 보다 로맨틱한 순간을 위해 항상 최적화되어 있는 것은 아니다. 그리고 종종 페이스북은 이를 차단하지 못한다. 영국 체스터 대학의 샘 로버츠(Sam Roberts) 박사는 조사연구를 통해, 사람들은 소셜 네트워크 안에서보다 실제 생활에서 친구들을 만나 상호작용을 할 때 더 행복해했고 50% 더 많이 웃었다는 결과를 얻었다. 친구들과 어울리는 기쁨을 놓치는 것은 어리석은 일이다.

우리가 아는 대부분의 커플들과 마찬가지로 브렌트와 나 또한 함께 있는 시간에도 실제로는 각자 인터넷을 하면서 시간을 보냈다. (찔린다.) 우리가 집에 함께 있기로 한 저녁시간은 소파에 나란히 앉아 있긴 하지만 실제로는 서로 말 한마디 없이 각자 노트북을 들여다보기 일쑤였다. 직장에서 바쁜 날 잠시 휴식을 취하고자 할 때 이전에는 사교적인 활동을 했겠지만 요즘에는 대부분 혼자서 하는 활동을 하게 되었다. 예를 들어 모바일 게임, 동영상 스트리밍, 인터넷 쇼핑 같은 것들인데, 이런 일들은 공간적으로는 다른 사람들과 함께 있는 것이지만,

정신적으로는 홀로 하는 활동들이다.

2008년 내 결혼식 웨딩케이크에 꽂는 장식을 고를 때 나는 당시 우리가 얼마나 바빴는가를 재미나게 보여 주려고, 신랑 신부가 각각 서로 블랙베리폰을 들고서 반대편을 보는 장식을 선택했다. 브렌트는 그 케이크 장식이 약간 서글프다고 했지만 내가 마음에 들어했고, 브렌트는 결국 블랙베리를 든 신랑과 신부가 케이크 위에 올라가도록 동의해 주었다. 5년이 지난 뒤 우리의 웨딩케이크 장식은 오늘날 사람들의 관계를 나타내는 상징이 되었다.

많은 커플들이 침실에서 아이패드를 쓰는 난제에 대해 이야기한다. 한 커플이 길고 피곤한 하루의 일과를 끝내고 침대로 들어가서는 실제 대화를 하거나 서로를 보듬는 대신 각자의 태블릿이나 스마트폰을 들고서 인터넷 서핑을 시작한다. 2006년 한 심리학 연구진이 523쌍의 이

탈리아인 커플에 대해 연구조사한 결과, 침실에 TV를 비치한 커플은 그렇지 않은 커플에 비해 평균적으로 매달 섹스 횟수가 절반에 불과했다는 것이 드러났다. 아마도 침실에 스마트폰이나 태블릿을 갖고 들어가는 행동도 마찬가지 결과를 가져올 것이다. 게다가 이 기기들에는 TV보다 채널이 수백만 개 더 많다.

제약회사 바이엘(Bayer)이 최근 조사한 바에 따르면, 여성 응답자 중 28%는 이메일과 인터넷이 애정생활에 방해가 된다고 답했으며, 특히 모바일 기기 탓이 크다고 여기는 것으로 나타났다.

우리가 침실에서 '비주얼드 블리츠(Bejeweled Blitz)'* 게임에 대한 욕구를 자제하지 못해서 마침내 인류가 멸종해 버리지 않기를 바랄 따름이다. 만약 그렇게 되면 공식적으로 가장 하찮은 멸종 사유가 되지 않겠는가?

| 당신을 공유하시겠습니까?

우리는 모두 페이스북의 '그 커플'을 알고 있다. 오글거리는 사진을 지속적으로 올리고, 둘의 관계가 얼마나 대단한지 끊임없이 이야기하면서, 인생에서 유일한 사랑에 대해 신에게 감사한다는 글을 날마다 올려대는 커플 말이다. 나는 이들 포스트를 볼 때마다 눈을 흘기곤 했지만 이내 궁금해졌다. 이렇게 하는 게 이 커플에게 무슨 유익이 있는

* 애니팡 같은 스마트폰 게임의 일종.

걸까? 그들은 무엇을 위해 또 누구를 위해 증명하고자 하는 것일까? 그들의 관계는 그들이 보여 주고 있는 것만큼 '실제'도 좋은가?

몇 년 전 내 대학시절 친구 하나는 당시의 여자친구에게 한 프러포즈를 페이스북을 통해서 매 순간 사진과 상태를 업데이트하면서 공개적으로 진행했다. 내가 거기 함께 있는 것처럼 느껴지는 재미도 있었지만, 나는 만약에 그 프러포즈가 실제 그 커플을 위해서라기보다 온라인 친구들에게 감동을 주기 위해 계획된 것이라면 참을 수 없을 것 같았다. 몇 달 뒤 그 커플은 결혼식을 취소했다. 그 커플은 온라인에서 남들에게 친밀감을 과시하는 데 지나치게 애를 쓰느라 현실에서 실제로 두 사람 사이의 친밀함을 유지하는 데는 소홀히 한 것 같았다.

친밀함은 단지 아름다운 사진 혹은 '좋아요'와 리트윗을 많이 받을 수 있도록 멋지게 작성된 포스팅 그 이상이다. 단지 멋진 쇼를 보여 준다는 것과 관계를 위해 실제 애쓰는 것은 다른 문제이기 때문이다.

사람들이 이런 상황에 대해 얘기할 때마다 나는 그들에게 주변의 중요한 사람들과 의논해 몇 가지 기본적인 원칙을 세우라고 강조한다. 플라토닉한 관계이든 로맨틱한 관계이든 진정으로 친밀한 사이에서는 온라인상에서 매 순간 함께할 수백 명의 사람들을 초대하지 않고 '혼자서만' 데이트를 즐기러 나오는 게 중요하다. 당신들이 친구 사이든 연인 사이든 아니면 멋진 행사에 참가하든 그렇지 않든 온 세상 사람들이 그것을 아는지 여부는 전혀 중요하지 않다. 진짜 중요한 것은 카메라가 돌아가지 않을 때 두 사람이 함께 보내는 시간을 실제로 즐기는 것이다.

브렌트와 나는 사적인 온라인 그룹과 계정을 설정해 놓고 그곳에서만 우리 아들에 관해 의미 있고 특별한 순간을 공유한다. 이게 우리가 기억하고 보존하고자 하는 방식이지, 모든 친구들과 인터넷 전체를 통해 공개하는 것은 원하는 방식이 아니다. 널리 방송(broadcasting)하는 대신, 특정 집단에게만 보냄(narrowcasting)으로써 모르는 사람들의 무차별적 평가의 대상이 되지 않으면서도 공유의 유용함을 누릴 수 있다.

그리고 무엇보다 간단한 일은 온라인에 기록하지 않으면서 파트너와 함께 시간을 보내는 것이다. 만약 당신이 바닷가에서 연인과 함께 석양을 보고 있다면, 그 순간 인터넷 세상을 불러들이지 말라. 파도가 해변에 부드럽게 밀려오는 순간 아기 돌고래들이 눈앞에 나타나더라도 그냥 내버려 두어라. 이 세상에 '석양'이라는 당신의 해시태그가 더 보태지지 않아도 아무 문제 없다.

연인들이 아름답고 감동적인 순간을 경험하고 이를 온라인에 공유하는 것을 보는 것은 멋진 일이다. 나는 친구들의 행복한 모습을 보는 것을 즐기고 사랑과 기쁨이 넘치는 표현을 보기 좋아한다. 그러나 나는 그 커플들이 남들과 무엇인가를 공유하는 횟수만큼이나 두 사람에게만 특별하고 고유한 의미를 갖는 아름답고 감동적인 순간을 만드는 것도 잊지 말기 바란다. 아무도 보고 듣지 않을 때 당신 커플이 만들어 내는 친밀함이 가장 중요하다. 일주일 24시간 내내 연결되어 있는 소셜 미디어 시대에 사람들은 엄청나게 많은 걸 보고 듣게 된다.

내가 말하고 싶은 친밀함의 또 다른 차원은 장거리 연애에 있어서 소셜 미디어라는 도구가 갖는 의미다. 이는 내게 꽤 친숙한 소재다.

2005년 내가 캘리포니아로 이주했을 때 브렌트는 뉴욕에 살고 있었다. 우리는 그 시절 온라인으로 연결된 AOL 인스턴트 메신저로 늘 대화를 나눴다. 전화통화도 많이 했지만 날마다 통화를 한 것은 아니었고, 인스턴트 메시지 대화도 시간을 정해 둔 것은 아니었다. 우리는 어떻게 해서든 날마다 빠지지 않고 연락을 주고받았지만, 어떤 때는 점심시간에 후다닥 이메일을 보내거나 저녁 때나 외부에 있을 때는 블랙베리폰으로 찍은 스냅 사진을 공유하기도 했다.

이런 방식은 '규칙적으로 연락을 주고받아야 하고 더 많이 연락할수록 좋다'는 장거리 연애의 정설에 상당히 어긋나는 태도다. 그러나 이는 주의와 친밀함을 둘 다 요구하는 나의 기본적 관점으로 돌아가게 만든다.

대개 장거리 연애에서 친밀함은 물리적 거리 때문에 제일 먼저 희생당하기 쉽다. 하지만 그렇다고 해서 무작정 많은 시간과 주의를 쏟는 것은 대안이 되지 못한다. 먼 거리에 대한 보상책으로 연락을 더 자주 할 수도 없을 뿐더러 오히려 이는 친밀함을 파괴하는 확실한 방법이다. 과잉 공유하게 되면 우리는 상호작용하는 관계의 의미를 격하시키게 되기 때문이다.

영국 옥스퍼드 인터넷연구소(Oxford Internet Institute)의 버니 호건(Bernie Hogan) 박사가 2013년 4월 혼인 관계에 있어서 다양한 형태의 소통방식이 끼치는 영향을 실험한 결과를 발표하였다. 12,000쌍의 커플이 서로 어떻게 연락을 주고받는지에 대해 연구한 결과, 호건 박사는 소통하기 위해 더 많은 미디어 채널을 이용하는 커플이라고 해서 결혼 생활 만족도가 더 높아지지는 않으며, 대부분의 경우에 많이 공유해야 한다는 스트레스와 압박감은 관계에 있어서 실제로 긴장 요인으로 작용한다는 것을 발견했다.

브렌트와 나는 균형점을 선택했다. 우리는 규칙적으로 소통했지만,

디지털을 통한 소통이 더 의미 깊은 대화와 관심을 대신할 수 있다고는 전혀 생각지 않았다. 그리고 날마다 연락을 주고받을 때 서로에게 더 많은 선택의 여지를 주었다. 이는 바빠서 며칠 만에 제대로 된 전화통화를 하게 될 때면, 자연적으로 공유할 게 더 많아지고 더 큰 흥분으로 그 순간을 고대하게 된다는 것을 의미했다.

또한 인스턴트 메신저에서 누군가 접속하는 알림 소리가 날 때마다 내 심장 박동은 목구멍까지 튀어올랐다. 요즘에도 나는 알림 소리가 날 때마다 자연스럽게 무언가 놀라운 일이 일어날 것만 같은 생각이 든다.

친밀함은 관심을 기울이는 것 이상이며, 단지 보여 주기 위한 것과는 차원이 다르다. 두 가지 사이에서 균형 잡는 법을 알고 여러 사람들을 향해 방송하는 것을 언제 중단해야 할지를 알아야 한다. 단순한 조언처럼 들리지만, 우리가 모든 것을 공유할 수 있는 때조차 그 모든 것을 공유해서는 안 된다는 사실을 아는 것은 실제로는 매우 지키기 어려운 일일 것이다.

| 되돌릴 수 없는 한 번의 클릭

어느 정도는 페이스북에서 상당 기간 일했다는 점 때문에, 또 어느 정도는 기질상, 나는 생활을 공개하면서 사는 게 상당히 자연스러운 편이다. 하지만 브렌트는 그렇지 않다. 인터넷에 올려도 좋은 것과 그렇지 않은 것에 대해 우리 부부는 수시로 논쟁했는데, 아들 사진에 대해서는 특히 더 그랬다. 우리 관계에서 틀림없이 나는 '방송하는 사람(broadcaster)'이었다.

물론 중요한 것은 우리가 서로 개방적이고 진실하게 토론했으며, 둘 다 만족스러운 수준에서 적절한 미디어를 찾아내고자 했다는 점이다. 고도로 연결된 관계는 고도로 복잡해질 수 있다. 당신의 파트너와 솔직하고 신뢰할 수 있는 대화를 나누는 것만이 갈등을 피할 수 있는 현명한 방법이다.

여기에서 가장 중요한 점은 당신이 공유하려는 목적에 기술이 어떻게 관련되어 있는지 이해하는 것이다.

나는 지난 1년간 세 차례 결혼식에 참석했다. 한 결혼식에서는 페이스북에 어떤 결혼식 사진도 올리지 말아 달라고 하객들에게 친절히 안내했다. 다른 결혼식에서 신랑신부는 안내요원을 배치해서 예식이 진행되는 동안 별로 큰 압력을 행사하지 않으면서 하객들의 휴대폰을 수거했다. 또 다른 결혼식에서는 하객들에게 사진을 찍으라고 권하는 것은 물론이고 그 사진을 트위터에 올릴 때 사용할 해시태그를 할당해 알려 주면서 포스팅을 부추겼다.

분명히 말하지만, 세 번의 결혼식 모두 근사했고 즐겁게 참석했다. 비록 '마이크와 낸시의 결혼(#mikeandnancywedding)'이라는 태그를 올리고 나서는 새 커플이 허니문을 간 기간에 어떤 콘텐츠가 올라올지 약간 걱정을 하기도 했지만 말이다. 각각의 경우는 모두 상당히 다른 결혼식이었다. 세 커플은 각각 그들의 특별한 날에 기술을 어떤 방식으로 사용하고자 하는지에 대한 분명한 목적을 갖고 출발했고, 그 때문에 각각 다른 방식으로 성공을 이루어 냈다.

올해 초 우리 회사 팀 동료들은 일찍이 없던 매우 쌍방향적인 결혼식 행사를 진행했다. 저커버그미디어(Zuckerberg Media)가 다국적 출판그룹 콩데 나스트(Condé Nast)와 제휴한 '신부들의 결혼식 생중계(Brides Live Wedding)' 진행이었다. 커플들이 각각 자신들이 왜 꿈의 결혼식의 주인공이 돼야 하는지를 설명하는 비디오를 올리는 것부터 웨딩케이크, 꽃장식, 웨딩드레스, 결혼식 콘셉트 등에 이르기까지 결혼식의 모든 것을 소셜 미디어를 통해서 투표로 결정하도록 하는 행사였다. 최종 결혼식은 페이스북을 통해서 고화질 영상으로 수백만 명에게 온라인 생중계 스트리밍되었다. 이는 분명히 한 커플로 하여금 그들의 특별한 날을 아주 공개적으로 만들고 모든 결정에 대해 통제를 포기하는 걸 자연스러운 일로 느끼게 만들었다. 그러나 행사는 아름다웠고 인터넷이 어떻게 사람들로 하여금 지구 반대편 자기 집 안방에 앉아서 마치 현장에서 결혼식을 경험하는 것처럼 느끼도록 하는지를 보여 주었다.

페이스북 시대의 커플들에게는 한결 일상적이지만 여전히 까다로운 디지털기술 에티켓에 대해 다음과 같은 대화가 필요하다. "사진을 찍어도 좋은 때는 언제일까?" "우리가 함께 찍은 사진을 올려도 될까?" "우리가 서로 프로필 사진을 공유해도 좋을까?" "스킨십하는 사진을 찍는 건 어떨까?"

마지막 질문에는 당장 답할 수 있다. "안 돼요. 절대로."

온라인상에서 어느 정도의 애정 행각까지 수용이 가능한지에 관해 커플들 간에 심각한 의견 차이가 있다면 그 문제는 오프라인에서도 갈등의 소지가 될 수 있다. 당신이 소셜 네트워크 담벼락에 날마다 애정

고백이나 태그가 달린 사진을 열심히 올리는 닭살커플이든, 아니면 기본적으로 온라인에서 애정행각을 드러내는 것에 비판적이든 간에 무엇을 온라인에 올릴지에 대해서는 서로 터놓고 얘기해야 한다.

이 문제는 로켓 발사처럼 엄청난 일은 아니지만 수많은 커플들이 이 문제에 대해서 한 번도 대화하지 않는다는 것은 말도 안 되는 일이다. 오늘날에는 온라인 프라이버시 문제에 대해 서로 의논해서 같은 관점을 공유해야 로맨틱한 관계를 지속시킬 수 있다. 이 문제와 관련해 끔찍한 경험담을 들으면 들을수록 이런 생각은 점점 더 확고해진다.

때때로 SNS를 통해 애정행각을 공유하는 것이 공개적 과시 이상이 되는 경우가 있다. 간혹 은밀하고 사적인 내용까지 공유하는 사람들이 있다. 스마트폰 시대를 맞아 사람들은 단지 더 많은 것들을 공유할 뿐만 아니라 그들 자신과 관련한 것들을 많이 공유하려고 한다. 그렇다. 섹스팅 현상을 말하고 있는 것이다. ('아이들'만이 아니라) 많은 성인들이 이전에는 사적인 영역에 속해 있던 사진을 서로 보내고 있다. '딕픽(Dickpic)'은 이제 자주 쓰이는 단어가 되었다. 나를 믿지 못하겠으면 '어번 딕셔너리(Urban Dictionary)'에서 찾아보라.

섹스팅은 커플들에게 있어 온라인에서 가장 위험한 행위의 하나다. 분명히 모든 사람에게 위험한 것은 아니지만, 그래도 만약 굳이 섹스팅을 하려면 반드시 파트너도 같은 생각을 가지고 있어야 한다는 점을 분명하게 확인해야 한다. 그리고 당신이 의도한 것 이상으로 트윗하지 않도록 조심하라. 민주당 하원의원 앤서니 위너(Anthony Weiner)가 자신의 외설스런 사진을 트윗해서 인터넷에서 자기 이름이 회자되는 걸 피하지 못했다는 걸 생각해 보면,* 누구라도 엄청난 실수(어쩌면 그렇게

까지 큰 실수는 아닐지도 모르지만)를 아주 쉽게 저지를 수 있다는 건 틀림없는 사실이다.

| 자신의 프로필에 솔직하라

결국에는 모든 게 정체성으로 귀결된다.

연인과의 관계를 온 세상을 향해 떠벌리는 시대에 우리의 파트너와 잠재적인 파트너들은 우리가 어떤 사람인지 단숨에 간파해 내는 놀라운 능력을 지니고 있으며, 우리들의 정체성은 그들의 정체성과 결합해서 온라인에서 공유된 정체성이 만들어지기도 한다. 이러한 역동성은 우리들의 관계를 상당히 복잡하게 만든다. 오늘날 사람들이 우리의 온라인 자아를 살펴볼 때 우리에게서 자기가 싫어하는 점을 발견해 낼 수도 있는데 이는 곧바로 관계에 부정적 영향을 끼치게 된다. 그렇게 되면 우리는 자신을 설명할 기회조차 얻기 어렵다. 표지만 보고 책을 판단하기 쉬운 것처럼, 요즘 세상은 한 사람의 인생 이야기마다 표지에 정보와 사진들이 가득하다.

온라인 정체성은 또한 우리가 정말로 나와 잘 어울리거나 내가 관심을 가질 만한 사람을 찾는 데 엄청난 도움이 될 수도 있다. 진실한 정체성에 대한 상호 이해는 인생에서 친밀한 순간을 공유하고자 하는 사

* 2011년 차기 뉴욕시장을 넘보던 미국 민주당의 촉망받던 정치인 앤서니 위너 하원의원은 트위터로 여성들에게 자신의 속옷만 입은 사진 등 음란한 내용을 발송했다가 문제가 되어, 결국 의원직을 사퇴했다.

람들, 또 비슷한 목적과 이해, 가치를 갖고 있는 사람들을 찾는 데 가장 좋은 방법이다. 쉽게 말해서 당신이 온라인과 오프라인에서 진실해질 때 어울리는 사람을 쉽게 찾을 수 있다는 것이다.

페이스북이 매우 강력한 기능의 서비스를 할 수 있는 이유는 사람들이 실제 이름을 사용하고 자신들의 정체성과 관심사를 사실대로 표시하기 때문이다. 처음 시작할 때부터 이 점이 다른 소셜 네트워크 사이트들과 비교해서 가장 큰 경쟁력을 갖게 한 차별점이었다. 이 때문에 당신을 아는 사람들이 당신을 찾아서 친구 목록에 추가하고, 당신의 성격에 대해 살펴볼 수 있고 결국에는 당신과 온라인과 오프라인에서 관계를 진전시켜 나갈지 말지 선택할 수 있도록 도와주는 수단이 되었다. 데이트의 경우도 마찬가지다. 당신이 실제로 어떤 사람인지 더 많이 드러낼수록 당신과 어울릴 만한 누군가가 당신에 대해 관심을 갖기 더 쉬워지고, 이는 서로 대화를 통해 약속을 잡고 데이트로 이어지게 만든다.

온라인 데이트는 최종 취업면접과 비슷해 감정적 · 개인적 긴장도가 높다. 한편으로 인정사정 없이 잔인한 과정이기도 하다. 온라인 데이트는 버튼을 눌러서 당신을 무수히 많은 다른 후보자들과 비교해서 순간적으로 평가해 버리는 일종의 면접이다. 이러한 역동성은 사람들로 하여금 경쟁에서 자신들을 차별화해서 가장 매력적으로 자신을 돋보이게 하는 흥미로운 새로운 방법들을 찾아내게 하는 동기가 되었다.

자신을 차별화하려는 욕망이 잘못은 아니다. 오늘날 디지털 세상에서 꼭 필요한 일이다. 그러나 사람들이 온라인에서 자신에 대해 거짓말을 하기 시작할 때 문제가 시작된다. 오늘날 관계에서 가장 중요한 교훈은 무엇일까? 온라인에서 당신 자신이 아닌 다른 사람이 되려고 하지 말라는 것이다.

페이스북이 진실성을 촉진하는 측면에서 잘 기능하는 이유는 페이스북이 진실한 정체성에 관해 공유된 일련의 기대와 관습을 지닌 커뮤니티로 진화했다는 점과 우리가 진실을 말할 것을 친구들이 기대하고 있다는 점이다. 그러나 만약 이런 안전장치가 없다면 사실상 모든 사람들은 '가장 완벽해지기 경기'에 출전하고 싶어할 것이다. 『반지의 제왕』에 대해 어렴풋이 흥미를 느끼는 것이 중세유럽 판타지 문학에 대한 애정으로 포장되고, 가끔 파스타를 끓일 뿐인데 요리를 즐기는 사람으로 해석되고, 지난달 몇 차례 헬스장에 간 사실이 지금 철인경기를 훈련 중인 사람으로 만들어 버린다.

이는 화를 자초할 따름이다. 데이트 사이트에서 진실하지 않거나 정확하지 않은 정보를 올려놓은 사람들은 나중에 자신이 과장한 것에 대해서 해명하느라 혼쭐이 나거나 아니면 실제 데이트에서 이를 변명하느라 곤욕을 치르게 될 것이다. 이런 경우에 우리들 가운데 누구도 완벽한 철인이 되기 위해서 실제로 훈련을 하지는 않을 것이다. 그러므로 오해하게 만드는 프로필 사진은 틀림없이 들통이 나게 마련이다.

결국 진실은 대개 드러나게 된다. 만약 거짓말이나 과장으로 시작해서 누군가와 관계를 맺었다면 디지털 세계에서는 그러한 거짓과 과장이 오랫동안 문제가 돼서 당신을 괴롭힌다. 온라인 정체성은 웹을 가로질러서 페이스북, 링크트인, 트위터, 인스타그램, 블로그에 디지털 자취를 남긴다. 이 기록은 구글에서 검색되고 조사되고 교차인용되기를 간절히 바라고 있다. 그러니 자신의 온라인 정체성에 대해 거짓말을 하지 말라. 진실은 오프라인에서 드러난다.

당신의 정체성은 더 이상 당신에게 속해 있는 것만이 아니라는 사실을 기억하라. 당신이 작성한 사진과 글은 이야기의 일면에 불과하고, 당신 친구들과 그들이 당신 글에 덧붙이는 댓글까지도 당신에 대해 많은 걸 말해 준다. 우리는 이제 우리가 말한 것으로만 평가되는 게 아니다. 다른 사람들이 우리에 대해 말한 것에 의해서도 평가된다.

만약 온라인을 통해 알게 된 친구들이나 온라인 친구로 추가한 실제로는 잘 알지 못하거나 지나가면서 한 번 만났을 뿐인 사람들에게 정직하게 굴지 않으면 당신의 실제 친구들을 오해하게 할 수 있다. 실제 친구들이 당신의 온라인 친구들을 온라인이나 오프라인에서 만나거나, 또는 당신과도 서로 친구관계인 것을 알게 되었을 때 당신에 대한 정확하지 않은 정보 때문에 혼란을 겪을 수 있다. 반대로 당신도 알고 있는 친구에 대해서 온라인에서건 오프라인에서건 이야기하는 사람을 만나게 되면 만약에 대비해서 당신도 그를 알고 있다는 사실을 분명히 해두는 걸 잊지 말라.

친구들이 우리 생활 속으로 들어와 우리를 위해서 태그를 달고 글을 쓸 수 있도록 허용하는 것에 대해서는 신중하게 생각할 필요가 있다. 그러나 이는 또한 온라인과 오프라인에서 관계의 모든 단계에서 항상 진실을 말하는 것의 중요성을 일깨워 준다.

우리는 대개 실생활에서는 별로 친하지 않은 지인 관계일 뿐이지만, 온라인에서는 마치 베스트프렌드인 것처럼 행동하는 '친구'가 있게 마련이다. 모든 사진들에 대해서 '좋아요'를 누르고, 모든 트윗에 대해서 '별표(favorite)'를 하고, 모든 글과 사진에 대해 댓글을 남기는 그 사람은 심지어 당신이 들어 있지 않은 사진에조차 당신이 '마음으로는' 그 곳에 함께 있다는 이유로 당신을 태그로 표시한다.

2013년 초 노트르담(Notre Dame) 풋볼 선수 맨티 테오(Manti Te'o)는 3년 동안 어떤 여성과 온라인 데이트를 하면서 그녀의 암 투병을 후원했으나 최근 그녀가 숨진 것으로 알고 있었다. 그러나 그 '여성'은 실제로는 온라인에서 가짜로 신원을 만들어 낸 남성이었다는 게 드러났다. 맨티 테오는 결국 그녀와 전혀 관계를 맺거나 소통한 적이 없었다는 것인데, 그녀는 존재한 적도 없었기 때문이다.

진실은 때로 마음이 견뎌내기 고통스러운 것일 수도 있다.

애정 관계에서 기술과 삶의 균형을 유지하기 위한 팁

최상의 모습을 보이는 게 좋겠지만 무엇보다 당신 자신의 있는 그대로의 모습이어야 한다.

온라인 자아는 당신의 실제 자아의 표현이자 확장이다. 온라인 데이트에서 성공하려면 자신을 가능한 한 가장 멋지게 표현하라. 하지만 당신이 아닌 다른 사람이 되려고 해서는 안 된다. 온라인에서 반한 사람을 실제로 만나는 일은 위험을 감수하는 모험일 수 있다. 그렇더라도 스스로에게 솔직해야 한다. 연기를 하는 것은 소모적인 일이고 지금의 디지털 세상에서 무엇인가 이상한 점을 찾아내기란 너무나 쉽기 때문에 어떤 식으로든 진실은 결국 드러나게 된다.

공유가 친밀함을 대신할 수는 없다

스마트폰은 파트너와 연결하고 공유하는 강력한 도구가 될 수 있다. 그러나 문제도 불러올 수 있다. 두 사람의 관계를 어느 정도까지 온라인에서 공유해도 괜찮을지 파트너와 합의를 해 놓을 필요가 있으며, 두 사람이 같은 페이지에 있게 된다는 것도 명심해야 한다. 똑똑하게 굴고 침실에서는 디지털 기기를 사용하지 않는 게 좋다. 때가 되면 전화기를 치우고 저녁 테이블 맞은편에서 당신을 쳐다보는 사랑스런 사람에게 주의를 기울여라.

언제가 디지털 엉킴을 풀 때인지를 인식하라

예전에는 연애가 끝나면 그때의 사진들을 계속 간직하거나 헤어진 옛날 애인의 상세한 일상생활을 알게 되는 일 따위는 없었다. 온라인에서도 마찬가지여야 한다. 만약 당신이 과거 애인의 페이스북 프로필을 계속 눌러 보고 있다면 비정상적 행동이다. 옛날 애인이 파티에서 미소 짓고 있거나 당신이 모르는 다른 사람들이 담벼락에 가득 올려놓은 글을 보게 되거나 새로운 상대를 찾는 상태 또는 새 연인과 가까이 어울려 있는 업데이트를 보게 될 것이다. 실연을 계속 새로 고침하지 말라. 오프라인 관계가 끝났다면 온라인에서도 마찬가지로 정리해야 한다.

애정은 친구들에게 보이기 위한 쇼가 아니다

SNS를 통해서 관계를 널리 알리는 행위는 당신들의 관계가 진실하고, 행복하고, 의미 깊은 것임을 친구들에게 알려주는 데 도움이 된다. 그러나 지나친 공유는 당신과 파트너 사이의 친밀함을 훼손할 뿐 아니라 친구들도 성가시게 만든다. 친밀하고 아름다운 순간은 사적으로 간직되어야 한다. 당신이 그 순간을 공유할 필요가 있는 단 한 사람은 바로 당신 곁에 있는 사람이다.

친구의 친구와 관계 맺는 게 적절한지 항상 확인하라

한 번 만났을 따름인 로저(Roger)라는 페이스북 친구가 있다고 해 보자. 로저가 파티에서 로라(Laura)를 만났는데, 로라는 실제로 당신과 가까운 친구다. 로라는 로저와 즐거운 시간을 보낸 뒤 집에 가서 페이스북에서 그를 찾아봤다. 그리고 로저가 당신과 페이스북 친구인 것을 알았다. '잘 됐네! 로저는 착실한 사람이겠구나'라고 로라는 생각할 것이다. 로라는 당신의 진지하지 않은 친구 추가를 근거로 진짜인지 확인하는 과정 없이 로저를 친구로 승인했으므로, 당신이 그와 친밀하다는 잘못된 생각을 갖기 쉽다. 아는 사람들하고만 친구 추가를 하고, 방금 만난 누군가가 당신이 알고 있는 사람과 친구맺기를 할 때에는 당신이 두 사람 모두와 관계를 맺고 있음을 분명히 해 주어야 한다.

결국 우리는 온라인과 오프라인에서 존재하는 그대로의 사람이다. 당신의 정체성과 감정은 당신이 연인을 찾아 온라인으로 간다고 해서 사라지는 게 아니다. 자신의 온라인 자아를 오프라인 자아의 일부로 여기기 시작할 때 당신은 디지털 세상에서 만나는 사람들과 어떻게 상호작용할지 자연스럽고 직관적으로 알게 된다. 그리고 그때 당신은 내면의 소리를 들을 수 있게 되고 새로운 사람들을 알게 되는 것에 집중하게 될 것이다.

| 온라인에서 겪는 이별

당신이 온라인에 진실한 정체성을 가져감으로 인해 생겨나는 또 하나 고통스러운 결과는 대부분의 관계에서 생기게 마련인 불행한 상황, 즉 '이별'에 직면할 때다. 일이 제대로 풀리지 않아 사랑이 이루어지지 않는 경우가 종종 있다. 그럴 때 당신은 그에게 칫솔을 건네주고 당신의 헤어드라이어를 돌려받겠지만, 그 뒤에도 더 심각한 문제에 직면하게 된다. 서로 엉켜 있는 관계에서 당신의 디지털 자아를 풀어내는 일이다.

누군가와 사귈 때 우리는 서로 온라인 정체성을 공유하는 경우가 흔하기 때문에 '이별 이후'는 인터넷이라는 이 새로운 영역에서 위험한 일이다. 함께 찍은 사진, 함께 찾았던 장소, 밸런타인데이에 서로에게 보낸 손발이 오그라드는 공개 메시지, 함께 알고 있는 친구들과 관계들 ……. 이 모든 것들은 당신의 관계에서 핵심을 이루고 있다.

많은 커플들은 오프라인에서 관계가 끝난 뒤에도 온라인에서는 친구로 남아 있으려고 한다. 온라인에서만 친구 관계를 유지하는 일은 해로울 것이 없고 이별의 아픔은 곧 지나갈 것이라고 생각할 수 있을 것이다. 그러나 함께 만들어 낸 공유된 온라인 정체성 때문에 온라인에서 이별할 수 없고 현실에서도 이별할 수 없다. 연구결과는 온라인 이별이 과거의 관계에서 빠져나오고 상처를 치유하는 데 필수적인 과정이라는 사실을 말해 준다.

영국 브루넬 대학(Brunel University)의 연구자들은 과거의 애인과 페이스북 친구관계를 유지하는 것에 대해 조사했는데, "이별에 대한 상심이 클수록, 부정적인 감정이나 성적 욕망 그리고 과거 애인에 대한 갈망은 커지고, 자기개발에 대한 의욕은 떨어진다"는 연구결과를 보여주었다.

이별 이후에도 파트너와 페이스북 친구관계를 유지한다면 과거 애인이 싱글인 친구들과 파티에 가서 새 파트너와 태깅되는 것을 보면서 고통을 느끼게 될 것이다. 또한 한때 당신이 함께 즐겼던 온라인상의 정체성을 상실한 데 대해 끊임없이 생각이 떠오르는 고통을 느끼게 될 것이다. 또한 이는 다른 사람들을 혼란스럽게 만들고 관계가 진짜 끝난 것인지에 대해 의문을 품게 만든다. 이게 당신이 이별 이후에 맞고자 했던 상황일까?

블로그와 페이스북 프로필을 공유하는 커플들은 어떠한가? 최근 이혼 전문 변호사들은 이혼 법정에서 온라인 자산과 소셜 미디어 계정을 소중한 '재산'으로 간주하면서 그 소유권을 누가 가질 것인지를 두고 다투는 커플이 큰 폭으로 증가했다고 보고하고 있다.

QMI 에이전시를 통해 이뤄진 흥미 있는 한 연구를 보면, 45%의 사람들이 페이스북에서 과거 애인과 연결될 수 있으면 좋겠다고 생각하지만, 동시에 만약 현재의 애인이 그들의 과거 연인과 연락하는 상황에 대해서는 화가 날 것이라고 응답한 것을 알게 된다.

우리는 기술이 우리의 모든 관계에 영향을 미치는 것을 알고 있지만, 특별히 연인관계에서 그 영향력은 더욱 강렬해서 친밀함을 더해주거나 새로운 인연을 찾도록 돕기도 하고 때로는 결별과 절망의 순간으로 이끌 수도 있다는 것을 알고 있다. 조금의 과장도 없이 지금 시대에 데이트와 연애는 너무 복잡미묘하다. 그리고 사랑을 찾기 위해 기술을 활용하는 것은 위험한 일이 될 수도 있다.

당신 자신을 온라인에서 가장 잘 표현하는 방법을 알고, 적절할 때 남들에게 알리고, 진짜 친밀함을 안겨줄 수 있도록 준비하고 디지털의 엉킨 관계에서 생존하는 방법을 아는 것은 당신이 기술과 삶 사이에서 균형을 찾도록 도움을 줄 것이다. 기술과 삶의 균형은 디지털 시대에 개인이 성공적으로 상호작용할 수 있는 기반이 된다.

결국 컴퓨터는 관계 속으로 들어갈 수 없는 것이다. 사람만이 그렇게 할 수 있다.

제 7 장

인터넷 시대의 육아:
부모가 만들어 주는 아이의 좋은 디지털 습관

• • •

아이들은 부모의 행동을 따라하게 마련이다. 자녀에게 좋은 디지털 습관을 길러 주려면, 부모가 먼저 본을 보여야 한다. 식탁에서 팔을 괴는 게 무례한 행동이라면 이제는 휴대폰에도 규칙이 적용되어야 한다. 운전하면서 문자메시지를 주고받는 것을 아이들이 보게 된다면 그들도 커서 똑같이 되기 쉽다. 기술은 자녀들 삶의 일부분이 될 것인데, 아이들이 자신의 삶을 어떻게 살지 가르치는 것은 부모의 몫으로 남아 있다.

• • •

2011년 가을, 어셔가 태어나기 몇 달 전 내 친구 후먼(Hooman)은 나에게 자신이 각본을 쓰고 감독을 맡은 독립영화 「올리브(Olive)」에 출연해 달라고 요청했다. 항상 영화에 출연하고 싶어했던 터라, 솔깃한 제안이었다. 이 영화는 전체가 스마트폰으로 촬영되는 첫 번째 영화였다.

나는 한 장면에만 나올 예정이라서 하루만 촬영을 준비하면 됐다. 그렇지만 중요한 장면이었고, 아카데미상을 수상한 여배우 제나 로우랜즈(Gena Rowlands)의 상대역이었다. 촬영일에 나는 내가 맡은 구두가게 여직원 역할에 매력과 흥분을 느끼면서 여유 있게 스튜디오에 나왔다. 대사도 다 외웠고 제작진이 영화 촬영도구로 사용하는 멋진 휴대전화 비디오카메라 구경도 마쳤다. 그러나 분장실에서 의상을 갈아입을 시간이 되었을 때 가히 끔찍한 꼴을 보게 되었다. 며칠 동안 다리털 제모를 하지 않았던 것이다. 나는 매력 있어 보이기는커녕 징그럽기까지 했다.

기가 죽은 채 나는 무대 담당 스태프 중 한 여성에게 길 건너 편의점에 가서 면도기를 하나 사다 달라고 부탁했다.

스태프가 웃어댔다. "영화세트를 작업하면서 별별 경험을 다 했지만 이런 일은 처음이네요."

나는 중얼중얼 변명을 늘어놓았다. "지금 임신 중이라 ……." 그러나 그 사람은 벌써 길 건너로 뛰어간 뒤였다. 틀림없이 그녀는 나중에 친구들에게 세트 작업 도중 만났던 불쌍하고 애처로운 아기엄마 이야기를 즐겁게 들려줄 것이다.

다행히 그 장면은 촬영이 잘 진행되었다. 영화 촬영은 동시에 다양한 각도의 앵글을 잡기 위해서 여러 대의 카메라를 사용하는 게 일반적이다. 그러나 스마트폰으로 촬영하게 되면 한 대의 카메라로 하나의 앵글만 얻을 수 있다. 그러므로 모든 게 잘 다듬어져야 하고 매 단계 빈틈이 없어야 한다. 초벌 편집본을 보니 스마트폰 카메라로 촬영한 장면이 대형 스크린에 놀랄 만치 아름답게 나타났다. 우리는 먼 길을 지나왔다. 당신은 카메라 앞에서 미소 짓는 구두 가게 여직원이 디지털 세상에서 아이를 기르면서 흥분과 도전 사이에서 균형을 잡기 위해 노력하는 여느 보통 엄마일 뿐이라는 것을 알아채지 못할 것이다.

기술은 가정생활, 아이들, 보육에 어떠한 영향을 끼쳤는가? 살펴본 것처럼 좋은 점과 나쁜 점이 함께 있고, 복잡한 과제와 놀라운 기회가 병존한다. 그러나 결론부터 먼저 이야기하자면, 내가 경험한 난처한 경험에서 얻은 교훈이 증명하는 것은 이렇다. '두 마리 토끼를 다 잡을 수는 없다.'

당신은 모든 사람에게 관심을 베풀 수 없으며, 최근에는 자신에게조차 주의를 기울이는 게 어려워졌다. 나이, 성별, 결혼 여부, 재정 상태, 배경에 무관하게 우리 모두는 어려운 선택과 거래해야 한다. 아무것도 희생하지 않고 가정과 일, 그리고 개인적 삶을 모두 잘 병행할 수 있을 거라고 기대하는 사람들은 결국 실망하고 말 것이다.

나는 간단한 주문을 따른다. 일, 잠, 가족, 친구, 운동. 이 중에서 3가지만 고른다.

어셔는 가끔 모래밭에서 장난감을 갖고 놀다가 나를 쳐다보면서 "과자?"라고 말하곤 한다. 나는 아들에게 모래밭에서 놀고 있을 때는 과자를 먹을 수 없다고 알아듣게 설명해 준다. 당신이 어떤 일을 한 가지 하고 있다면, 다른 일을 동시에 할 수 없어서 그중 한 가지를 선택해야 할 때가 있다.

매일 아침 나는 게슴츠레한 눈으로 욕실 거울을 들여다보면서 나의 주문을 기억하고 오늘 무엇에 우선순위를 둘지 생각한다. 내가 바라보는 방식은 이렇다. 우리에게는 일, 잠, 가족, 친구, 운동이 필수요소지만 모두를 날마다 할 수는 없을 것이고 적어도 모든 일을 날마다 잘할 수는 없다. 매일 아침 나는 그날 내가 해야 할 것과 하고 싶은 것을 따져보고 3가지를 고른다. 당연히 주중에는 사실상 선택할 게 없다. 그렇지만 나는 하루의 자투리 시간과 업무 전후인 아침과 저녁 시간을 어떻게 보낼지 결정한다.

이러한 아침 의례는 2010년 여름 어셔를 임신하면서부터 시작되었다. 이후 아홉 달 동안 나는 페이스북에서 출장을 9번 갔는데 몇 차례는 해외출장이었다. 임신 3개월 때는 뉴욕에서 CNN 메인앵커인 앤더슨 쿠퍼(Anderson Cooper)와 패널 토론을 하고 나서 비행기를 타고 런던으로 가 이튿날 외무부에서 연설했다. 4개월 때에는 골든글러브상 시상식에 페이스북 대표로 갔는데, 레드카펫 위의 아름답고 늘씬한 여성들 사이에서 부풀어 오른 배를 간수하느라 고생했다. 5개월 때는 스위스 다보스에서 열린 세계경제포럼(World Economic Forum)에 참석했는데, 세계적 지도자들과의 미팅 사이사이에 부스 구석에서 낮잠을 자며 피곤과 싸워야 했다. 7개월 때에는 텍사스 오스틴에서 열린 '사우스 바이 사우스웨스트(South by Southwest)' 컨퍼런스에서 페이스북으로 내보내는 라이브 토크쇼를 연출하고 뒤뚱거리는 몸을 이끌며 일급의 유명인들과 정치인들의 TV 인터뷰를 지휘했다. 그리고 임신 9개월째에는 오바마 대통령을 위한 페이스북 타운홀 미팅을 꾸려내느라, 헛구역질과 피로, 뱃속 아이의 좌골신경 압박으로 인한 다리와 허리 통증과 싸워야 했다.

내가 실제 생활에서 우선순위를 정하는 일을 빠르게 잘 처리했다고만 말해 두자. 당신이 생각하는 대로, 그해 나는 주로 일과 잠을 선택하고 나머지는 남편과 시간을 보내려고 노력했다. 나는 친구들과는 많은 시간을 보내지 못했고 당연히 운동은 전혀 우선순위에 없었다. 임신 기간 동안 50파운드(약 23kg) 가까이 몸무게가 늘었고 2년이 지난 지금 아직 남아 있는 5파운드를 빼지 못해 애쓰고 있다. 대체로 그해는 내 인생 전체에서 가장 많은 성취를 이룬 해로 기억한다.

나는 이후에도 계속 이 주문에 따라 생활했고, 가능한 한 자주 이들 요소를 섞었다. 결국 인생은 가변적이고 우리는 기대한 것보다 더 많은 걸 할 수 있다. 그중에서 가장 좋은 것은 매일 아침 다시 새롭게 3가지를 선택하게 되는 것이다. 일, 잠, 가족, 친구, 운동.

어떻게 하면 가정생활을 잘 꾸려나가면서 충분한 사랑과 관심으로 아이들을 돌볼 수 있을까? 어떻게 우리가 아이들을 기술에 능숙하게 만들면서도 안전하게 기를 수 있을까? 아이들 스스로 기술과 생활 사이에서 균형을 찾도록 어떻게 도와줄 수 있을까?

모든 걸 가질 수는 없다. 그러나 기술은 당신이 가진 것을 활용하고 즐길 수 있도록 도와줄 수 있다. 기술은 사려 깊게 사용되기만 하면 기술 자체에 의해 생겨난 문제들을 해결하는 것은 물론 그 이상으로 활용될 수도 있다.

기술이 가정생활을 편하게 만들어 주는가? 아니다. 기술이 당신으로 하여금 자녀에 대해 사랑, 관심, 애착을 베풀 의무를 면제해 주는가? 단연코 아니다. 기술이 저절로 좋은 무엇인가? 전혀 아니다.

기술은 도구일 따름이다. 기술이 올바로 사용되게 하려면 우리가 자녀들의 생활에 관여해야 하고 아이들이 온라인에서 안전하고 보람 있게 시간을 보내게 하기 위해 올바른 사용법과 습관을 가르쳐야 한다.

| 우리의 어린 시절과 지금은 얼마나 다른가

어렸을 때 내가 가장 일찍 경험한 창의적 프로젝트 중 하나는 가족 신문을 기획하고 만들어 내는 일이었다. 어린 시절 한동안 스스로를 진짜 기자라고 상상하는 걸 좋아했다. '보도'라고 쓰인 페도라,* 오래된 카메라 그리고 실제 보도할 기사 등 기자의 필수 요건을 갖추지는 못했지만, 나는 우리집 살림살이에 대해서 나의 적지 않은 재능을 발휘하기로 결심했다.

가족신문 이름은 「하프 어 더즌(Half a Dozen)」으로 지었는데 우리 가족이 모두 여섯 명이었기 때문이다. 나는 어려서부터 꽤 위트 있는 아이였다. 그리고 기사도 나쁘지 않았다. 가족신문은 주로 가족의 예정된 행사나 활동을 알리는 유용한 사실보도와 가정 살림의 실태를 독특하게 파고드는 정교한 탐사보도로 구성되었다.

"반쯤 마신 오렌지 주스가 뚜껑도 없이 냉장고에"라는 제목 아래로 "범인은 아직 안 잡혀"라는 작은 제목이 이어졌다.

물론, 그 가족신문이 보브 우드워드**에 버금가는 수준은 아니었지만, 적어도 열광적인 5명의 독자는 나로 하여금 신나서 기사를 쓰도록 만들었다. 아이가 스스로 학교 숙제가 아닌 그 무엇을 자발적으로 쓰려고 정성을 쏟았다는 건 대단한 일이다. 매주 나는 아빠의 병원 컴퓨터에 접속해서 마이크로소프트 퍼블리셔 프로그램을 열고, 후다닥 '뉴스' 페이지를 만들었다. 그리고는 흑백 프린터로 인쇄해서 냉장고 문에 붙였다. 비록 내가 '1991년 오렌지 주스의 거대한 미스터리'의 밑바닥까지 밝혀내지는 못했지만, 이 일은 엄청난 만족감을 주었다.

돌이켜보면 그 가족신문은 이 책의 선도자 노릇을 했을 것이다.

만약 내가 요즘 아이라면, 그런 소식지(가족신문)를 경험할 기회는 거의 없었을 것이다. 지금 세상은 예전보다 수백 배는 복잡해졌다. 그리고 저커버그 가문에 대한 실제 신문이 있어야 할 이유도 없다. 기술 덕

---

* 중절모 형태의 여성모자.
** 닉슨 대통령의 워터게이트를 특종보도한 「워싱턴포스트」의 탐사보도 기자.

분에 경이롭고 전문적으로 보이는 내용을 우리들도 빠르고 쉽게 만들어 낼 수 있게 되었다. 수년 전만 해도 미술과 디자인 관련 자격증을 가진 본격적인 전문가들만이 할 수 있었던 일들을 우리는 이제 컴퓨터를 이용해 몇 분 만에 처리할 수 있게 되었다. 가족신문을 냉장고 문에 종이 한 장 붙여 놓는 대신 이제는 계속해서 소소한 소식들을 업데이트할 수 있고 가족은 물론, 더 많은 친척 그리고 함께하고 싶은 누구에게라도 블로그, 단체방, 이메일을 통해서 공유할 수 있게 되었다.

이는 단지 시작에 불과하다.

기술은 우리가 정보에 간편하게 접근할 수 있게 해 주었다. 우리는 종종 기술의 혜택을 당연하게 여긴다. 기술은 가족에게 놀라운 혜택을 제공해 주지만, 그만큼 새로운 문제도 수반한다.

내가 항상 어디로 가서 누구와 만나 이야기하든, 상대가 실리콘밸리에서 일하는 전문가거나 또는 오클라호마나 도쿄에 사는 주부거나 간에 우리들은 모두 기술과 가족에 대해서 동일한 개인적 질문을 가진 사람들이라는 것을 발견하게 된다. 놀랍다.

다른 한편으로 사람들은 아주 어린 자녀들이 무언가를 성취할 수 있도록 기술이 도움을 준다는 사실에 엄청나게 열광한다. 한 남성은 자신의 도움으로 아홉 살짜리 딸이 아마존에서 스스로 책을 출판했던 일을 나에게 말해 주었다. 물론 그가 그 나이 때에는 꿈도 꾸지 못할 일이었다. 다른 여성은 직접 모바일 앱을 이미 설계하고 있다는 13살 난 딸 이야기를 들려주었다. 거의 모든 부모는 자녀들이 얼마나 기술을 잘 다루는지 자랑하기에 바쁘다.

여전히 사람들은 많은 질문과 관심을 갖고 있다. "요즘 아이들 모두가 사용하고 있는 새로운 이러저러한 앱은 어떤 것인가요?" "어떻게 하면 자녀들로 하여금 부모를 페이스북 친구로 승인하도록 할 수 있나요?" "어떻게 하면 자녀들과 온라인 프라이버시나 사이버 괴롭힘 같은 주제에 대해 생산적인 대화를 할 수 있을까요?"

오늘날처럼 연결된 세상에서 자녀를 기르는 일은 믿을 수 없을 정도로 복잡해졌다. 우리는 완전한 온라인 환경에서 자녀를 양육하는 부모로서는 처음 세대다. 자녀들의 모든 순간이 문서화되고 기록되고 공개적으로 저장된다. 우리 부모들은 이런 기술 환경에서 자라나지 않았다는 점과 이런 환경이 우리의 제2의 천성과는 상당히 거리가 멀다는 점을 감안하면, 아이들이 처한 환경은 특별한 도전 과제다.

우리는 컴퓨터 스크린을 통해서 다른 사람과 상호작용하는 것을

100% 정상으로 생각하는 아이들의 첫 부모 세대다. 우리 아이들이 눈에 띄는 모든 스크린마다 만져서 작동시키려고 하는 것은 자연스러운 행동이다. 또한 우리는 10년 전만 해도 존재하지 않던 개념인 온라인에서의 프라이버시, 안전, 익명성 등의 주제와 씨름해야 하는 첫 부모 세대이기도 하다.

갈 길을 만드는 일이 우리에게 달려 있다.

| 디지털 네이티브인 우리 아이들을 위해

2011년 조지프 라운트리 재단(Joseph Rowntree Foundation)은 어려서 부모들이 술에 취한 걸 본 자녀들은 그렇지 않은 경우보다 성장한 뒤에 2배나 더 자주 만취 상태에 빠진다는 연구결과를 발표했다. 또한 이런 현상은 부모들이 취한 모습을 자주 목격한 것이 아니라 하더라도 다르지 않다는 점을 발견했다고 보고했다.

이 연구는 부모들이 자녀들의 습관에 얼마나 큰 영향을 끼치는지 그리고 사회적 행동이 어떻게 전염될 수 있는지 보여 주는 한 사례에 불과하다. 아이들은 자라나면서 부모의 말과 행동에서 강한 영향을 받는다. 우리가 무엇을 선택하고 선택하지 않는지, 우리가 그에 대해 의식하는지 의식하지 않는지에 따라 아이들은 강한 영향을 받는다. 그리고 우리는 자녀들의 성격 형성과 정서 발달에 지속적인 각인을 남기게 된다.

최근 신경과학자들은 왜 이런 일이 일어나는지를 설명하는 생물학적 그리고 환경적 요인들을 파악하기 위한 조명에 들어갔다. 한 가지 잠재적 설명은 우리 뇌의 '거울 뉴런(mirror neuron)' 기능에서 찾을 수 있다. 뉴런은 우리가 소통하고 생각하고 느끼고 사랑할 수 있게 돕는 뇌세포다. 거울 뉴런은 그중에서도 우리가 따라 하기를 통해 학습할 수 있도록 돕는, 매력적이고 고유한 역할을 수행한다. 누군가 자전거를 타거나 웃거나 춤추는 걸 볼 때 우리는 '어떻게 하면 나도 그 일을 할 수 있을까' 하고 직관적으로 느끼게 되고 그러고 나서 따라 하기를 통해 배우게 된다.

성인들이 자녀 발달에 영향을 끼치는 또 하나의 방법은 공감과 연결의 감각 개발을 통해서다. 2007년 이스라엘 바-일란(Bar-Ilan) 대학의 루스 펠드만(Ruth Feldman) 박사는 학술지에 발표한 논문(「엄마-아기 동시성과 아동기와 청소년기 도덕적 지향의 발달」)에서 부모가 자녀들에게 관심을 기울일 때 자녀들의 장기적인 공감능력이 활성화되고 강화된다는 것을 밝혀냈다.

또한 아이가 부모의 목소리를 듣는 것이 지능 발달에 결정적 역할을 한다는 것이 연구자들에 의해서 입증되었다. 1995년 『미국 어린이들의 일상 경험에 나타난 의미 있는 차이』(*Meaningful Differences in the Everyday Experience of Young American Children*)라는 책을 통해 발표된 캔자스 대학의 베티 하트(Betty Hart)와 토드 리슬리(Todd R. Risley)가 수행한 연구는 아이가 세 살 이전에 말을 많이 들을수록 학교 성적이 좋다는 걸 밝혀냈다.

어린이들이 성장하면서 경험하는 관계와 관심은 그들의 정신과 성격에 각인된다. 자녀들과 좋은 감정과 정서를 공유할 때뿐만 아니라 단지 말을 걸 때도 우리는 자녀들의 인생을 준비시켜 주는 것이다.

물론 우리가 이메일을 확인하느라 너무 바쁘다면 이런 작용은 일어나지 않는다.

당신은 자녀가 휴대폰을 너무 많이 사용한다고 자주 꾸짖으면서 정작 자신은 저녁 식탁에서 문자메시지를 확인하거나 업무 관련 이메일에 답장을 보내고 있지 않은가? 아이에게 인터넷 그만 하고 숙제를 하거나 다른 일을 하라고 말하면서 자신은 온라인에서 시간 낭비를 하는 경우는 얼마나 많은가? 아이와 눈을 맞추는 대신 스마트폰 화면을 응시하는 일은 또 얼마나 자주 있는가?

기술에 관해서 이야기할 때면 사람들은 항상 아들 어셔에 대한 나의 원칙이 무엇이냐고 묻는다. “얼마나 오랫동안 어셔가 스마트폰 게임을 하게 놔두나요?” “하루에 얼마 동안이나 아이가 엄마 태블릿을 가지고 노나요?” “아이에게 아이패드를 사 주었나요?” 이런 질문들이다. 그러나 나 자신에 대한 원칙이 무엇인지 내게 묻는 사람은 한 명도 없었다.

하지만 내가 깨달은 사실은 어셔는 너무 어려서 어셔보다는 부모인 우리 자신이 전화기와 노트북에 지나치게 많은 시간을 쓰지 않도록 확고한 원칙을 갖는 게 훨씬 중요하다는 것이었다. 아들이 기차 놀이나 퍼즐을 하자고 내 다리를 잡아당길 때 아들과 함께 노는 대신 문자메시지를 보내거나 블로그 글을 읽는 자신을 볼 때마다 나는 유명한 해리 채핀(Harry Chapin) 노래가사를 떠올린다. “고양이는 요람에서 은수저를 갖고 놀아요”라는 그 노래는 아빠가 놀아달라는 아들에게 곧 일을 끝낼 것이고, 바쁜 일정을 마무리할 것이고 그러고 나서 함께 놀자고 계속해서 ‘나중에’ ‘나중에’를 이야기한다. 그러나 여러 해가 지나서 아빠는 시간이 나서 실제로 아이 주변을 어슬렁거리지만 이제는 아들이 너무 바빠졌다. 어셔의 주의를 끌려고 필사적으로 노력해도 아들은 나를 옆으로 밀어내고 자신의 스마트폰에 얼굴을 파묻고 몰두하는 날이 언젠가 올 것이라는 것을 나는 알고 있다.

최근 가족 여행에서 남편 전화기에 있는 구글 지도를 이용해 길 안내를 받았는데 나는 묘한 갈등상황을 느꼈다. 한편으로 이 기술은 길 찾기에 요긴하다. 다른 한편으로 남편은 전화기에 지나치게 많은 시간과 주의를 집중하고 있어서 주변의 경치나 여정을 즐기지 못하는 것처럼 보였다. 나는 우리가 아들을 위해 좋지 않은 본보기가 되고 있지는 않은지 걱정이 들었다.

추수감사절 저녁 식탁에서 10대 자녀들보다 어른들이 전화기를 들여다보고 문자를 보내고 이메일 응답을 하느라 더 정신없이 군다고 불평하는 친구들이 많다. 최근 「USA투데이」에 실린 기사는 운전하면서 문자메시지를 주고받는 비율이 성인이 10대보다 높다는 충격적인 조사결과를 보여 준다. 문자메시지가 오래전부터 10대의 문제로 간주되어 왔지만, 운전 중에 문자를 주고받은 성인 98%는 이 행동이 위험한 일이라는 걸 알고 있다고 응답했다. 더 놀라운 일은 엄마들의 30%가 아기나 어린 자녀를 태운 차를 운전하면서도 문자메시지를 주고받는다는 것이다.

자녀들은 부모를 모델로 삼고 있으며 그래서 우리는 좋은 모범이 되어야 한다는 것을 그 순간에 기억하기란 정말로 어렵다. 즉시 처리해야 하는 업무 이메일과 받자마자 응답하기를 간청하는 문자메시지가 날아오는 상황에서 기술과 삶의 균형을 위한 장기적 접근을 하는 것은 중요한 문제다. 자녀들에게 우리가 모델이 되어야 하고 또한 얼굴을 맞댄 현실에서의 상호작용이 무엇보다 중요하다는 것을 보여 줄 필요가 있다. 그러나 더 중요한 것은 안전이 무엇보다 우선이어야 한다는 것을 보여 주어야 한다는 점이다.

아이들이 보는 앞에서 디지털기기를 사용해서는 안 된다는 이야기가 아니다. 아이들을 디지털에서 완전히 격리하는 것 또한 올바른 접근은 아니기 때문이다.

위험성을 강조하며 디지털을 매도하는 선정적인 블로그나 신문 칼럼이 등장하지 않고 지나가는 날은 거의 하루도 없다. 디지털에 대한 이런 무조건 반사와 같은 반응은 선정적 미디어의 일상적 행태라고 하기에는 도가 지나치다. 2011년 10월 22일「뉴욕타임스」기사에서 한 구글 임원은 교실에서 컴퓨터를 금지하는 것에 대해 지지 의사를 표명했다. "나는 초등학교 교육에 기술의 도움이 필요하다는 생각에 근본적으로 반대한다. 아이패드 앱이 아이들에게 읽기나, 산수를 더 잘 가르칠 수 있다는 생각은 말도 안 된다."

그러나 이런 관점은 실제로는 더 이상 존재하지 않는 현실에 기반해 있다. 언제 어디서나 기술을 사용할 수 있는 유비쿼터스 세상이 되면서 기술에 의존하지 않고 지내려는 시도 자체가 거의 불가능해졌기 때문이다.

어린 아이에게 스마트폰이나 태블릿을 가지고 놀라고 쥐어주지 말아야 한다고 말하는 사람은 틀림없이 젖먹이나 아이를 데리고 비행기에 타 본 적이 없는 사람일 것이다. 무릎에서 울고 있는 아이와 함께 오랜 시간 비행을 해야 한다면 기술과 삶의 균형에 대해서는 다분히 신경을 덜 쓸 수밖에 없을 것이다.

나는 또 스카이프(Skype)가 없었으면 어떻게 지냈을지 상상도 못하겠다. 길에서 이동 중이거나 출장 중일 때 매일 밤 스카이프로 남편과 아들을 만나는 짧은 시간을 기다리며 산다. 우리 아이들이 컴퓨터 화면을 통해 다른 사람과 대화하는 것이 지극히 자연스러운 일이라고 생각하는 세상에서 자라나고 있다는 것이 나한테는 항상 놀랍다. 나한테는 여전히 마술처럼 느껴진다. 그러나 우리 아이들은 완벽하게 여기에 적응해서 자라날 것이다.

두 살짜리 아이를 키우는 내 친구가 어느 날 우리 집에 놀러 왔는데 아이는 내 컴퓨터를 보자마자 가리키면서 "할아버지!"라고 말했다. 그 아이는 스카이프로 할아버지와 자주 대화를 해서, 컴퓨터 안에 할아버지가 산다고 생각하는 것이다.

기술이 가족을 더 가깝게 만들어 주지 못한다고 과연 누가 말할 수 있을까?

우리 아이들이 디지털기술에 접근하지 못하게 차단하는 것이 가능하더라도, 왜 그래야 하는 것일까? 아이들이 디지털을 올바른 방향으로 사용한다면 삶에 도움이 될 것이다. 기술이 일상적인 대면 상호작용이나 성장하면서 학습하게 되는 많은 중요한 경험을 대체해야 한다고 말하는 게 아니다. 디지털은 창의성과 지적 호기심을 북돋워서 교육과 발달 경험을 고양시켜 주는, 강력한 지원도구를 제공한다. 디지털화에 사로잡힌 우리 문명에서 함께 나타나는 새로운 혁신들은 계속해서 교육과 사회 발전을 근본적으로 변화시킬 것이다. 우리는 이미 교육정보 분야에서 흥미로운 새로운 기업들이 부상하고 있는 것을 보고 있으며, 수년 내로 훨씬 더 많이 만나게 될 것이다.

지금으로부터 10년 전의 교육은 오늘날과는 완전히 다른 것처럼 보인다. 그리고 이는 좋은 일이다. 되돌아간다는 것은 있을 수 없는 일이다. 그래서 우리는 이러한 변화를 수용하고 아동 발달과 교육에 대한 낡은 접근법에 대해 완전히 다시 생각해야 한다.

사실은 우리 아이들이 모든 엄청난 디지털 자원을 탐험하는 것을 막는 것이 그들의 성장에 오히려 방해가 된다는 점이다. 어떤 부모도 자기 자녀가 뒤떨어지기를 바라지는 않는다. 우리는 자녀들이 서너 살이 될 때까지 기다렸다가 아이들에게 말을 하거나 언어에 노출시키지 않는다. 만약 디지털이 미래의 언어라면, 왜 우리가 아이들의 인생, 관계, 경력 등 거의 모든 측면을 규정하는 도구를 아이들에게 소개하는 것을 주저하는가?

아이패드는 베이비시터도 아니지만 적도 아니다. 내 아들처럼 어린 아이가 이미 전화기의 기능을 잘 찾아 사용하고, 앱을 실행하고, 화면을 밀어 처리하는 것이 나에게는 놀랍게 여겨진다. 만약에 학급의 다른 친구들은 모두 기기를 능숙하게 사용하는데 내 아들만 할 줄 모른다면, 내가 아들에게 잘못된 환경을 제공하는 것은 아닐까? 아이들이 일찌감치 기술을 접하고 사용법에 익숙해져서 책임 있는 방식으로 활용하면 할수록, 세상을 이해하고 참여하고 성공할 수 있는 기회도 커져갈 것이다.

최근 이런 주제의 토론에 패널로 참여하고 난 뒤에 피닉스(Pheonix)에 사는 사람이 보낸 이메일에 감명을 받았다. 그녀는 입양한 다섯 살배기 손자의 사진을 첨부하고는 "이 아이는 이미 뒤처진 건가요?"라고 물었다. 그녀는 부모가 첨단 디지털기기를 사 줄 형편이 안 돼서, 또 아이들이 최신 기기가 없는 주간보육센터에서 하루 대부분의 시간을 보내기 때문에, 또는 가정에서 부모들이 이들 기기를 사용할 줄 모르거나 거기에 충분한 우선순위를 두지 않기 때문에 디지털 기술을 일찌감치 접할 기회가 없는 아이들에 대해 이야기했다.

그녀는 흥미로운 문제 제기를 했다. 형편이 넉넉한 부모들과 이야기할 때는 "아이들이 너무 디지털에 빠져 있는 건 아닌지?"라는 질문이 대화의 주제가 되곤 한다. 그러나 "내 아이는 충분히 기술을 접하고 있는가"라고 스스로 물어보는 것 또한 그 못지 않게 중요하다.

> 그들은 좀 더 풍족한 삶을 살고 있는 아이들이 시간이 없어서 못하는, 말하자면 다른 아이들과 어울려 노는 일 같은 건 자기 자녀들에게 충분히 해 주지만, 그들의 부모가 진입하려고 애썼던 중산층 진입을 도와주는 사다리에 올라서게 해 주는 것을 하지 못하고 있다. 이 아이들이 부모 세대가 겪은 시련을 겪지 않게 하려면 특권층 아이들과 마찬가지로 기술적 습관을 개발하도록 해야 한다. 아이패드와 같은 태블릿은 아이들을 인간관계에서 떨어뜨려 놓는 기기가 아니다. 내가 입양한 손자의 경우에 이 기기는 문제를 해결해 주는 가정교사로, 그들 부모가 이루고자 애쓴 성공적 삶에 필수적인 기술을 가르쳐 준다.
>
> – 프랜신 하더웨이(Francine Hardaway)

물론 기술이 아이들의 일상적 활동을 대체해야 한다는 말은 아니다. "무엇보다 그들은 아직 어리다. 밖에서 뛰놀아야 한다. 글러브와 야구

공을 쥐어 주고 뒷마당으로 내보내라!"고 말하는 사람들의 의견에 나도 동의한다. 어린 아이들에게 기술과 삶의 균형이란, 삶 쪽으로 약간 더 기울어지게 만드는 방식이어야 한다.

부모의 의무는 자녀의 역할 모델이 되는 것만이 아니라 그들로 하여금 집집마다 그들이 처한 상황과 가족 현실에서 작동하는 이상적 균형을 찾도록 돕는 것이다. 기술과 삶의 균형은 아이들이 어려서부터 익혀야 할 필수적인 기술이다.

우리가 사는 곳은 실제 세상이다. 아이들에게 다양한 기술에 대해 가르치고 기기나 웹사이트를 놓고 찬성 혹은 반대 입장에서 건설적인 대화에 참여하게 하는 것은 아이들에게 큰 도움이 될 것이다. 우리는 다만 스스로 기술을 사용할 때 가능한 한 사려 깊게 대하고 주의를 기울여야 할 필요가 있다. 우리 아이들을 위한 좋은 디지털 습관은 부모에게서 시작하기 때문이다.

| 무엇을 어떻게 공유할 것인가

우리가 부모로서 가장 먼저 관심을 기울여야 할 것은 온라인에서의 공유 방법이다.

내가 페이스북에서 일할 때, 사이트가 론칭하고 여러 해가 지났는데도 여전히 페이스북이 대학생 전용 서비스라고 생각하는 사람들이 있어서 나는 이를 바로잡으려 했다. 실제 데이터를 들여다보았더니 우리 사이트의 파워유저들은 짐작한 대로 아기 엄마들이었다. 젊은 엄마들은 하루 평균 두 시간씩 페이스북을 이용했다. 페이스북 사용자의 하루 평균 이용시간이 40분인 것에 비하면, 아기 엄마들은 훨씬 많은 시간을 접속하며 공유하기를 즐겼다.

태아 초음파 사진, 아기 사진, 유모차 정보, 그림으로 만든 배변 훈련 설명 같은 게 넘쳐났다. 그리고 우리는 그 모든 정보를 봤다. 자기 아이들의 일상에서 온라인으로 공유하기에 지나치게 사소하거나 엄청나게 대단한 것은 아무 것도 없다고 여기는 부모들이 우리 주변에는 늘 있게 마련이다.

나 역시 한때 과잉 공유를 하는 사람이었다. 임신 5개월째였을 때 나는 남편에게 이렇게 말했다. "나는 자기 인생은 아랑곳하지 않고 갑자기 온라인에 아기 사진 수백만 장을 올리느라 정신없는 그런 엄마는 절대 되지 않을 거야. 나는 내 일이 있고 나만의 인생이 있어. 그것만으로도 너무 바빠."

"그래, 틀림없이 당신은 그런 엄마가 될 거야." 남편은 나에게 따뜻하게 말했다.

넉 달이 지나 출산한 뒤 내 페이스북 프로필은 끝없이 많은 아기 사진들과 지인들이 보내준 앙증맞은 육아용품들에 대한 감사인사와 한 번에 두 시간씩밖에 못 자는 사람의 횡설수설로 가득 차 버렸다.

하지만 공유하는 게 엄청난 도움이 되는 순간들도 있다. 어느 날 나는 한밤중에 극심한 통증을 느끼며 잠을 깼다. 수유에 뭔가 문제가 있었는데 아마도 유선염인 것 같았다. 새벽 3시라서 아무에게도 전화를 걸 수 없었고, 웹닥터(WebMD)*를 바라보면서 멘붕 상태에 빠져 있었다. 무엇에 의지해야 할까? 물론 페이스북이었다. 그리고 거기에서 쏟아진 반응에 거의 기절할 뻔했다. 조언과 공감을 표하는 수십 개의 댓글이 쏟아졌다. 어떤 조언들은 매우 유용했고 중요했다. 나는 혼자가 아니라고 느꼈다. 거기에는 나를 도와주고, 지원하고 함께 고민을 나누는 친구들이 있었다.

오해하지 마시라. 만성적인 과잉 공유자들도 정도를 한 단계(또는 열 단계)만 낮추면 항상 우리에게 도움이 될 수 있다. 그러나 지금 내 문제에 대해 선을 넘는 페이스북 엄마들을 보면서 나는 힘들고 지친 그 사람의 일상 속에서의 입장을 이해하려고 애썼다. 만약 과잉 공유가 유용한 충고, 유쾌한 웃음 혹은 어려운 상황에서의 유대감 등으로 이어진다면 ……, '아, 지금 내가 누구를 판단하고 있는 거지?'

우리는 모두 당황스러운 상황에 처해 있다. 우리 중 누구도 완벽하지 않다. 인생은 혼돈스럽고 어지럽고 동시에 흥미진진하다. 페이스북에는 자신을 '완벽한 부모'로 색칠하려는 수많은 사람들이 있어서 나는 있는 그대로 말하려는 정직한 사람들에 대해 실제로 매우 감사하고 있다. 비록 대부분의 이야기들이 점심시간에 식욕을 돋우는 내용은 아닐지라도 말이다.

과잉 공유가 생명을 구하게 된 경우도 실제로 여러 차례 있었다. 2011년 뉴욕에 사는 데보라 코파킨 코건(Deborah Copaken Kogan)은 페이스북에 아픈 아들 렌(Len)의 사진을 올렸다. 렌은 의사에게 패혈증 인두염으로 진단받고 사흘 동안 치료를 받았지만 차도가 없었다. 데보라의 페이스북 친구들은 사진 속 렌의 부어오른 얼굴이 가와사키병

* 온라인 의료정보 및 상담 사이트.

(Kawasaki disease)으로 불리는 희귀하고 치명적인 자가면역 장애의 증상이란 걸 알아냈다. 페이스북 친구들의 시의적절한 도움 덕분에 렌은 제때 치료를 받아 무사히 회복할 수 있었다.

그러나 글을 올리기 전에 명심해야 할 몇 가지 주의사항이 있다. 자녀들은 부모를 모델로 삼고 행동한다는 점을 항상 기억하라. 우리 자신은 인생 모든 순간을 온라인에서 수백 명의 사람들과 공유하면서, 돌아서서 아이들이 우리와 똑같은 방식으로 할 때 훈계를 늘어놓아서는 안 된다. 지나친 공유는 기술과 삶의 균형을 무너뜨리고 해가 될 수 있는 내용을 올리게 되는 결과로 이어질 수 있다. 우리가 아이들에게 가르쳐야 할 중요한 요령이다.

또한 모든 사람들이 이런 세세한 이야기를 듣고 싶어하는 게 아니라는 것도 기억해야 한다. 습관적인 과잉 공유는 친구들이 페이스북 뉴스 피드 설정에서 당신의 글을 자주 찾지 않도록 당신을 '낮은 우선도'로 지정하게 만들지도 모른다. 당신은 상관없을지 모르나, 생각해 봐야 할 중요한 문제다.

가장 중요한 것은 부모들은 아이들에 대한 글을 편하게 올리지만 과잉공유는 단지 친구들에게 재미를 주는 것 이상의 결과를 가져올 수 있다는 점이다. 부모들은 앞으로 그 아이들의 디지털 정체성을 빚어낼 수 있다. 만약 당신이 아이의 벌거벗은 사진이나 이상한 차림을 한 사진을 인터넷에 올렸는데 누군가가 내려받거나 스크린샷을 찍었다면 결과적으로 구글에서 당신 아이 이름을 검색했을 때 평생 동안 사라지지 않고 계속 나타나는 콘텐츠가 만들어지는 것이다.

'STFU, Parents'라는 블로그 사이트가 있는데 인터넷에 부모들이 과잉 공유하는 최악의 사례들만 수집해 놓은 곳이다. "오늘 저녁에 처음으로! 우리 룰라몬스터(Lulamonster)가 욕조에서 오줌을 쌌네, 하하. 자러 가기 전에 해결해서 다행." 이건 어떤 부모가 페이스북에 자기 아이에 대해서 올린 글이다.

이건 단지 비위 상하는 데서 그치는 이야기가 아니다. 몇 해 전부터 룰라몬스터의 엄마는 자녀의 일상을 공유하는 데 푹 빠져서 자기 딸의 동의도 얻지 않은 채 딸의 온라인 자기 정체성 일부를 이미 만들어 버렸다.

정체성 형성은 우리 아이들이 선택하기도 전부터 시작된다. 실제로 디지털 정체성은 출생 이전부터 시작된다. 처음부터 우리는 무엇을 어떻게 공유할지에 대해서 아이 입장에서 주의 깊게 생각할 필요가 있다.

예비 부모들은 어떻게 자신들이 임신에 이르게 되었는지를 온라인에 알리려고 상당한 노력을 기울인다. 이는 우리 아이들이 과거를 돌아보게 되었을 때 단지 자신들이 아기였을 때의 사진만을 보게 되는 게 아니라, 세상 모든 사람들이 자신이 생겨날 예정이라는 걸 알게 된 그 순간의 사진도 보게 만든다.

임신 사실을 처음 알았을 때, 나는 페이스북을 통해 이를 알릴 때까지 얌전히 기다릴 수 없었다. 어떻게 포스트를 구성해 올릴 것인지와 쏟아질 '좋아요'와 댓글들을 머릿속에서 상상하면서 며칠을 보냈다. 글을 올릴 시점이 점점 가까워지면서 스트레스를 느꼈다. 친구들 중에는 만약 내 임신 사실을 페이스북을 통해서 알게 되면 기분이 언짢을 사람도 있을 거라는 생각이 들었다. 나는 브렌트 옆에 앉아서 여러 시간을 들여서 내 친구들을 임신 소식에 대해 직접 만나서 이야기해 줄 사람,

전화로 연락할 사람, 이메일 혹은 페이스북으로 소식을 접하게 될 사람으로 분류했다. 남편이 한때 매킨지에서 엑셀 전문가였던 경력을 살려, 우리는 행렬과 유사한 수식표를 만들었다.

일단 개인적으로 연락한 뒤 나는 글을 올리기에 앞서 하나의 포스트에 위트 있으면서 창의적이고 감상적이면서도 강력한 분위기를 모두 담고 싶다는 생각을 했다. 그런데 나한테는 "나는 이제 곧 형아가 된대"라고 쓰인 종이를 들고 있게 할 귀여운 강아지도 없었고, "5월 예정"이라고 내 배에 바디페인팅을 할 시간도 없었다. 생각 끝에 두 장의 사진을 올렸다.

한 장은 페이스북 본사 주차장의 '임신부 전용' 자리 앞에 아주 터프하게 서 있는 내 모습이었다. 두 번째 사진은 허름한 바에 나, 남편, 동생 마크, 지금은 동생의 아내가 된 프리실라가 함께 모여 축하하는 사진이었다. 그때 마크는 시사주간지 「타임」에서 2010년의 인물로 선정된 직후여서 나는 사진 설명을 이렇게 붙였다. "올해의 인물과 함께 축하를(그리고 올해의 여자친구, 올해의 남편, …… 또 올해의 태아도 함께! 만세!)"

나는 어셔가 이 모든 걸 어떻게 생각할지 궁금하다. 언젠가는 이 모든 게 어셔의 페이스북 타임라인에 첫 번째 사진으로 올라가게 될 것이니까.

임신 사실을 주변에 어떻게 멋지게 알릴지 생각하는 것 못지않게 요새는 예비 부모들이 "난 아기 이름을 ○○○로 짓고 싶었는데, 그 도메인 주소를 확보하지 못했어. 그래서 다른 이름으로 했어"라거나 "우리가 고른 아이 이름을 사람들에게 알리기 전에 아기가 나중에 사용할 멋진 지메일 주소나 트위터 계정을 미리 확보하는 걸 놓치지 않았지"라고 말하는 게 전혀 이상하게 여겨지지 않는 세상이다. 아기 이름 짓기는 치열한 영토 확보 싸움이 되었다. 예비 부모들은 상당히 독특해서 구글에서 완벽하게 검색이 되는 아기 이름을 찾아야 하고, 결정하기 전에 귀중한 디지털 영토를 확보해야 하는 경쟁을 하게 되었다.

나는 이런 것이 전에는 좀 이상하다고 생각했지만, 이제는 마음이 바뀌었다. 납득할 만하고 현실적으로 책임 있는 태도라고 생각한다. 이름이란 항상 다른 사람들이 우리의 개인적 정체성에 대해 결정하는 주된 요소였다. 이제 인터넷은 더 많은 사람들에게 우리를 '만나게' 하는 기회를 제공한다. 그래서 이제 우리는 가능한 한 온라인과 오프라인 모두에서 이름을 갖는 게 어느 때보다 중요해졌다.

그러니 부모로서 공유를 겁내지 말라. 하지만 무엇을 어떻게 공유할지를 먼저 생각해야 한다. 당신의 선택은 아기가 요람을 벗어난 이후에도 오랫동안 인터넷에 남아 확산될 수 있다.

| 아이들에게 가르쳐야 할 9가지 규칙

위에서 이야기한 것들이 모두 소중하고 유용하지만 우리는 아직 방안에 있는 골치 아픈 코끼리에 대해서 할 얘기가 좀 더 남아 있다. 어떻게 하면 우리 아이들에게 기술을 제대로 사용하는 방법을 가르칠 수 있고, 어떻게 하면 온라인에서 아이들을 안전하게 키울 것인가에 대한 문제다. 아이들에게 인터넷을 자유롭게 탐험할 수 있는 기회를 제공하는 것과 잠재적인 모든 위험으로부터 아이들을 보호하고 싶어하는 감정 사이에서 어떻게 하면 균형을 이룰 수 있을까?

대답하기 전에 지금 우리가 알고 있는 인터넷이 없던 시기로 거슬러가 보자.

아주 아주 먼 오래전, (1990년대 돕스 페리 시절) 15살 때 나는 동생들을 데리고 야심찬 아마추어 영화 프로젝트를 감독했다. 각각 특징적인 성격과 고유한 의상을 갖춘 사랑스럽고 영웅적인 인물들을 출연진으로 내세워 우주여행 드라마를 제작했다. 동생들은 대사를 외우기 위해 적어도 20여 분은 시간을 내서 그 프로젝트에 참여했는데, 저녁을 먹고 나서 숙제를 하러 가기 전까지만으로도 시간은 충분했다. 우리는 프로덕션의 이름을 '스타워즈 사일로지(Star Wars Silogy)'라고 이름 지었지만 아무도 조지 루카스(George Lucas)에게 고소당할까 봐 걱정하지는 않았다. 「스타워즈 트릴로지(Star Wars Trilogy)」에 대한 우스꽝스러운(silly) 리메이크라는 점에서 '사일로지'라는 이름을 붙였다.

당시는 최신 특수효과를 가미해 제작된 「스타워즈 트릴로지」가 개봉된 1997년이었다. 아이들은 대부분 이때 비로소 「스타워즈」를 처음 접할 수 있었다. 나이 든 세대에게는 행복한 유년기를 추억하게 하는 기회이기도 했다. 세상 모든 사람들이 한, 로크, 리아, 체위, 알투-디투, C-3PO 모두에 대해 다시 열광했다. 우리 집 식구들도 마찬가지여서 영화를 한 번 본 뒤로는 모두 점점 참을 수 없이 빠져들었다. 모두들 광선검, 워키, 요다에 대해서 이야기하고 싶어 했다.

그때 우리는 기술 취향을 전혀 새로운 수준에 적용했다. 아빠가 오래된 비디오카메라를 써도 좋다고 허락하자 우리는 그 사일로지를 찍기로 했다. 내가 제작 책임을 맡았다. 감독으로 내 이름을 올린 첫 작품이었다.

캐스팅은 수월했다. 마크가 루크 역을 맡았다. 도나는 리 공주 역할을 맡았는데, 긴 머리를 턱수염으로 써도 되겠다는 데 생각이 미쳐서 도나는 오비완 역도 하게 되었다. 분장 의상을 입기에는 약간 나이가 들었지만 내가 다스 베이더와 한 솔로 역할을 다 해야 한다고 고집했다. 감독 스스로 영화에서 가장 빛나는 배역을 두 개나 맡는다는 게 불공평하게 보일 수도 있었겠지만, 솔직히 말하면 모두들 애리얼의 역할을 맡지 않는 것만으로도 기뻐했다. 애리얼은 알투-디투를 연기했다.

그럴싸하게 보이도록 우리는 애리얼을 작은 쓰레기통 안에 집어넣었다. 그 애가 좋아할 리 없었다. 그러나 우리 모두는 예술을 위해 희생을 감내해야 했다.

우리가 제작한 걸작에서 가장 탁월한 부분과 부족한 부분은 무엇이었을까? 「스타워즈」의 고전적 분위기를 살린 도입 텍스트를 만들기 위해서 우리는 아빠 사무실의 오래된 도트 프린터를 통해 실제 영화의 인트로 메시지를 프린트했다. 그리고 우리는 천천히 종이 롤 위를 걸어서 카메라 앞을 지나갔다. 우리는 그것이 프린터로 인쇄된 종이라는 걸 감추려고도 하지 않아, 지금도 스크린 구석에 작은 정사각형이 남아 있는 걸 볼 수 있다.

중요한 것은 아무리 연기가 끔찍했고 의상과 효과가 형편없었어도 그것은 우리가 어렸을 적에 경험해 볼 수 있는 가장 놀라우면서도 두고두고 기억할 만한 프로젝트였다는 것이다. 우리는 대본을 썼고 서로 아이디어를 모아서 장면을 구성했으며 처음부터 끝까지 스스로 모든 기술 도구들을 개선해 갔다. 우리 모두에게 엄청난 학습 경험이었다.

여러 가지 면에서 나는 '스타워즈 사일로지'가 아이들로 하여금 기술을 이용하는 방법을 배우게 하고 이를 이용해 즐겁고 창의적으로 무엇인가를 만들어 내는 법을 가르쳐 준 이상적 모델이었다고 생각한다. 그 프로젝트는 단지 콘텐츠를 소비하는 데 머무르지 않고 스스로 콘텐츠를 만들고 실험해 본 경험이었다. 이는 통제된 상황 속에서 배우고 탐험하고 어느 정도 위험을 감수하기도 하는 일종의 기회였다.

이스트 앵글리아 대학(East Anglia University) 평생학습교육센터의 선임연구원인 테레사 벨턴(Teresa Belton) 박사는 작가, 예술가, 과학자들을 대상으로 따분하게 빈둥거리는 시간이 그들의 삶에서 갖는 효과를 알아보기 위해 일련의 인터뷰를 진행했다. 벨턴 박사는 아이들이 마음대로 시간을 보낼 수 있는 자유를 얻게 되면 그 시간을 독창적 프로젝트들로 채우면서 창의적 표현을 하는 풍요로운 삶을 이끄는 '내적 자극'을 발달시키게 된다는 걸 발견했다.

아이에게 아이패드를 건네는 것이 반드시 아이들로 하여금 하루 종일 수동적으로 넷플릭스(동영상 사이트)만 보게 만드는 것은 아니다. 아이패드는 텔레비전이 아니다. 아이패드 플랫폼에는 색칠, 그림, 작곡, 독서, 우주 탐험을 위한 앱들이 있어, 따분해 하는 어떤 아이라도 상상력을 불태울 수 있게 만들어 준다. 단지 피아노가 앱의 형태를 띠고 있다고 해서 피아노가 아닌 것은 아니다.

우리 부모님은 자녀들을 믿고 아이들이 자기들 방식으로 스타워즈 프로젝트를 만들도록 해 주었다. 부모님은 우리가 무얼 만들고 있는지 내내 잘 알고 있었으며 나중에 그 결과를 보고 웃음을 터뜨렸다. 우리는 이후에 그 작품을 공개적으로 공유하지도 않았고, 카메라를 망가뜨리지도 않았다. 또한 알투를 연기한 막내는 쓰레기통에 들어가는 고통을 겪었지만 그로 인해 아무런 트라우마도 겪지 않았다고 나는 생각한다. 미안해, 귀염둥이 애리얼.

나는 지금 아빠가 우리에게 기술을 경험할 자유를 준 멋진 분이었다는 것을 알게 됐다.

우리가 자전거 타기를 배울 때 처음에는 부모가 지켜보는 데서 보조바퀴 같은 별도의 안전장치를 달고 탄다. 그러나 마침내 자전거를 잘 타게 되면 보조바퀴는 떼어낸다. 자신감과 능력이 커지게 되면, 부모는 우리가 자전거를 안전하게 탈 것이라고 더 크게 신뢰하게 된다. 더 이상 부모가 계속 지켜볼 필요가 없어지고 따로 허락받지 않고도 자전거로 길 끝까지 가볼 수 있다. 나이가 들면서 더 능숙해지면 자전거를 타고 사탕을 사러 시내에 나가거나 친구 집에 놀러갈 수도 있다. 마침내 부모들은 자녀가 어디를 가더라도 걱정할 필요 없이 자녀의 판단을 신뢰하게 된다. 물론 부모들은 항상 걱정거리를 찾게 돼 있다. 그러나 부모는 적어도 자녀들이 어디에 가 있는지 여가 시간에 무엇을 하는지를 알면 좀 더 마음이 편해지게 마련이다.

이게 바로 기술과 자녀들에 대해서 우리가 생각할 점이다. 우리는 아이들이 좋은 습관을 기르도록 도와줄 필요가 있지만, 또한 자녀에게 위험을 다루고 홀로서는 법을 배울 수 있는 자유를 주어야 한다. 적어도 우리는 자녀들이 온라인에서 무엇을 하는지 알고 있어야 하지만, 무엇을 하는지 아이 어깨 너머로 끊임없이 들여다봐서는 안 된다.

균형을 맞추려면 별도의 노력이 필요하며, 우리는 대화를 통해서 안

전에 가까이 다가가야 한다. 대화는 아이들에게 인터넷에는 그늘진 측면만이 아니라 경이로운 측면도 있다는 걸 알려 주는 것으로 시작될 수 있다. 놀라운 지식, 오락, 도구, 서비스를 제공하는 인터넷을 이용해 흥미롭게 시간을 보내고 거기에 익숙해지는 법은 자녀에게 선사할 수 있는 소중한 선물이다. 그러나 우리 아이들은 인터넷이 위험할 수도 있다는 것 또한 알고 있어야 한다.

온라인에서 사람들은 비열하게 행동하거나 익명 뒤에 숨어서 남을 해코지하기도 한다. 온라인에는 고약한 사이트와 사람들이 있고, 믿을 수 없는 정보도 매우 많다. 우리 아이들은 읽기를 배우는 것과 마찬가지로, 어떻게 온라인에서 좋은 것과 나쁜 것을 구분하는지에 대한 디지털 리터러시(독해능력)를 학습할 필요가 있다. 그리고 그들 자신과 다른 사람들에 대한 콘텐츠를 올리고 공유할 때 무엇이 올바르고 그릇된 것인지도 배워야 한다.

우리가 아이들에게 가르쳐야 할 기술에 대해 충분히 알고 있다면 그들은 오로지 배우기만 하면 된다. 어떤 한 엄마는 내가 보낸 닷컴플리케이티드(DotComplicated) 뉴스레터에서 온라인에서의 사진 포스팅에 대해 자녀들에게 이야기하는 문제를 다룬 글을 보고 개인적 이메일을 보내 고민을 털어놨다. 최근 그녀의 7살 난 딸이 학교에서 돌아와 이렇게 말했다는 것이다. "엄마 우리 반 여자애 한 명이 어떤 일을 했는지 알아?" 자기반 여자 친구 하나가 인스타그램에 자기 알몸 사진을 올렸다는 이야기였다. 게다가 그 아이는 샤워하고 나오는 자기 엄마의 알몸 사진도 올렸다고 했다. (내가 그 아이가 7살이라고 했던가?)

이 엄마는 인스타그램이 무엇인지 알고 있었다. 그녀는 딸을 옆에 앉히고 사진에 대해 "네 친구가 잘했다고 생각하니?"라고 물으며 의미 있는 대화를 했다. 그러고 나서 이 엄마는 문제의 그 여학생 엄마에게 전화를 걸어 무슨 일이 벌어지고 있는지 말해 주었다. 전화를 받은 그 엄마는 인스타그램이 무엇인지도 몰랐고, 무엇보다 알몸 사진이 어떻게 휴대폰에 찍힐 수 있는지를 이해하지 못했다.

자녀들과 기술에 대해서 이야기할 만큼 제대로 알지도 못하면서, 어떻게 아이들이 기술을 안전하게 사용하기를 기대할 수 있겠는가? 우리 모두는 정신없이 바쁘다. 일터에서의 삶과 가정에서의 삶을 영위하느라 모두 지친 상태다. 우리는 가정을 유지해야 하고, 친구관계를 유지해야 하고, 일부 운 좋은 사람들은 여전히 가지고 있는 좋은 몸매까지 잘 지켜야 한다. 이제는 여기에 보태 유지해야 할 영역이 또 하나 있다. 최신 기술과 기기들과 앱들 그리고 우리 아이들이 이용하는 웹사이트에 대한 지식이다.

온라인 행동에 대해서 자녀들과 대화를 통해 정해야 할 중요한 규칙 몇 가지를 아래에 정리해 본다.

1. 자기 몸은 전적으로 자기가 관리해야 한다. 몸을 공개하는 사진을 올리기 전에 깊이 생각하라.
2. 다른 사람을 괴롭혀서는 안 되고, 남을 괴롭히는 사람들과는 어울리지 말라.
3. 현실 세계에서 아는 사람들만 온라인에서 '친구'로 추가하라.
4. 항상 다른 사람들을 존중하라, 그러면 당신도 그들에게 존중받을 것이다.

5. 무엇에 대해서 글을 쓰려고 할 때, 똑같은 내용이 신문에 인쇄되어 실려도 문제가 없을지 확인하라.
6. 온라인에서 누군가에게 말할 때는 실제 생활에서 그 사람 면전에서 말할 수 있는 것에 대해서만 말하라.
7. 당신 자신 혹은 가족에 대한 개인정보는 주의해서 다뤄라. 믿을 수 있는 사람들과만 공유해야 한다.
8. 선량한 유저들을 이용해 먹는 포식자들이나 해커, 온라인 괴롭힘에 대해 경계심을 늦춰서는 안 된다.
9. 무엇보다 자신과 자신의 존엄을 보호하고 안전을 지켜야 한다.

물론 아이들이 익숙해지면 자전거 보조바퀴를 떼어 내는 것처럼 우리는 아이들에게 스스로 인터넷을 탐험할 수 있도록 자유를 허락하고 자신감을 심어 주어야 한다. 우리가 자녀들을 대상으로 올바른 일만을 하도록 프로그램을 만들어 실행시킬 수는 없다. 아이들은 성인으로 성장함에 따라 무엇이 올바른 일인지를 학습해야 한다. 대화는 일방적이어서는 안 된다. 우리는 오프라인에서처럼 자녀들의 온라인 생활에 개입하고 참여하면서 안전에 대해 자녀들과 지속적인 대화를 할 필요가 있다. 그러나 또한 아이들이 실수를 통해 깨달음을 얻을 수 있게 하려면 그들 스스로 인터넷을 탐험할 수 있도록 믿음을 가지고 지켜보아야 한다.

그래서 아이가 처음 온라인 정체성을 만들기 시작할 때는 거실 같은 가족 모두의 공간에 있는 가족 공용 컴퓨터에서 온라인에 접속하도록 하는 것에서 출발해야 한다. 이는 부모가 출발부터 모든 것을 계속 지켜보도록 해 준다. 또한 이는 아들 어셔가 내 아이패드를 가지고 도망치도록 내가 놔두지 않는 이유이기도 하다. 나는 아들이 아이패드를 갖고 노는 게 싫지 않지만 그러다가 아들에게 문제가 생기면 내가 도울 수 있도록 옆에 있어야 한다고 생각하기 때문이다. (물론 내 아들은 아직 너무 어려서 아이패드를 사용하다가는 아마 떨어뜨려서 고장을 내고 말 것이다.)

아이들이 자라면서 아이들 방에 노트북을 놔 주거나, 휴대폰을 사 주거나, 전자책이나 아이패드 같은 와이파이 접속기기 사용을 허용하는 등, 아이들이 온라인에서 감독을 받지 않는 특권을 점점 더 늘려나갈 수 있도록 해야 한다. 컴퓨터와 다른 기기들을 한데 모아 놓거나 밤 늦은 시간에는 집안의 특정 장소에서 와이파이를 비활성화시켜 두는 방법이 있다. 아이들의 노트북, 태블릿피시, 전화기를 모니터링하는 소프트웨어를 설치하는 것도 좋다. 기술은 아주 빠르게 진화하기 때문에 내가 여기서 언급한 어떤 앱들은 이 책이 출간될 때쯤에는 이미 구식이 되어 버릴 수 있다. 그래서 나는 이런 주제들에 대해 알아볼 수 있는 웹사이트를 찾아보기를 권장한다. 또는 당신이 최신의 기술적 혁신을 따라잡는 데 관심이 있다면, 언제라도 우리 뉴스레터 수신을 신청할 수 있다.*

그래도 가장 중요한 것은 자녀들을 신뢰하면서 기르고 교육하는 것이다. 자녀들이 인터넷에 자유롭게 접근할 수 있을 때까지 충분히 준비되도록 해야 한다. 부모들을 대신해서 좋은 판단력을 가르칠 수 있

* dotcomplicated.com에서 뉴스레터 신청이 가능하다.

는 앱은 존재하지 않는다.

미국에서는 「아동온라인개인정보보호법(COPPA)」에 따라 아이들은 만으로 13세가 넘어야 소셜 미디어 사이트 이용이 가능하다. 하지만 이런 법이 있다고 해서 일부 아이들이 13살 생일 이전에 소셜 미디어 계정을 만들기 위해 다른 방법을 찾거나 나이를 속이는 걸 막을 도리는 없다. 그러나 미국 정부와 이들 사이트가 소셜 미디어 계정을 갖기에 적합한 나이를 13살(한국 나이로 15살)로 권장한 의미는 분명히 고려해야 할 사항이다.

자녀를 안전하게 보호하는 또 다른 방법은 모르는 상대와 상호작용하는 웹사이트에서 보내는 시간을 제한하는 것이다. 우리는 아이들이 온라인에서 진짜 정체성을 사용하는 데 따른 장점을 일찌감치 배우게 할 필요가 있다.

상대를 못살게 구는 게 인간 본성의 일면이고 늘 있어 왔던 일이지만, 인터넷에서는 한층 심각한 문제가 된다. 사람들이 익명의 그늘에 숨을 수 있기 때문이다. 실명을 사용하는 대신 'bumblebee57' 같은 아이디를 사용하고 아무도 당신이 실제 누구인지 모르거나 짐작할 수 없다면 비열해지기도 그만큼 쉽다. 또한 무엇인가를 입력하고 '엔터' 키를 누르기가 너무 간단하다는 것도 사용자를 쉽게 비열해지게 만드는 이유다. 당신은 다른 사람, 특히 그가 낯선 사람일 경우 그에 대해 말하는 게 가져올 효과에 대해 곰곰이 생각하고 신경 쓸 필요가 없다. 사람들은 자신이 무언가 비열한 내용을 올렸을 때 그걸 읽고 있는 사람들이 있다는 사실을 곧잘 잊어버린다. 이처럼 익명화되고 수동적이면서 공격적인 디지털 세상에서는 타인의 존재를 잊어버리기가 아주 쉽다.

최근 나는 인기 여배우의 블로그를 관리하는 친구를 만나 식사를 했다. 그녀는 그 여배우가 "오늘은 트위터를 안 할래, 사람들이 '나가 죽어라'라고 말하는 걸 보고 싶지 않아"라고 말한 이야기를 들려주었다.

이게 바로 내가 사람들이 온라인에서 실명과 진실한 정체성을 사용해야 한다고 주장하는 이유다. 이는 우리가 페이스북에서 일찌감치 결정한 것이기도 하다. 우리는 사람들이 실명을 사용하면 말하는 내용에 정체성이 붙어 따라다니기 때문에 끔찍한 내용을 훨씬 덜 쓰게 된다는 것을 진작 알아챘다. 사용자들은 자기들이 내뱉은 지저분한 말들에서 숨을 수 없기 때문에, 글을 쓰고 포스팅하기 전에 훨씬 많은 생각을 하게 되었다.

인터넷 시대를 사는 모든 가족들에게 알려 주고 싶은 것은 다음과 같다. 자녀들과 안전에 대해 대화할 때, 온라인에서 안전하게 지내려면 무엇보다 진실된 정체성의 중요성에 대해 이야기해야 한다는 것이다. 우리가 상호작용할 수 있는 네트워크와 서비스에 우리 자신으로 참여할 때 우리는 인터넷의 어두운 측면에서 멀리 떨어져 낮의 밝은 빛 속에서 활동할 수 있게 될 것이다.

물론 모든 규칙에는 항상 예외가 있다. 온라인에서 당신 자신을 드러낼 때, 당신은 오프라인에서 시작된 욕설과 괴롭힘을 온라인에서까지 따라다니도록 불러들이는 것이 될 수 있다. 반대의 경우도 마찬가지다. 이제 우리 모두는 하나의 통합된 정체성을 갖고 있기 때문에 단단히 작정한 사이버 괴롭힘에서 잠시라도 도망칠 수는 없게 되었다. 그리고 어떤 의미에서 디지털 시대에 공유라는 것은 우리가 삶의 모든 순간에 대해 실시간으로 다른 사람들의 평가를 받게 된다는 것을 의미한다. 나는 나 자신에 대해 잔인할 정도로 정직한 평가를 듣고 싶을 때는 가장 친한 친구 몇 명에게만 의지한다. 사실 인터넷에서는 모든 사람에게서 나에 대한 평가를 받는다. 하지만 집으로 돌아가서는 언제나 호된 비판을 받지 않기를 너무나도 간절히 바란다. 가족에게는 더 따뜻한 돌봄과 지원, 긍정적 반응을 받기를 기대하는 것이다.

우리가 이를 다루는 방법은 여러 가지다. 그중 하나는 우리 아이들에게 자기가 존중받고 싶은 만큼 온라인에서 다른 사람들도 존중하라고 가르치는 것이다. 우리 몫을 제대로 감당하면, 우리는 인터넷을 모든 사람들에게 더 나은 곳이 되도록 만들 수 있다. 그리고 모두가 알고 있듯이 좋은 행동은 전염성이 있다.

캘리포니아 힐스버러(Hillsborough)에 사는 대니얼 퀴(Daniel Qui)는 고등학교 축구팀의 1학년생 골키퍼였다. 대니얼이 상대팀의 결승골을 막아 내는 데 실패하자, 몇몇 학생들이 '사상 최악의 골키퍼'라는 설명을 달아 페이스북에 그의 사진을 올리기 시작했다. 대니얼은 당황스럽고 수치스러워서 학교에 가기 싫었다. 그러나 그때 대니얼의 친구들과 지지자들이 모였다. 몇몇 학생들은 대니얼과의 연대감을 보여주기 위한 방법으로 자신들의 페이스북 프로필 사진을 대니얼의 사진으로 바꾸기 시작했다. 수백 명의 학생들이 이런 방식으로 응원을 표시했다.

이튿날 대니얼은 등교했고, 더 이상 사이버 괴롭힘을 두려워하지 않게 되었다. 온라인에서 자신의 모습 그대로라는 것은 나쁜 상황에 처했을 때 친구들이 내 편에 있다는 뜻이 된다.

가정에서 기술과 삶의 균형을 이루기 위한 실천 방법

'일, 잠, 가족, 친구, 운동' 중에서 세 가지만 고를 것

종종 업무 요청은 자녀들의 요구보다 우선권을 갖는다. 때때로 가족의 요구는 친구들에게 할애할 시간을 허용하지 않는다. 친구들을 만나다 보면 운동할 짬을 낼 수 없다. 자책할 필요는 전혀 없다. 날마다 중요한 몇 가지 일에만 집중하라. 인생이 아름다운 이유는 매일 아침이 신선하고 새로운 출발점이기 때문이다. 따라서 우선순위는 날마다 바뀔 수 있다. 우리는 날마다 모든 일을 다 잘할 수는 없다. 결국 균형을 잘 유지하는 한, 문제될 것은 없다.

좋은 디지털 습관은 가정에서 시작된다

아이들은 부모의 행동을 따라 하게 마련이다. 자녀에게 좋은 디지털 습관을 길러 주려면, 부모가 먼저 본을 보여야 한다. 식탁에서 팔을 괴는 게 무례한 행동이라면 이제는 휴대폰에도 규칙이 적용되어야 한다. 운전하면서 문자메시지를 주고받는 것을 아이들이 보게 된다면 그들도 커서 똑같이 되기 쉽다. 기술은 자녀들 삶의 일부분이 될 것이고, 아이들이 어떻게 자신의 삶을 살지 가르치는 것은 부모의 몫이다.

아이들이 기술을 갖고 시험해 보고 있으면 당신도 자녀들과 함께 주저하지 말고 실험해 보라. 웹에 접속해서 자녀들이 이용하는 새로운 사이트를 알아보라. 실험을 자녀와 함께하라. 최신 기술에 대해 충분한 지식을 학습하는 것은 자녀들이 무엇을 하는지 당신이 알 수 있게 해 주고 어려움에서 자녀를 보호할 수 있도록 도와준다.

아이패드는 아이돌보미가 아니다

기술은 아이들을 즐겁게 하거나 교육하기도 하고 지루하게 하거나 깜짝 놀라게 할 수도 있다. 그러나 사람이 정성스런 상호작용으로 베푸는 혜택은 기술이 절대 대신할 수 없다. 좋은 일을 위해 활용될 수 있는 도구이지만, 필요하지 않을 때는 옆으로 치워 놓아라. 당신이 자녀를 돌보지 않는다면 다른 누군가가 아이를 돌봐야 한다. 인터넷이 당신 대신 아이를 돌봐줄 수 있을 거라고 생각하지 말라.

디지털 정체성은 출생 전부터 시작된다

더 이상 디지털 정체성은 태어나면서부터 시작되는 게 아니다. 아이들이 태어나기도 전에 초음파 사진이 온라인에 포스팅되어 있을 수 있다. 가능한 한 일찍부터 선제적으로 당신 아이의 디지털 정체성을 보호해야 한다는 점을 명심하라. 자녀를 위해 이메일 주소를 등록하고 닷컴(.com) 도메인을 확보하라. 적어도 아이 이름을 선택하기 전에 구글에서 아이 이름을 검색해 보라. 독특한 이름보다 일반적이고 대중적인 이름이 구글에서 덜 노출될 것이다. 그러나 이런 절차에 너무 흥분할 필요는 없다. 아이들에게 필요한 것은 사랑이지 검색엔진 최적화(SEO)가 아니다.

온라인에서 안전하려면 진실하라

온라인 안전은 특정한 필터 하나를 설정한다고 해서 끝나는 게 아니다. 그것은 상당한 시간이 걸리는 대화를 거쳐야 한다. 아이들에게 문제가 생겼을 때는 부모에게 상의하러 올 수 있는 자율권이 있다고 느끼게 해야 하고, 항상 감시받는다는 느낌 때문에 의기소침해하지 않도록 해야 한다. 거실 같은 공용공간에 가족 컴퓨터를 설치하거나, 방문하기에 적절한 사이트 목록을 유지 · 관리하는 노력은 가족들을 온라인에서 안전하게 지켜 줄 수 있을 것이다. 자녀가 익명의 상대와 소통하는 사이트에 접속하는 시간을 제한하면 자녀가 온라인 괴롭힘에 덜 노출되도록 할 수 있다.

결국, 인터넷은 컴퓨터가 아닌 사람들의 그물이고, 이를 안전하게 유지하는 것은 우리에게 달려 있다.

부모들의 통제와 프라이버시 설정이라는 일련의 도구들도 온라인에서 우리 아이들을 안전하게 보호하는 데 아주 중요한 역할을 할 수 있다. 대부분의 사이트에서는 프라이버시 설정이 가능한데, 그 사용법에 익숙해져서 아이들이 적절하게 사용할 수 있도록 돕는 것은 부모의 당연한 책무다. 웹브라우저에서 부모를 위한 설정을 사용하는 것이나 당신 자녀들이 방문할 수 있는 사이트를 제한하도록 설정하는 것을 겁내지 말라. 결국 여전히 당신의 컴퓨터다. 자녀가 방문해도 괜찮은 웹사이트 목록이나 최소한 방문해서는 안 될 사이트의 목록을 만드는 걸 어렵게 여겨서는 안 된다.

만약 자녀들이 위기관리 수준을 넘어 최대한의 혜택을 얻기 원한다면, 통제뿐만 아니라 위험까지 감수해야 한다. 인터넷 서핑에 대한 기본적 태도는 개방성을 지향해야 한다.

동시에 당신은 최신 유행과 트렌드에 대해 누구 못지않게 잘 알고 있어야 한다. 그래야 아이들을 위해 무엇이 안전한지 제대로 식견 있는 선택을 할 수 있기 때문이다. 부모로서 당신은 무슨 일이 일어나고 있는지 알아야 할 책임이 있다. 자녀와 터놓고 대화를 유지해야 하고, 주기적으로 기술 블로그를 읽고, 자녀의 인터넷 이용기록을 점검하고, 다른 부모들과 정보를 공유해야 한다. 당신이 아무것도 모르는 사이에 자녀들이 하고 싶은 것을 마음대로 하도록 방치해서는 안 된다. 그리고 요즘 아이들이 거의 대부분 사용하는 새로운 웹사이트나 앱이 갑자기 등장하면, 사용을 허가하기 전에 어떻게 안전하고 현명하게 쓸지에 대해서 자녀와 대화를 나눠라.

자녀에게 사주는 휴대전화나 컴퓨터가 더 이상 사치품은 아니다. 오히려 필수품이다. 많은 사람들이 아이한테 언제 휴대전화를 사주는 게 좋을지 묻는다. 나는 항상 초등학교 2학년 전후가 이상적인 때라고 대답한다. 일단 당신이 사용을 허용하면 이후 아이가 방과후 활동이나 혼자서 시간을 보낼 때 안전을 보장하는 도구가 되어 당신과 자녀 모두에게 꼭 필요한 물건이 된다.

자녀들에게 온라인에서 프라이버시 환경을 효과적으로 설정하는 방법과 신고 기능을 사용하도록 가르치는 것도 매우 중요하다. 그래야 아이들이 온라인에서 문제에 부딪히더라도 관리자나 다른 신뢰할 수 있는 책임자들에게 도움을 요청할 수 있게 된다. 우리는 오프라인에서와 마찬가지로 온라인에서도 콘텐츠를 제대로 된 사람들하고만 공유하고 낯선 사람들과는 공유하지 않는 방법을 자녀에게 알려주고 싶어한다. 물론, 진실한 정체성의 가치를 이해하고 이러한 개념에 기반한 서비스를 주로 사용한다면 위와 같은 문제를 상당 부분 제거할 수 있다.

또한 자녀들 특히 10대들에게는 칭찬을 해 줄 필요가 있고 기술에 대한 부모의 불안을 아이들에게 투사해서는 안 된다. 페이스북 시절 접촉한 많은 표적 집단을 통해 우리는 10대들이 성인들이 생각하는 것보다 프라이버시 설정을 활용하는 데 있어 실제로 상당히 요령이 있다는 걸 알게 되었다. 프라이버시 관리 업체인 트러스티(TRUSTe)가 최근 수행한 연구결과를 보면 10대의 약 70%가 소셜 네트워크 사이트에서 프라이버시 설정을 어떻게 해야 하는지 알고 있는 것으로 나타났다. 이는 부모들에 비해 훨씬 높은 비율이다.

결국 가장 중요한 것은 온라인에서 아이를 양육하는 것도 실제로 아이를 기르는 일이고, 한때의 과정이라는 것이다. 모든 문제에 통용되는 하나의 공식이나 정답이 있는 게 아니다. 그러나 기술이 우리 아이들과 가족의 삶에 끼치는 위험, 보상, 과제들에 대해 학습하는 것은 자녀들이 디지털 시대에서 살아갈 수 있도록 준비시켜 주는 과정이 될 것이다.

인터넷은 아이들에게 매우 소중한 곳이 될 수 있다. 두려운 곳으로 만들어서는 안 된다. 또한 우리는 아이들을 오프라인에만 머무르게 해서도 안 된다. 자녀들과 온라인에서의 안전에 대해 대화를 시작하고 앞으로 계속해서 소통을 이어가는 것을 잊지 말라. 당신이 찾고자 한다면 어디에서나 어두운 면은 항상 발견할 수 있을 것이다. 그러나 밝은 쪽에 초점을 두는 편이 낫다는 것을 기억하자.

제 8 장

일의 세계와 인터넷 공간: 진실한 나를 지키며 사는 법

• • •

온라인에서 진실한 정체성을 유지하며 살아가려면
우리의 직업 생활은 어느 정도 상식적이어야 하고,
약간의 위험 요소와 프라이버시를 통제할 수 있는
능숙한 기술을 지녀야 한다. 소셜 미디어가 우리 모두를
일정 정도 유명인으로 만들고 있으므로, 우리는 스스로
자신의 홍보담당자가 되어야 한다.

• • •

스위스 다보스(Davos)의 금요일 밤은 온몸이 얼어붙을 것처럼 추웠다. 힘들여 어그 부츠를 벗고 또 다른 금속탐지기를 통과하느라 애를 썼다. 나는 잠깐 투덜거리면서 캘리포니아로 돌아가 브렌트와 함께 있었으면 하고 바랐다. '그래도 참아야지'라고 마음을 다잡았다. 집을 떠나 멀리 왔지만, 이번 일은 포기할 수 있는 차원의 일이 아니었다.

2010년 1월 나는 다보스에서 열리는 세계경제포럼(World Economic Forum)에 페이스북 대표로 초청받았다. 세계경제포럼은 세계에서 가장 긴급한 문제들에 대해 혁신적 해결책을 논의하기 위해 각 국가 정상, 최고경영자, 유명인사, 학자, 언론 들이 모이는 연례행사다.

포럼은 금요일 밤에 유대교 안식일을 시작하는 전통음식으로 안식일 만찬을 베풀었다. 나는 나의 전통적 유산이 몹시 자랑스러웠고 초대된 것 또한 매우 영광스러웠다. 게다가 나는 마침내 엄마에게 안식일을 지키는 곳을 찾아냈다고 말할 수 있게 되었다.

만찬은 컨퍼런스센터 바로 바깥에 있는 호텔의 작은 연회장에서 개최되었다. 들어가서 주변을 둘러보자마자 나는 바로 움츠러들었다. 내 주변에 둘러 서 있는 사람들은 유대인 세계에서 엄청나게 유명하고 중요한 인사들이었다. 홀로코스트 생존자이자 인도주의적 작가인 엘리 비젤(Eli Wiesel)이 그 자리에 있었고, 노벨 평화상을 받은 이스라엘 대통령 시몬 페레스(Shimon Peres)가 옆에 있었다. 에스티로더 가문의 게리 로더와 로라 로더(Gary and Laura Lauder) 부부, 모스크바의 랍비 수장, 미국 국무부 차관 등이 한자리에 있었다. 그날 밤 방에 모인 인사들의 면면은 정신을 혼미하게 만들 정도였다.

나는 살짝 긴장했지만 이내 평온을 되찾았다. 대단한 인사들이 한자리에 둘러 앉아 있었지만 이날 만찬은 친밀하고 소박하며, 환영 분위기의 의례적인 안식일 저녁식사였다.

내가 미국 연방통신위원회(FCC) 의장이자 네트워크 중립성 촉구를 주도하고 있는 줄리어스 게나초스키(Julius Genachowski) 옆에 앉아서 동석한 다른 저명인사들과 인사를 나누고 있을 때 누군가 내 어깨를 두드렸다. 돌아보니 이스라엘 IT산업의 대부인 요시 바르디(Yossi Vardi)였다.

"랜디." 요시가 말했다. "보통 엘리 비젤이 안식일 저녁에 개회 찬송을 불렀는데, 오늘 밤 몸이 안 좋아서 못하겠다네?"

'아, 그래요? ……'

요시가 말을 이어갔다. "그래서 말인데 랜디 당신이 우리를 위해서 '황금의 예루살렘(Yerushalayim Shel Zahav)'을 불러주지 않을래요?"

나는 방금 요시가 한 말을 이해하기 위해 잠시 멈칫했다. '황금의 예루살렘'은 이스라엘의 아름다움을 노래하는 대표적인 유대 민요다. 나는 고교 시절 엘리 비젤이 아우슈비츠에서 살아남은 이야기를 쓴 『나이트(Night)』를 읽으며 눈물 흘렸던 시절을 떠올렸다. 나는 한 번도 내가 엘리 비젤 대신 노래를 부르기는커녕, 그런 사람을 만나게 되리라는 생각도 하지 못했다. 그리고 젊은 유대계 여성으로서 이스라엘 대통령 앞에 서서 이스라엘에 대해 노래를 부른다는 것은 엄청난 영예였다.

"네." 나는 자신 있게 대답했다. "영광입니다." 잠시 후 실은 내가 가사를 제대로 모른다는 데 생각이 미치자, 자신감은 공포로 바뀌었다. 그러나 크게 문제될 것은 없었다.

브렌트에게 전화를 걸었다. 남편은 깊은 잠에서 깨어 비몽사몽 상태로 전화를 받았다. 캘리포니아는 한밤중이었다. "브렌트! '황금의 예루살렘' 노래 가사를 문자로 빨리 보내줘요. 길게 설명할 시간 없어."

몇 분 안에 가사가 내 블랙베리폰에 도착했다. 얼른 몸을 돌려 옆에 앉아 있는 미국 연방통신위원회 의장에게 카메라를 건네면서 말했다. "녹화 부탁드려요. 안 그러면 엄마가 정말 실망하실 거에요."

잠시 후에 페레스 대통령이 나를 소개했다.

"샌프란시스코에는 마크 저커버그라는 유대계 청년이 있습니다. 그 친구는 페이스북이라는 회사를 경영하고 있는데, 아무리 적게 잡아도 내 생각에 현재 1억 달러 가치가 있습니다. 오늘 밤 그의 누이가 여기에 와 있습니다. 페이스북을 하러 온 건 아니고, 노래를 할 겁니다. 우리를 위해 그녀가 노래를 부르겠습니다."

나는 내가 그 자리에 있게 되어서 얼마나 영광인지에 대해 횡설수설해댔고, 내 블랙베리폰의 가사를 내려다보면서 멋진 남편이 있어 얼마나 다행스러운가를 생각하며 미소 지었다. 심호흡을 하고 노래를 부르기 시작했다.

노래를 마치면서 실내를 둘러보았다. 돕스 페리로 가는 길 내내 엄마가 자랑스러워하며 기뻐하는 소리가 들리는 듯했다.

반쯤은 흥분되고 반쯤은 긴장해서 떨면서 내 자리로 돌아왔다. 잠시 뒤 테이블 동석자들에게 양해를 구하고 빠져나와 브렌트에게 전화를 걸었다. 이내 눈물이 쏟아졌다. 이스라엘 국가 건설을 가능하게 만든 사람들 앞에 서서, 그리고 3세대가 지난 뒤 그때의 사람들이 있는 가운데 이스라엘에 대해 노래하면서 내가 느낀 것을 말로는 표현할 길이 없다.

그날 밤 늦게 페이스북에 그 동영상을 올리며, (비디오 녹화는 물론 게나초스키 의장이 했다.) 젊은 유대계 여성으로서 이번 일이 내 인생에서 가장 뜻 깊은 일의 하나라는 메모를 달았다. 내 인생의 소중한 순간이었고, 나는 이를 공유하고 싶었다.

몇 분 만에, 개인적으로 또 공개적으로 수많은 댓글과 메시지가 쏟아져 들어왔다. 그 순간 자신들도 깊이 감동받았다고 말하는 사람들의 메시지도 받았다. 어떤 사람들은 자신들의 고유한 안식일 문화를 공유했다. 일부는 나에게 어떠한 유대교적 전통이 있는지, 또 그로 인해 자신들과 교유하는 데 있어 어려움을 겪었는지 같은 개인적 질문들을 해왔다. 내가 만찬장에서 기꺼이 앞으로 나가 내 민족의 문화와 유산을 자랑스럽게 찬양한 일이 얼마나 감동적이었는지에 대해 내가 이전에 한 번도 만나지 못한 사람들이 댓글을 달았다.

나는 받은 메시지들에 깊이 감사했다. 그동안 친구나 가족이라는 공동체에서는 거의 느껴 보지 못한 거대한 규모의 커뮤니티에 연결되었다는 느낌을 받았다. 따뜻함과 애정이었다.

불행하게도 아주 다른 종류의 반응도 일부 있었다. 존경하는 친구와 멘토들에게서 내가 그렇게 행동하지 않았어야 했다고 지적하는 다수의 개인적 메시지를 받았다. 자신을 그런 방식으로 무리하게 내몰고, 공개적 자리에서 노래를 부르는 것은 전문적으로 여겨지지 않고 특히 여성 경영자로서 적절한 처신이 아니라는 지적이었다. 그리고 이스라엘이나 종교처럼 예민한 주제에 대해 노래한다는 것은 매우 위태로운 일이라는 지적이었다.

당시 나는 변명할 필요가 없다고 생각했는데, 나중에 정말 내가 잘못한 것인지를 오랜 시간을 고민하며 궁금해했다. 어느 면에서 나는 유대 유산이 자랑스럽다. 내가 누구인지에 관한 본질적 부분이기도 하다. 그러나 나는 페이스북을 대표해서 다보스에 간 것이었다. 만약 내가 노래 부르는 것이 회사나 나를 형편없이 보이게 만들었다면, 그것은 잘못일 것이다.

또한 내가 노래를 부른 게 단지 일부 사람들에게 눈살을 찌푸리게 하는 것만이 아닌 것 같다는 느낌이 들었다. 어떤 사람들은 왜 내가 그 장면을 녹화하고 온라인에 공개했는지에 대해 의아해했다. 만약 내가 나 혼자만 간직하고 있었다면 노래를 부른 것은 아무 문제가 안 된다는 말인가?

나는 갈등을 겪었다. 그 순간은 내 인생에서 가장 소중한 순간의 하나였고 페이스북 프로필은 내가 누구인지를 반영하는 것이다. 어떻게 그 동영상을 올리지 않을 수 있겠는가? 그렇다면 어떤 일들은 인터넷 세상에서 전적으로 잘못이라는 말인가?

2011년 나는 어셔를 임신한 채 다시 다보스에 갔다. 컨퍼런스를 앞둔 여러 달 동안 나는 다시 노래를 불러달라는 요청을 받기를 기대하는 한편 그 경우 내가 뭐라고 답해야 할지 신경 쓰느라 괴로웠다. 내가 간절히 바랐던 대로 노래 불러달라는 요청이 왔을 때 나는 그 전 해에 내가 받았던 수많은 댓글들을 떠올리고 임신을 핑계로 거절했다. 요청한 쪽은 매우 너그럽게 오히려 나에 대해서 걱정을 해 주었다. 그러나 나는 내가 전문가로서 나의 정체성을 위해 내 진실한 자아를 타협하게 만든 것 같은 공허함과 슬픔을 느꼈다.

그때 나는 온라인과 오프라인에서, 사적 영역과 공적 영역에서, 모두 나 자신에게 진실하기로 결심했다. 그것은 '전문가적'이라는 말에 대한 선입견과 태도에 변화를 요구하겠지만 그래도 우리 모두가 반드시 해야 하는 일이다. 왜냐하면 그때가 바로 당신의 마음을 큰소리로 노래하는 때이기 때문이다.

| 직업인으로서의 나, 엄마로서의 나, 친구로서의 나 ……

이 개념은 내가 어셔를 임신했을 때부터 시험대에 올랐다. 나는 아이가 태어나더라도 페이스북에서 흔히 보는 '엄마들'처럼은 절대로 되지 않으리라고 여러 차례 다짐했지만, 이내 다짐을 깨고 '전형적인 페이스북의 아기엄마'가 되어 새로 태어난 아기의 매 순간을 기록하고 포스팅하는 범행에 가담하게 되었다. '첫 번째 하품? 엄청 귀여움.' 페이스북에 올렸다. '첫 번째 딸꾹질?' 올려서 친구들 모두가 볼 수 있게 했다. '첫 번째 토함?' 이것도 공유했다. '요람에서의 낮잠?' '유모차에서의 낮잠?' '공원에서의 낮잠?' 오마이갓, 진짜진짜 귀요미! 하루에 아기 사진을 100번이라도 보고 싶지 않은 사람이 어디 있겠어?

얼마 지나지 않아 나는 알게 되었다.

내 주변에는 꽤나 솔직한 동료들이 있는데, 그중 한 사람이 어느 날 내게 전화를 걸어 단도직입적으로 말했다. "랜디, 어셔는 정말 귀여워, 하지만 너무 지나친 것 같아. 사진을 너무 많이 올리고 있어. 당신은 그 못지않게 전문가로서의 평판 유지에 신경을 써야 해. 정말로 매 순간 엄마로서 느끼는 감정을 모조리 페이스북에 올릴 작정이야?" 우리는 함께 웃음을 터뜨렸고 통화는 금세 끝났다. 그러나 전화를 끊고 나서, 내게는 다시 공포감이 엄습했다.

아기 사진들을 올리면서 나는 인생에서 내 모습에 진실하고자 했다. 그 시절 나는 어셔에 전적으로 빠져 있었고, 페이스북 타임라인이 이를 반영하는 것이 불합리하다고 생각하지 않았다. 온라인에서 나는 전적으로 솔직하게 행동했으며, 한때 내가 진실하고자 했던 것보다 훨씬 더 진실했다.

내 아들 사진을 올리는 게 내가 가진 전문가로서의 명성을 위태롭게 하는 것일까? 또 페이스북 친구목록에 있는 동료들과 사업 파트너들이 나를 보는 관점에 나쁜 영향을 끼칠까? 아니면 나의 온라인 프로필에는 업무가 아닌 내 인생은 아주 살짝만 드러나야 할 뿐이고 직업인으로서의 모습만 보여 주는 무미건조한 내용이어야 했을까? 그리고 이런 문제에 대한 해결책이 덜 공유하는 것이라면, 이는 내가 온라인에서 솔직하기를 그만두거나 덜 솔직하기 위해 노력해야 한다는 의미일까? 덜 솔직해야 한다면 얼마나일까? 25% 적게? 아니면 50%?

며칠 동안 고민한 끝에 결론적으로 나는 온라인에서 나의 개인적 삶과 직업인으로서의 생활을 혼합하는 게 문제없다고 결론을 내렸다. 온라인에서 완전히 전문적이고 일차원적인 브랜드를 만들어야 한다고 생각하는 사람들은 전적으로 오해에 빠져 있다고 확신한다.

내 말을 끝까지 들어 달라.

오늘날 나와 함께 일하는 사람들이나 사업을 진행하는 사람들은 엔터테인먼트와 기술 산업의 미래에 관한 나의 뉴스레터를 받아 읽게 되고, 저커버그미디어 스튜디오에서 최근에 찍은 무대 뒤의 사진들을 보고 내가 매주 하고 있는 다양한 언론 인터뷰와 기사들을 만나게 된다. 한편 내가 아이를 사랑하고 그 사진을 올리기 좋아한다는 것도 안다. 내가 여행을 좋아한다는 것도 알게 된다. 그들은 내가 에바네센스 에센스(Evanescence Essence)의 탁월한 계승자를 자처하는 피드밴드(Feedband)라는 모창밴드의 보컬이라는 것도 알게 될 것이다.

이전의 내가 직장에서는 회사원 랜디, 집에서는 엄마 랜디, 친구들 사이에서는 사교적인 랜디였다면, 이제 나는 이 모든 것들이 합쳐진 랜디가 되었다. 스마트폰과 소셜 미디어, 진실된 정체성의 시대에 우리는 개인적 정체성과 직업적 정체성을 분리하는 것이 더 이상 가능하지 않다. 업무용 자아를 위해서 링크트인(LinkedIn)을, 사회적 자아를 위해서 페이스북을, 그리고 엄마로서 카페맘(CafeMom)*을 사용하는

* 미국에서 인기 높은 엄마들의 소셜 네트워킹 사이트

것이 전혀 문제되지 않는다. 만약 누군가 이러한 나의 정체성들 가운데 하나를 추적하고자 한다면, 아주 간단한 구글검색만으로도 모든 게 드러날 수 있다.

지금 직장에는 정체성에 대해서 정반대되는 생각을 지닌 두 세대가 상존한다. 스마트폰 이전 시기에 직장생활을 시작한 임원급들은 자신의 개인적 페르소나와 겹치지 않는, 「포브스」에 실린 프로필 같은 분리된 직업적 페르소나를 지니는 것을 당연하게 여긴다. 그러나 소셜네트워크 세상에 익숙한 우리 세대는 더 이상 그런 사치를 누릴 수 없다는 것을 알고 있다. 우리는 미래의 뛰어난 사업가들은 입체적인 인격을 보유하고 인생과 흥미, 취미, 그리고 업무 이외의 열정이 기록되고 노출되는 삶을 살 것이라는 것을 알고 있다.

편협하고 대표성이 없는 직업적 자아를 동료들 앞에서 유지하기 위해서 노력하는 대신에, 뛰어난 미래 지도자들은 입체적인 정체성을 지니고, 개인적 · 직업적 정체성을 이음새 없이 결합시킬 것이다.

내 동료나 업무상 알게 된 사람들, 또는 온라인상의 지인들이 단지 직업인 랜디 이상을 알게 되었다고 해서 나를 평가절하할 것인가? 아니길 바란다. 우리는 다양한 차원을 지닌 다면적인 사람들이고, 우리 모두는 개인적 정체성과 직업적 정체성을 융합시켜야 하는 똑같은 과제에 직면해 있다. 우리는 우리의 직업 이상의 존재다. 노동자 또는 기업 임원이라는 신분으로만 규정될 수는 없다. 우리는 엄마, 아빠, 누이, 형제, 친구, 배우자, 가수, 시인, 정치인, 식도락가, 스포츠팬이면서 동시에 이 모두이기도 하다. 항상 그래 왔다. 이것이 바로 우리를 놀라운 존재로 만드는 이유이기도 하다.

그래서 우리는 이를 포용해야 한다. 해결책은 아기 사진을 덜 올리는 게 아니고, 더 많이 올리는 것이다. 내가 사진을 덜 올려야 한다는 게 아니라, 다른 사람들이 더 많이 올려야 한다는 말이다.

만약 내가 아들 사진이나 음악밴드 사진을 올렸기 때문에 나와는 비즈니스를 하고 싶어하지 않는 사람이 있다면, 나 또한 그런 사람과는 함께하고 싶지 않다.

인터넷 시대에 전문직업인이 된다는 것의 의미를 바꾸고 이미 분명해진 것은 인정하자. 당신의 개인적 정체성을 비밀로 유지하고 업무와는 분리해서 지킬 수 있던 시절은 이미 상당히 멀리 지나가 버렸다.

이는 좋은 일이다. 있는 그대로의 내 모습을 선택함으로써 나는 마음을 터놓고 지내는 것에 대한 동료들의 우려를 불식시킬 수 있다. 이 점이 나를 덜 유능한 관리자나 파트너로 만들 아무런 이유도 없다. 오히려 온라인에서 진실한 나의 자아는 업무에서 나를 더 나은 리더가 될 수 있도록 해 줄 것이다.

연구결과는 페이스북에서 동료들과 개인적 내용들을 공유하지 않는 사람들이 직장에서 기꺼이 개인적인 내용을 공유하는 사람들에 비해서 호감도가 떨어진다는 것을 보여준다. 펜실베이니아 대학 와튼 경영대학원(Wharton School)의 연구진이 공개한 백서에 따르면, 정보 교환은 사람들로 하여금 상호간에 강한 유대를 형성하게 만들어, 직장 동료나 상사와 개인적 정보를 공유하고, 끊임없이 온라인과 오프라인 생활을 혼합시키는 사람들이 동료들에게 훨씬 좋은 평가를 받는다는 것이다. 사람들은 자신이 관계를 맺을 수 있는 사람과 함께 일하고 싶어한다.

물론 링크트인 같은 전문적인 업무용 소셜 미디어 사이트들도 있다.

개인적으로 링크트인을 매우 좋아하며 놀라울 정도로 강력한 플랫폼이라고 여긴다. 그러나 링크트인이 내가 누군인지 즉, 전방위적인 랜디의 완벽한 모습을 정확하게 포착해 내기 전까지는 그것은 나의 영혼과 살아 있는 피가 담기지 않은 나의 부분적인 온라인 정체성에 지나지 않을 것이다.

그렇다면 어떻게 해야 할까? 우리는 어떻게 이 새로운 영역을 최대한 활용하면서 곤경에 빠지거나 제압당하지 않을 수 있을까?

온라인에서 진실한 정체성을 유지하며 살아가려면 우리의 직업 생활은 어느 정도 상식적이어야 하고, 약간의 위험 요소와 프라이버시를 통제할 수 있는 능숙한 기술을 지녀야 한다. 소셜 미디어가 우리 모두를 일정 정도 유명인으로 만들고 있으므로, 우리는 스스로 자신의 홍보담당자가 되어야 한다.

무엇보다 우리 모두는 자신의 직업생활과 관련해 온라인에서 자신을 더 많이 노출하는 방향으로 가고 있기 때문에 동료들이나 업무상 파트너들의 일상생활에 대해 한결 관용적인 태도를 가질 필요가 있다. 직원들도 사람이고 그들의 인생 대부분(혹은 최소한)은 일터 밖에서 진행된다. 사람들이 일터 바깥의 인생이나 취미가 아예 없는 것처럼 행동하는 것은 우스꽝스러운 접근법이다. 공적인 행동과 사적인 행동 사이의 구별이 달라졌기 때문에 서로에 대한 우리들의 기대도 변해야 한다.

다음으로 우리의 개인적 삶이 직업적 삶과 점점 더 많이 혼합되고 있는 것처럼, 우리의 업무적 삶도 개인적 삶 속으로 녹아들어 오고 있다. 밤 11시에 직장 상사가 보낸 이메일에는 어떻게 해야 할까?

라이트 매니지먼트(Right Management)가 노동자들을 대상으로 수행한 조사에 따르면, 응답자의 2/3가 직장 상사들이 주말에 이메일을 보내고 답장을 보내라고 한다고 대답했다. 굿 테크놀로지(Good Technology)가 미국 노동자들을 조사한 바에 따르면, 응답 대상자의 80% 이상이 물리적으로는 퇴근을 한 상태에서도 업무를 한다고 답변했다. 평균적으로 사람들은 매주 자신의 집에서 7시간을 추가로 일한다고 주장했다. 하루치 업무에 해당하는 분량이다. 이 조사에서는 조사 대상자의 68%가 아침 8시 이전에 이메일을 확인하고, 57%는 가족과 함께한 외출 중에도 이메일을 확인하고, 38%는 저녁식사 자리에서 일상적으로 체크하고, 40%는 밤 10시 이후에도 이메일 업무를 본다. 50%는 침대 속으로 들어간 뒤에도 이메일 읽기와 회신을 한다는 것을 인정하면서 스마트폰을 두고 침대에 들어가는 게 어렵다고 답했다.

이처럼 항상 연결된 상황에서 우리는 자신에 대해서와 마찬가지로 상대의 기술과 삶의 균형을 존중할 필요가 있다. 나는 신입직원을 채용할 때 빠지지 않고 당부하는 게 있다. "아마 나에게서 밤늦게 이메일을 받는 일이 있을지도 몰라요. 하지만 내가 그 밤에 답장을 기대하는 것은 아니에요. 단지 그때 내가 일에 집중하고 있어서, 내가 받은 편지함을 정리하고 있는 거라고 생각해 주면 좋겠어요."

만약 상사가 아무 요일에나 또 밤낮도 가리지 않고 아무 때나 이메일에 답을 보내라고 요구하는데 이런 태도가 당신 생활에 부정적 영향을 끼친다면, 기술과 삶의 균형은 누구에게나 상호 존중되어야 한다는 생각을 바탕으로 일정한 규칙과 경계를 설정하는 문제에 대해 상사와 대화할 필요가 있다.

직장 동료가 소셜 미디어에서도 친구라는 것을 고려하면, 당신이 동료에게서 업무와 관련된 반응이 오기를 계속 기다리고 있는데, 그 동료는 업무 대신 인스타그램에 사진을 포스팅하거나 친구들과 수다를 떠는 걸 보게 되는 경우가 있을 수 있다. 그때는 모든 사람들이 부여받은 업무 이외에 자신만의 삶을 갖고 있다는 것을 명심하는 게 중요하다. 누군가 온라인에서 무엇인가 다른 일을 하고 있다는 게 반드시 업무를 처리하지 않는다는 것을 의미하는 것은 아니다. 만약 우리가 기술과 삶의 균형을 이루고자 원한다면, 동료와 친구에게도 마찬가지로 대우해야 한다. 만약 당신이 이메일이나 문자메시지에 대한 회신을 즉시 받지 못했다 해도 그 사람을 좀 봐줘라.

특히 문자 대화를 할 때는 즉시 회신을 받아야 할 것처럼 생각한다. 하지만 메시지에 대해 즉각적인 반응을 요구하는 것은 누군가 중요한 사람과 이야기하고 있는 사람의 어깨를 두드려서 그 둘의 대화를 중단시키는 것과 마찬가지다. 친구가 언제나 혼자 있기를 기대하는 게 아니라면, 친구의 답신에 대해서 불가능할 정도로 높은 기준을 세워서는 안 된다.

사람들이 당신에게 다시 연락할 여유를 주고, 당신도 누군가에게 주의를 기울이고 있을 때라면 다른 사람에게 받은 메시지에 즉각 답신해야 한다는 압박을 느끼지 말라. 우리에게는 점점 더 빨리 응답하기라는 속도 경쟁에서 일종의 사회적 데탕트(긴장완화)가 요구된다. 스마트폰은 이론적으로 모든 사람들에게 즉각 연결될 수 있게 하지만, 사람의 마음은 그런 종류의 요구를 감당할 수 없다.

콜로라도 주 덴버에 있는 풀콘택트(FullContact)라는 소프트웨어 회사는 직원들이 휴가 기간 동안 전화기를 가져가지 않으면 7,500달러의 보너스를 지급하는 프로그램을 시작했다. 이유는? 항상 온라인으로 연결되어 있는 상태를 끊고 일상에서 기술과 삶의 균형을 어느 정도 회복하면, 리프레시되고 활력을 얻고 한결 생산적이 되어서 업무에 복귀하게 되기 때문이다.

이는 연구결과로도 뒷받침된다. 언스트앤영(Ernst & Young)은 2006년 직원을 대상으로 연말 실적 평가 등급과 휴가 사용 시간 사이의 관계를 조사했는데, 직원들이 사용한 추가 휴가 10시간마다 8%씩 등급이 개선되었다는 것을 발견했다.

만약 다른 모든 방법이 통하지 않는다면, 브라질로 떠나는 마지막 방법이 있다. 2012년 11월 브라질의 지우마 호세프(Dilma Rousseff) 대통령은 업무시간 이후에 스마트폰을 확인하게 하면 추가 근로수당을 지급하도록 하는 법안을 승인했다.

당신이 온라인에서도 단일하고 진실한 정체성을 유지하고 일터에서 적절한 기술과 삶의 균형을 유지할 뿐 아니라 동료들에게도 동일한 것을 허용한다면, 당신은 직장에서 좀 더 좋은 평가를 받고 신뢰도 높은 사람이 될 뿐만 아니라 생산성도 높아지게 된다.

게다가, 휴가 때 찍은 자녀들의 사진을 좋아하지 않을 사람이 어디 있겠나? 어린 어셔가 모래사장에서 걸음마 연습을 하는 걸 지켜보는 것만큼 행복한 일도 없다. 나는 어디엔가 그 사진을 올려놓았을 것이다.

| 온라인에서 스스로를 매력적인 브랜드로 만드는 법

온라인에 개인적 사진이나 비디오를 올리는 것은 이야기의 절반에 불과하다. 인터넷은 당신에게 훨씬 더 많은 것을 하도록 이끈다. 당신은 진실한 온라인 정체성의 개념을 연결해서 경력과 그에 대한 기대를 높일 수 있고, 자신을 온라인 브랜드로 만들 수 있다.

인터넷에는 자기 자신을 '여론 주도층', '통찰력 있는 리더', '소셜 미디어의 전설', '아이디어 촉진가' 같은 말로 소개하는 사람들이 널렸다. 당신이 이런 사람들에게 영향을 받아 어느 날 아침 갑자기 자신을 전문가라고 선언할 수는 없을 것이다. 그렇게 하기 위해서는 시간, 에너지 그리고 신뢰할 만한 결과물이 있어야 한다. 재능을 갖춘 진정한 전문가들이 많다. 하지만 그런 진짜 전문가들 대부분은 위와 같은 홍보문구로 포장할 필요를 느끼지 않는다.

개인적 브랜드를 만드는 게 반드시 부정적이거나 다른 사람들의 흥미를 떨어뜨리는 일은 아니다. 소셜 미디어의 엄청난 전파력을 이용해 당신이 흥미를 느끼는 분야에 관련된 새로운 아이디어라든지 그 분야의 발전에 대해 트윗하고 글을 올리고 블로그 할 수 있으며, 그것을 통해 자신을 스마트하고 흥미롭고 야심찬 사람으로 홍보할 수 있다.

두 방향이 함께 있는 길로 가야 한다. 상사가 당신 아기 사진을 본다면 그는 당신의 블로그도 볼 수 있다. 그렇다면 당신의 블로그 포스트들도 중요하게 여겨야 한다.

이는 경력과 관련해 우리가 이전에는 경험하지 못했던 새로운 가능성을 보여 준다. 지난 10년간 정교한 검색 도구와 소셜 네트워크의 발달, 인터넷 사용자의 엄청난 증가, 온라인에서 실제 사람들과의 관계 구축과 손쉬운 소통은 청중을 손쉽게 찾을 수 있게 만들었다. 당신이 긴 글은 쓸 수 없더라도 트윗은 할 수 있다. 트윗마저 할 수 없을 때는 리트윗을 할 수 있다. 이렇게 당신 스스로 이름을 만들어 갈 수 있다. 인터넷에서 가장 성공적인 몇몇 블로그는 독자가 한 명도 없는 상태에서 시작했다. 데일리 코스(Daily Kos)와 드러지 리포트(Drudge Report)는 개설자 한 사람에서 출발했다. 당신의 글 가운데 하나만이라도 입소문을 타면, 지속적인 구독자를 안정적으로 확보할 수 있다.

비록 블로그에서 열심히 활동하고 있는데도 아직 방문자가 많지 않더라도 실망할 필요는 없다. 당신의 페이스북 페이지에서 연결되는 링크가 있다면 당신의 고용주도 읽을 수 있고, 결국 모든 사람들이 알게 되는 경우로 이어질 수 있다.

과거에는 당신 업계에서 진행되는 일에 관해 스스로 뉴스레터를 작성하고 이를 사진 찍어서 상사와 동료들에게 전달하는 일은 지나친 야심가나 할 법하거나 조금은 이상하게 보이는 일이었다. 지금은 똑같은 내용의 글을 동료들을 위해 블로그에 올려서 같은 메시지를 주고받을 수 있다는 게 전혀 어색하지 않다. 이제는 당신의 성취를 과시하기 위해서 상사와 30분 단독 면담 약속을 잡을 필요가 없다. 그냥 실행하고 성취를 이뤄 내면 된다.

기업 내에서 직원이 보여 주는 진취성과 야심은 감동을 줄 수 있다. 하지만 어떤 직원이 범한 온라인에서의 실수로 인해 회사가 부정적 영향을 받을지 모른다는 걱정 또한 존재한다. 이 점이 내가 왜 고용주들로 하여금 직원들에게 소셜 미디어를 자유롭게 쓰도록 허용하되 어떻게 현명하게 사용할 것인지 교육하는 게 중요하다고 믿는 핵심적인 이유다.

대부분의 기업들은 경영진이 TV 출연을 하거나 언론 인터뷰를 하게 되면 여러 시간 미디어 대비 연습과 이야기할 내용에 대한 준비를 거친 뒤에 비로소 실행하게 한다. 그러면 스마트폰 세상에서는 당신 회사의 전 직원이 각자 공중을 상대로 발언할 수 있는데, 왜 그에 대비해 직원들을 교육하지 않는가? 왜 회사의 잠재적 대변인인 직원들에게 주요한 발언 요령과 기술을 가르쳐서 준비시키지 않은 채 세상에 내보내고 있는가?

직원들이 회사를 대표하는 훌륭한 홍보대사가 되도록 권한을 부여하라. 단지 하나의 기업 정체성을 소유하는 대신에, 직원들은 기업 정체성의 일부라는 것을 기억하고 온라인에서 그 정체성을 강화하고 증대시키는 것을 넘어 보다 고객 친화적이고 살아서 숨 쉬는 브랜드로 성장시키는 데 도움이 될 수 있다.

소셜 미디어 훈련은 새로운 시장에서 필수 직무능력이 되고 있다. 고용주들은 소셜 미디어에 무지하거나 다루는 방법을 잘 모르거나 영향력을 제대로 이해하지 못하는 직원 대신 소셜 미디어를 잘 활용할 줄 아는 사람을 채용하고자 한다. 온라인에 있는 모든 직원은 이제 회사를 위한 일종의 PR 대리인이다. 스마트한 고용주는 직원들의 소셜 미디어 선호를 단지 골칫거리로 보거나 침묵시키려 하는 대신 일종의 장점으로 활용할 것이다.

모든 기업에 통용되는 이야기다. 페이스북이 시작했을 때로 돌아가 보면, 대부분의 기업들은 페이스북 페이지를 자체적으로 운영하는 게 귀찮으면 대학생을 고용해 기업의 소셜 미디어를 관리했다. 기업의 실질적인 마케팅 노력이 우선이고 소셜 미디어는 뒷전이었다.

오늘날 잘 나가는 마케팅팀은 회사의 오프라인 소셜 미디어 관리를 전담하는 풀타임 전문가를 보유하고 있다. 그에 더해 인터넷 기반 마케팅과 고객서비스 전문가인 온라인 커뮤니티 매니저 같은, 불과 몇 해 전만 해도 없던 직업이 새로 생겨났다. 이들은 오래되어 낡은 느낌을 주는 화장품 브랜드 올드스파이스(Old Spice)의 이미지 변신 작업을 유튜브를 통해 진행하고, 옐프(Yelp)*에 부정적 리뷰를 올리는 고객들을 접촉하고, 성난 트위터 물결을 잠재우고 온라인에서 뭐가 잘못되고 있는지를 찾아내 문제를 해결하는 임무를 맡고 있다.

이제 모든 사람들은 확성기를 손에 들고 외칠 준비를 하고 있다. 기업이 대응할 수 있는 유일한 방법은 밖으로 가서 듣는 일이다. 그리고 어떻게 대화를 시작해야 하는지를 깨닫는 것이다.

| 인터넷에서 발생한 문제에 대처하는 방법

나는 처음 전국 무대에 발을 내디딜 무렵 온라인에서 새로이 민주화된 말의 힘에 관해 중대한 가르침을 얻었다.

2008년 가을은 미국 정치와 소셜 미디어에 있어 매우 중요한 시기였다. 바야흐로 페이스북은 포크(Poke)처럼 대학생들이나 열심히 사용하

---

* 식당이나 상점 등 사용자들의 후기와 평가를 중심으로 한 지역정보 평가 서비스

는 것으로 여겨지던 초기 단계를 지나서 오늘날처럼 정치 토론과 분석, 후보자 지지를 위한 필수적인 플랫폼으로 부상하고 있었다. 페이스북의 마케팅 책임자로서 나는 공화당과 민주당의 전국 전당대회(컨벤션)에 대한 반응을 조율하는 책임을 맡고 있었다. 우리는 두 당 후보인 존 매케인(John McCain)과 버락 오바마뿐만 아니라 두 정당의 컨벤션을 균등하게 다루기 위해 신경을 썼다. 사람들이 자신의 삶을 공유하는 공간으로서 페이스북은 중립적이고 비정파적인 플랫폼이 되어야 했다. 내 업무는 두 정당이 온라인 선거운동 및 컨벤션 보도와 관련해 페이스북에 쉽게 지원 요청을 할 수 있도록 돕는 일이었다. 8월 마지막 주였는데 나는 민주당 전당대회를 위해 팀 동료들과 함께 덴버로 가는 지루한 길에 올랐고, 1주일 뒤에는 공화당 전당대회를 위해서 미네소타 주 세인트폴로 이동해야 했다.

우리는 처음 시작하는 순간부터 마지막 순간까지 두 당과 관련된 업무를 대등하게 처리했지만, 덴버와 세인트폴에서 나의 경험은 낮과 밤처럼 달랐다. 민주당 전국 전당대회에서는 소셜 미디어 인력에 대한 수요가 매우 높았다. 모든 사람들이 우리를 만나고 싶어 했고, 우리는 수많은 언론의 취재 요청을 받았으며 주요한 파티에 빠짐없이 초청받았다. "소셜 미디어를 우리가 어떻게 받아들여야 할까요?" "유권자나 정치자금 기부자들과 연결하기 위해 페이스북을 어떻게 활용하면 좋을까요?" 내가 들어가는 모든 방마다 나는 굶주린 젊은 활동가들과 커뮤니티 조직가들로부터 질문세례를 받았다. 그리고 내가 서 있는 자리에서 10피트도 안 되는 거리에 구글-배니티페어 파티에서 개인 공연을 펼친 래퍼 카니예 웨스트(Kayne West)가 있었다. 분위기는 희망에 차 있었고, 낙관적이며 호기심이 가득했다.

반대로 공화당 전당대회는 출발부터 어두웠다. 파티는 허리케인 구스타브(Gustav)가 멕시코만 연안 주들을 황폐화시킨 직후에 잡혀 있어서 본회의 일정이 하루 연기되어야 했다. 게다가 공화당의 수많은 평당원들은 매케인에 대해서 상당히 양면적인 감정을 지니고 있었다. 또한 페이스북, 소셜 네트워크 그리고 기술에 대해서 전반적으로 무관심했다. 사람들은 우리가 준비해 간 것들에 대해 듣고 싶어 하지 않았고 자신들이 마음대로 활용할 수 있는 도구와 자원들을 이용하는 방법에 대해서도 흥미가 없었다. 나는 다만 중간 직급의 파티 담당자들과 몇 차례 미팅을 가질 수 있을 따름이었다. 대부분의 시간을 호텔에서 이메일을 보내는 데 쓰고 사람들이 우리를 만나러 오게 하려는 헛된 시도를 하다가 결국 포기하고 동료인 아담과 시몬을 이끌고 '몰 오브 아메리카'*로 떠났다.

몇 주 뒤 선거가 치러졌고 나는 데이브 매클루어(Dave McClure)라는 벤처 투자자가 조직한 토론회에 패널로 출연해 기술과 정치의 상호작용에 대해 토론하게 되었다. 청중 질의응답 시간에 나는 페이스북에 대한 생각과 소셜 미디어에 대한 반응에 있어서 민주당 전당대회와 공화당 전당대회 간에 커다란 차이를 볼 수 있었느냐는 질문을 받았다.

나는 잠시 두 가지 커다란 차이점에 대해 되짚어 생각해 본 뒤 말했다.

"민주당 전당대회에서 우리는 마치 록스타가 된 것 같았어요. 모든 사람들이 우리를 만나고 싶어 했거든요. 그런데 공화당 전당대회에서

* 미네소타 주 블루밍턴에 있는 대형 쇼핑몰

나는 사흘 동안 호텔에 혼자 앉아 있었어요. 아무도 우리를 만나려고 하지 않았지요. 나는 사람들에게 우리를 만나달라고 간청하다시피 했어요."

한 블로거가 이때의 토론을 동영상으로 찍어 인터넷에 올렸다. 며칠 뒤 공화당 전당대회 커뮤니케이션 책임자인 매트 번스(Matt Burns)가 동영상이 올라간 유튜브에 댓글을 달았다. 매트는 "당신 의견은 존중하지만, 사실과 관련해 랜디 저커버그는 터무니없는 거짓말을 하고 있다"고 말하고 나를 명예훼손 혐의로 고소했다.

만약 한 블로거가 "랜디 저커버그는 거짓말쟁이"라는 제목을 달아서 글을 올리지 않았다면 이 모든 게 별 문제될 일이 아닐 수 있었다. 이 사건에 등장한 모든 발언들을 나열하고 싶은 생각은 없지만, 그들은 나의 몸무게, 생김새, 개인적이고 성격상 단점이라고 남들이 말하는 것들에 초점을 맞췄다는 정도만 말해 두는 것으로 충분하다고 본다. 나중에 이러한 인신공격과 악의가 분출하는 것을 보면서 너무 상심해서 컴퓨터 앞에서 한동안 눈물을 흘렸다. 이튿날 얼굴을 들고 출근하지 못할 것만 같았고 심지어 일을 그만두어야 하는 것은 아닌지 생각할 정도였다.

결국 그 소동도 잠시 지나가는 주목을 받는 정도로 끝났다. 폭풍은 지나갔고, 나는 해고되지 않았다. 대부분의 사람들이 실제로 적극적으로 도와줬고 그 일에서 나는 중요한 교훈을 얻었다.

신참자에게 인터넷은 새로운 세상에서 격의 없이 웃고 떠들며 즐기는 휴식처 같은 곳이 될 수 있지만 또한 세상에서 가장 효율적이고 지속적인 분노 기계가 될 수도 있다. 아무리 사소하거나 전혀 악의 없는 말이나 행동이라도 그 기계를 작동시킬 수 있다.

「뉴욕타임스」는 '인쇄하기에 적합한 모든 뉴스(All the news that's fit to print.)'를 보도한다는 모토를 갖고 있다. 인터넷에서 모토가 있다면 "쓰고 싶은 것은 무엇이든 써라. 제기랄"이 될 수 있을 것이다. 클릭을 하게 만드는 것이라면 무엇이든지 올리기 좋은 목표가 될 수 있다. 그 정보가 진실한지 정확한지 여부는 상관이 없다. 사람들 간에 오고간 개인적인 모욕들은 클릭을 유도하는 콘텐츠이고, 작가와 블로거들에 의해 만들어진 분노의 순간들은 오로지 더 많은 클릭을 노린 것일 뿐이다. 이게 바로 지난 몇 년 동안 대다수 타블로이드 매체들이 수익화 전략의 일환으로 진화시켜 온 '저널리즘'의 모델이다.

예를 들어 2013년 초 내가 책을 쓰고 있다고 말했을 때, 한 블로그는 이 소식을 다루는 짧은 기사를 포스팅했다. 비난하는 투로 쓰인 그 기사는 다분히 열성적인 악플러들을 불러내려는 목적을 갖고 있었다. 그 기사에 달려 있던 댓글 중 일부는 아래와 같다.

"나는 이 여자한테 들을 이야기가 하나도 없어."

"제기랄, 누가 랜디 저커버그에 대해서 신경이나 쓴대?"

"만약 페이스북에 빠진 내 동생이 이 책을 읽으면 걔네 식구들을 다 죽여 버릴 거야."

좋다. 그러나 이런 욕설들 중 어느 하나도 멀리 있는 나를 전혀 당황시키지 못했고 내가 하고 있는 작업에도 아무런 영향을 끼치지 못했다. 그러나 분노 기계는 누군가의 경력과 평판을 파괴시키기에 충분한 힘을 갖고 있다.

구글에서 '인터넷'과 '해고'라는 단어를 검색해 보면, 고용과 관련된 실수를 저질렀다가 인터넷 포워딩 기계에 의해 널리 알려지게 된 수많은 사람들의 명단을 볼 수 있을 것이다. 수많은 동영상 이력서, 구직용 자기소개서, 주요한 기업과 법률회사에서의 그릇된 행실이 지천이다. 어느 순간 무엇이든지 유포되어 회람되는 세상이다.

진 모피스(Gene Morphis)는 2012년 프란체스카 지주회사(Francesca's Holding Corporation)의 최고재무책임자(CFO)로 있었다. 그는 개인 블로그와 트위터 계정을 운영하고 있었는데 평범한 인터넷 시민처럼 자신의 생활뿐 아니라, "오늘 이사들과 저녁식사. 즐거웠다. 이제는 매 순간 정신을 바짝 차려야 한다", "이사회 미팅. 훌륭한 구성원들=행복한 이사회"와 같은 회사와 관련된 내용도 올리기를 즐겨 했다. 회사도 어느 순간부터 그의 온라인 생활에 관심을 갖기 시작했는데 최고재무책임자의 트윗 포스팅은 계속되었다. "매출 공개 컨퍼런스콜이 끝났다. 이런 나를 어떻게 생각하시나? 미스터 쇼티(Mr. Shorty)*."

하지만 미스터 쇼티는 그를 좋게 보지 않았다. 모피스가 트윗하는 정보로 인해 주식시장에 상장된 주식가격에 영향을 끼칠 수 있다는 점 때문이었다. 그는 해고되었다.

풍부한 경험을 보유하고 상당한 지위에 오른 사람들마저 왜 소셜 미디어에서 이렇게 멍청한 실수를 저지르는 것일까? 인터넷은 우리로 하여금 자신의 가장 친밀하고 사적이고 광적인 생각까지 공유하도록 유혹한다. 공유하기가 믿을 수 없이 편리해서 가끔은 우리가 실제 사람들과 소통하고 상호작용하고 있다는 것조차 잊을 정도로 만들기 때문

* Mr. Shorty는 트위터를 지칭하는 말이다. 한편 쇼티 어워즈(Shorty Awards)는 SNS를 대상으로 한 시상식을 일컫는다.

이다. 컴퓨터와 이야기할 때는 실제 눈앞에서 누군가의 얼굴을 바라보면서 말하는 것보다 훨씬 주의를 덜 기울이게 된다.

이에 대한 조언 역시 내가 이 책에서 줄곧 말하고 있는 대로, 결국 온라인과 오프라인에서 자신의 실제 모습에 가깝게 솔직하게 처신하라는 것이다.

인터넷이 없던 시기에도 사람들은 얼굴을 맞댄 채로 잔인한 행동들을 많이 해 왔으며, 그런 짓들은 사람들이 공통적으로 지닌 인류애를 빼앗기 위해 컴퓨터 화면을 필요로 하지 않았다. 놀이터에는 괴롭힘이, 직장에는 비열한 상사와 목청을 높여 남을 비난하는 사람들과 그리고 그저 멍청한 사람들이 항상 있어 왔고 현재도 그렇다. 그러나 우리 개인적 상호작용의 많은 부분이 비대면적인 교류를 통해서 전 세계로 연결될 때 해코지하려는 유혹과 피해를 입을 가능성은 기하급수적으로 커진다.

온라인에 사업상 리뷰를 올릴 때 명심해야 할 것이 있다. 소셜 미디어의 확산은 기업이 과거보다 훨씬 쉽게 고객들인 우리에게 접근할 수 있다는 것을 의미한다. 과거에는 레스토랑의 종업원이 당신에게 제대로 서빙하지 못할 경우, 당신이 할 수 있는 최선은 매니저를 호출해서 불만을 쏟아 내는 일이었다. 만약 당신이 아주 영향력이 큰 사람이라면 식당에 대한 짤막한 당신 의견을 신문에 실리게 하거나 혹은 「저갯(Zagat)」* 에 세 단어로 된 평가글을 올릴 수 있었을 것이다.

항상 내 트위터 피드에는 대개 항공기 연착이나 불만족스러운 고객

* 세계적인 음식점 평가 안내책자

응대에 대해 불평하는 사람이 적어도 한 명씩은 있다. (제기랄. 델타, 어떻게 나한테 이럴 수 있어? 내가 누군지 알아? 내 클라우트 점수*가 얼마나 높은데!) 내가 좋아하는 인기 유튜브 동영상 중 하나는 '유나이티드 브레이크 기타(United Breaks Guitars)'다. 유나이티드 에어라인(United Airlines)을 탑승했다가 비행 중 기타가 부서진 일을 당한 한 승객이 이 항공사를 비난하며 부른 노래다. 앞서 언급한 것처럼 긍정적인 피드백도, 부정적인 피드백도 과거와는 비할 바 없이 빨리 전파된다. 이제 보통사람도 전문 비평가와 마찬가지로 사업에 중요한 영향을 끼칠 수 있게 되었다는 걸 뜻한다.

이는 소비자에게 엄청난 권력을 부여했다. 처음으로 소비자와 고객은 자신들의 판단을 공론장에 발표할 수 있는 능력을 보유하게 되었고, 우리의 평판은 이제 상사보다는 훨씬 광범한 고객들에게 어떠한 인상을 남기는지에 달려 있게 되었다. 앞서 다룬 것처럼, 우리들 담벼락에 게시되는 친구들의 포스트와 마찬가지로 우리의 진실한 정체성은 단지 우리가 만들어 내는 것이 아니다. 상당 부분 다른 사람들이 우리에 대해서 어떻게 말하는가에 의해서도 형성된다. 여기에서의 교훈은 당신이 이제껏 만나 온 사람들에게 당신 재주껏 잘 대하라는 것이다. 그 결과는 날마다 온라인에서 실시간으로 이루어지는 일종의 실적 평가로 나타난다.

또한 당신이 확성기를 갖고 있다고 해서 항상 확성기로 무엇인가를 소리쳐야만 하는 것은 아니라는 점을 명심해야 한다. 만약 누군가 매

* 클라우트 점수(Klout score): 소셜 미디어 사용자의 영향력을 나타내는 지수

우 신경에 거슬리는 행동을 했을 때, 그걸 곧바로 인터넷에 가지고 가는 것에 대해서는 신중해야 한다. 당신의 반응은 처음에 잘못된 것이 무엇인지에 따라 적절하게 이루어져야 한다. 나는 최근 소셜 미디어에서 유행하는 '창피 주기'와 이것이 어떻게 이토록 광범하게 퍼져서 손을 쓸 수 없는 지경이 되었는지에 대해서 많이 생각하고 있다. 2013년 3월 캘리포니아 주 산타클라라에서 열린 파이선(Python) 프로그래밍언어 개발자 대회에서 한 여성이 바로 뒤에서 자신을 동글(dongle)에 빗대 음탕한 농담을 하는 남자들의 목소리를 들었다. 동글은 노트북에 연결하는 하드웨어의 일종이다. 그 사내들은 또 누군가의 코드를 '나눠 가지는' 것에 대해서도 농담을 했다. 이후 벌어진 일은 온라인에서 일이 얼마나 순식간에 커지는지를 잘 보여 준다. 그녀는 자신을 동글에 빗대 농담을 한 사내들과 직접 대면하는 대신 그들의 사진을 찍어서 부적절한 처신을 했다고 트위터에 올렸다. 수천 번 넘게 리트윗되더니 결국 그들은 해고되었다. 그들의 해고 뉴스가 인터넷을 휩쓸고 간 다음 분노 기계가 또 한 번 작동했다. 결국 그녀 자신도 해고되고 말았다.

이게 우리가 살고 있는 세상이다. 트윗 하나, 사진 한 장, 블로그 글 하나가 사람들의 직업, 평판 그리고 신뢰를 잃어버리게 만들 수 있다.

또 하나의 사례는 알링턴(Arlington) 국립묘지에서 장난삼아 가운뎃손가락을 치켜들고 사진을 찍어 자신의 페이스북에 게시한 린지 스톤(Lindsey Stone)이라는 소녀의 이야기다. 고약한 취향? 그건 그렇다. 해고당할 만한 일일까? 그건 분명치 않다. 어쨌든 분노한 사람들은 "린지 스톤을 해고하라"는 페이스북 페이지를 만들고 민권청원운동 사이트인 체인지닷오알지(change.org)에 청원을 올려 그녀의 고용주를 공개적으로 괴롭혀서 해고하게 만들었다.

그 결과로 얻은 건 무엇인가? 만약 당신에게 불쾌감을 주는 행동을 누군가가 하는 것을 보았다면, 우선 그 사람에게 개인적으로 이야기하라. 그가 자신의 행동에 대해 생각해 보고 다음에는 다르게 행동할 수 있도록 생각할 시간을 주는 게 바람직하다. 그러나 당신이 그 행동을 곧바로 만천하에 공개해 버리면 네티즌 수사대를 불러들이게 되는데, 그들에게는 언제 어디에서 멈춰야 할지 알려 주는 사람이 없다. 공감 능력은 대면접촉에서 가장 중요한데, 온라인 군중에게는 그런 능력이 부족하기 쉽다.

누군가와 맞서야 하는 것은 불편하고 어색한 일이다. 누군가와 실제로 직접 만나서 일을 처리하는 것보다 인터넷상에서 단지 지목하고 클릭하고 공유하는 게 훨씬 쉬운 일이다. 그러나 입장을 바꿔 생각해 보자. 당신은 그 사람이 분노의 글을 포스팅하기 전에 당신에게 미리 말해 주기를 기대하지 않겠는가?

당신이 누군가에게 창피를 주기 위해 글을 올리면 상대의 인생에 심각한 영향을 끼칠 수 있다. 내 친구 하나는 최근 온라인에서 분노를 담은 목소리가 얼마나 멀리까지 도달하는지를 알게 되었다. 그녀는 집에 있었는데도 택배 직원이 현관 벨을 누르지 않아서 기다리던 택배를 받지 못했다. 화가 나서 UPS* 트위터 계정에 분노의 트윗을 올렸다. 트윗을 올린 지 오래 지나지 않아 그 택배 직원이 다시 문 앞에 나타나 현관 벨을 울리지 않은 실수에 대해 깊이 사과했다. 내 친구는 그 뒤

* 미국 기반의 세계 최대 배송업체인 United Parcel Service

페이스북에 이런 글을 올렸다. "트위터상의 요란한 분노가 그동안 우리 집에 모든 택배를 배달해 준 그 순진한 직원에게 돌아갈 줄은 몰랐다. 나는 미안함을 느끼면서 때로는 좀 더 멀리 볼 필요가 있다고 생각하게 되었다."

우리들 대부분은 과거에 비슷한 잘못을 저지른 적이 있을 것이다. 나도 당사자에게 내가 느낀 바를 직접 말하는 대신에 트위터에서 수많은 사람들을 향해 목청 높이고 과잉 반응했던 것을 인정한다. 그리고 어떤 때는 무언가 사진을 찍는 척하면서 실제로는 그저 온라인에 올리려는 생각에 그 뒤에 재미있어 보이는 장면을 포착하려고만 했다. 그러나 최근 나는 나 자신의 태도에 대해서 곰곰이 생각하면서 되돌아보고 있다. 온라인에서든 오프라인에서든 놀림을 받는다는 것은 속상한 일이다. 스스로 그런 경우를 당하고 싶지 않다면 다른 사람에게도 하지 말아야 한다. 누가 했는지 드러날 가능성이 거의 없다는 게 당신이 누군가를 괴롭히는 사람이 되어도 좋다는 뜻은 아니다.

만인이 비평가인 세상에서 우리에게 필요한 것은 한층 강해지고 낯을 두껍게 하는 것일지도 모른다. 그러나 그것은 제대로 된 해결책이 아니라고 생각한다. 우리에게 필요한 것은 이런 종류의 일과 관련한 더 나은 무언의 사회적 약속과 에티켓이다. 우리 모두가 윤전기에 맞먹는 기능을 손끝과 주머니 안에 지니고 있다는 사실이 우리가 이들 기기를 이용해 즉각 보복에 나서야 한다는 것을 의미하지는 않기 때문이다.

탁월한 철학자인 스파이더맨(물론 원출처는 볼테르지만)에 따르면 '커다란 힘에는 커다란 책임이' 따른다. 우리는 인터넷이 우리의 개인적인 모든 문제를 해결해 주길 기대해서는 안 되고, 온라인에서 엄청난 파워를 지닌 목소리를 우리가 지녔다고 해서 꼭 필요하지도 않은 상황에 인터넷에 의지해서도 안 된다. 당신이 누군가를 소셜 미디어에서 공개적으로 망신 주기로 결심했다는 것은 그에게 다시 한번 기회를 줄 가치조차 없다고 생각한다고 말하는 것과 마찬가지다. 대부분의 사람들은 다시 한번 기회를 부여받을 만하다. 그래서 우리는 확성기를 잡을 때와 갈등중인 그 사람에게 당면한 문제를 직접 이야기해야 할 때, 그리고 그냥 내버려 두어야 할 때를 잘 선택해야 한다.

일의 세계에서 기술과 삶의 균형을 이루기 위한 실천 방법

긴 안목에서 바라보기

이따금 소셜 미디어는 화염폭풍에 불을 붙여 경력을 끝장내 버리는 참혹한 결과를 가져오기도 한다. 그러나 대부분의 경우에 온라인에서 불거진 문제는 단지 일시적 난처함과 약간의 상심을 가져올 따름이다. 결국 대부분은 지나가고 당신은 긴 안목에서 포용할 수 있게 된다. 윈스턴 처칠은 "만약 지옥을 지나는 중이라면 멈추지 말고 계속 전진하라"고 말했다. 하지만 만약 당신이 전장을 지나고 있다면 멈춰 서거나 몸을 낮추거나 피해 있어라. 시간이 되면 사람들은 떠나가고 당신은 곧 평온을 찾을 수 있을 것이다.

상사와 친구맺기

펜실베이니아 대학 와튼 경영대학원에서 "오마이갓, 상사가 나에게 '친구신청'했어요"라는 제목으로 진행된 연구는 상사와 친구맺기에 대한 사람들의 거부감을 보여 준다. 이전까지 소통에 공고한 위계질서가 있었던 것이 갑자기 사라질 수도 있겠는가라는 의문 때문이다. 만약 당신이 상사에게 직접 말하는 게 너무 힘들다면 이는 상사도 당신과 직접 소통하는 게 일상적이지는 않다는 뜻이다. 소셜 네트워킹은 이러한 차이를 간단한 '친구신청'으로 대등하게 만들 수 있다.

그러면 이런 환경을 당신에게 유리하게 만드는 것이 중요하다. 상사를 친구로 등록하라. 그러나 프라이버시 설정을 조정해서 당신이 보여 주고 싶은 것에만 상사가 접근할 수 있도록 하라.

프라이버시 보호

프라이버시 설정 전문가가 되어야 한다. 따분한 말처럼 들리지만, 톡톡히 보답한다. 물론 설정이 항상 완벽한 답이 되는 것은 아니다. 포스팅을 자제하는 것도 현명한 방법이 될 수 있다. 만약 당신의 어떤 행동이나 모습이 공개되었을 때 직업이나 친구를 잃을 정도라면, 소셜 네트워크에서 해 오거나 포스팅하던 모든 것을 중단하는 게 아마도 현명할 것이다. 그리고 다른 사람들이 그 일에 대해 올리는 것에도 유의해야 한다.

디지털 글의 현실생활에 대한 영향

여러 해 전 직장동료와 함께 뉴욕에 갔을 때 우리는 차이나타운의 한 술집에서 우리 앞에 늘어서 있던 다른 많은 사람들과 더불어 입장이 거부되었다. 1930년대 밀주점 스타일의 공예품으로 장식된, 최신 유행을 선도하는 그 칵테일바는 출입 기준이 엄격한 걸로 이름난 곳이었다. 입구의 문지기가 한쪽으로 우리를 손짓해 부르더니 우리 둘은 '드레스코드'가 안 맞는다고 말했다. 옷차림이 너무 얌전하다는 뜻이었다. 그 문지기에게 화가 나서 나는 블랙베리폰을 꺼내 좌절감을 담아 당시로서는 새로운 플랫폼이었던 트위터에 불만글을 올렸다.

"최악의 술집=뉴욕의 어포티커리(apothecary), 최악의 문지기=제임스. 만약 이 집 페이스북 페이지가 '우연히' 다운된다면 엄청 당황스럽겠지?"

당시에 나는 막연히 재미있다고 생각했을 뿐, 내 메시지에 대해 별 생각이 없었다. 우리는 맨해튼 로어이스트사이드 근처에서 재미있는 데를 계속 찾아다니며 그날 밤을 보냈다. 이튿날 일어났을 때 내 구글 알리미는 경고를 보내고 있었고 받은편지함은 내가 그 클럽에 대해 올린 적대감에 대해 불만을 쏟아 내는 블로거들과 참견꾼들의 분노의 목소리로 가득 차 있었다.

이런.

나는 인터넷이 내 트윗 하나를 그토록 멀리까지 실어 나를 줄은 생각도 못했다. 단지 가벼운 농담일 뿐이라고 여겼는데, 그 글은 스스로 자기만의 생명을 갖게 된 것이었다. 물론 나는 누군가의 경력을 훼손할 의도도 능력도 없었지만, 페이스북에서 상당한 영향력을 갖고 있는 사람으로서 믿을 수 없을 정도로 어리석고 무책임한 트윗 행위였다.

그때는 잘 몰랐지만 지금은 다르다. 친구들과 밤에 외출할 때 한 친구를 정해서 그에게 모든 온라인 포스트를 지울 수 있는 권한을 주는 것도 괜찮은 생각이다. 만약 당신이 술을 몇 잔 마시고 마구 글을 올리려고 할 때, 혹시 당신의 경력을 망칠 수도 있는 잠재적 실수를 막아 줄 수 있다. 하지만 역시 이튿날 아침까지 아무것도 올리지 않고 그 순간을 즐기는 게 훨씬 낫다.

중용의 미덕

직장에 관계된 일 중 무엇을 포스팅할지 판단하는 일도 중요한 문제다. 너무 뜨거워도 너무 차가워도 안 된다. 어떤 사람들은 모든 걸 너무 많이 공유하다가 곤경에 처하는 위험을 무릅쓰곤 한다. 또 다른 사람들은 실수하지 않으려고 지나치게 애쓰는 나머지 아무것도 공유하지 않는다. 두 가지 방법 모두 실패하기 쉽다.

모범답안은 '공유하되 한계를 인식하라'는 것이다. 온라인에서 두 가지를 동시에 누릴 수는 없다. 온라인에서 원하는 무엇이든 말할 수 있으면서, 이것이 오프라인 세계에는 아무런 영향을 끼치지 않기를 기대할 수는 없다. 이는 인터넷 이전에도 통하지 않았지만, 지금도 통용되지 않는다. 지나가는 생각이든 저질 농담이든 모두 어디서나 접근 가능한 아카이브를 가지게 된 것이다.

페이스북에서 일하던 시절 아주 재능 있는 젊은 인턴 여직원이 있었는데 그녀는 내가 자신의 트위터 팔로어라는 걸 아마 모르고 있었던 것 같다. 나는 그녀의 파티와 술자리 ……, '대학생활'이라고 부를 만한 것에 대한 트위터를 모두 볼 수 있었다. 트윗들은 재미있었지만, 관리자로서 나를 곤경에 빠뜨렸다. 내가 그녀에게 트위터에 무엇을 올리라고 말할 수는 없었다. 그럴 계정을 갖고 있지도 않았고, 트위터를 하지 말라고 요구할 권리도 없었다. 그렇지만 마찬가지로 사람들은 그녀가 나의 직원이라는 것을 알고 있었으며, 온라인에서의 그녀의 언행은 처음으로 상사로서의 나를 되돌아보게 만들었다.

나는 지켜보기를 그만두고 그녀와 이야기했다. "트위터를 계속하려면, 신중하게 하는 게 좋겠어요. 스스로를 나쁘게 보이도록, 또한 나까지 안 좋게 인식되도록 처신하지는 마세요." 그녀는 동의했고, 잘 처리했다.

'트위터에 올리기 전에 항상 숙고하라'는 말은 뻔하게 들리지만 아무리 강조해도 지나치지 않다. 당신을 해고에 이르게 할 수 있는 일이나 불법적인 내용에 대해서는 올리면 안 된다. 이는 당신을 솔직하지 않게 만드는 게 아니라, 현명하게 만드는 것이다. 때로는 사용하지 않는 게 가장 안전한 선택이다. 만약 당신이 인사부서의 결정에 목을 매고 있는 처지라면 무엇이든 온라인에 올릴 때 이를 명심하라.

만약 당신이 대기업에 취업하고자 한다면 (사실 회사 규모는 이제 별 의미가 없다.) #섹스 #마약 #더많은약 #훨씬더많은약 등과 관련 있는 포스팅을 올리는 행위가 취업 가능성에 아무런 영향을 끼치지 않으리라고 맘대로 짐작해서는 안 된다. 온라인에서 당신 생활이 진실해야 한다는 것을 기억해야 하지만, 어떤 일들은 아무도 알게 하지 않는 게 더 낫다.

당신에게 중요한 것들은 소중한 친구들과 공유하라. 직장에서의 공유는 모든 것에 대한 공유를 의미하지 않는다. 상사는 당신의 봄나들이 사진 같은 걸 보고 싶어하지 않는다.

2012년 나는 다시 다보스 세계경제포럼(WEF)에 초청받았는데, 이때는 더 이상 페이스북의 대표가 아니라 내 이름을 달고 있는 회사의 CEO 자격이었다. 그리고 나는 다시 한 번 안식일 행사에서 노래를 부탁받았는데 이번에는 "당신에게 평화가 있기를(Shalom Aleichem)"이라는 노래였다.

그때 나는 주저 없이 수락했다. 마이크를 잡았을 때 실내를 둘러보니 친숙한 사람들이 많았다. 돕스 페리에서 자란 유년시절을 생각했다. 캘리포니아에서 내가 돌아오기를 기다리는 브렌트와 어셔도 생각했다. 그리고 그 자리에 올 수 없는 사람들과 홀로코스트 추념일에 맞춰 열리고 있는 행사에서 우리가 기리고자 하는 사람들의 인생에 대해서도 생각했다.

노래를 시작하자 실내에 모인 사람들이 모두 함께 불렀고, 함께한 순간은 아주 잠깐이었지만 감동적이었다.

긴 여정을 지나왔다. 지난 몇 년 동안 나는 내 개인적 영역에서의 삶과 직업적 영역에서의 삶에서 리스크를 감수한다는 것이 무엇인지 배웠다. 그리고 이 모든 경험을 통해 가장 중요한 비밀을 알게 되었다. 개인적 삶과 직업적 삶은 완전히 다른 두 가지가 아니라 같은 하나의 다른 일면일 따름이라는 깨달음이다. 나는 이 둘을 분리할 방법이 없음을 안다. 그저 솔직하게 사는 게 제일 속 편한 일이라는 것밖에는.

제 9 장

인터넷 커뮤니티의 힘: 세상을 향한 선한 영향력

• • •

당신이 무엇인가를 온라인에 올리면 당신 목소리는 인터넷을
통해서 울림을 얻고 새로운 대화를 촉발할 수 있다. 이 모든
대화는 새로운 아이디어와 행동을 이끌어 내는 생각으로
이어질 수 있다. 우리는 역사상 가장 힘 센 세대다. 세상을
바꿀 수 있는 힘을 지니고 있는데, 왜 사용하지 않는가?

• • •

이번 장에서는 소셜 미디어에서 실행하기는 매우 어렵지만 가장 보람 있는 일인, 타인과 공동체를 위한 선행에 대해서 이야기하고자 한다.

지금까지 이 책에서 우리는 기술이 어떻게 일상에서의 삶과 관계를 변화시키고, 친구관계, 연인관계에서의 엉킴 또는 직업적 경력을 한층 복잡미묘하게 만드는지에 대해서 많이 이야기해 왔다. 이제껏 다뤄온 까다로운 상황과 고통스런 이야기들에서 알 수 있듯이, 사소한 문제가 아니다. 만약 우리가 오늘날 기술의 위험성에 대해 진지하게 고려하지 않으면 우리의 삶과 생계에 심각한 결과가 초래될 수 있다.

긴 안목에서 봐야 한다. 도구로서의 기술은 좋게도 쓰일 수 있고 나쁘게도 쓰일 수 있다. 여기서는 세상에 무엇인가 유익한 일을 해내는 데 우리가 도울 수 있는 기회에 대해서 이야기하고자 한다.

이 문제와 관련해서 내가 처음 경험한 일은 2007년의 비극적이고 처참한 상황에서였다. 2007년 4월 16일 아침 한 학생이 버지니아 주 블랙스버그에 있는 버지니아 공대에서 총을 난사했다. 그 학생은 32명을 죽이고 17명을 부상하게 한 뒤 스스로 목숨을 끊었다. 미국 역사상 최악의 교내 총격 사건이었다.

사건 발생 며칠 뒤 페이스북에서는 가슴 저미는 일이 일어나기 시작했다. 괴로움과 슬픔에 공감하는 많은 사람들이 자신들의 감정을 표현할 공통된 방법을 찾기 시작했다. 내 페이스북 뉴스 피드는 프로필 사진을 바꾸는 친구들의 알림으로 가득 차기 시작했다. 그들은 자신들의 사진을 모두 같은 사진으로 바꾸고 있었다. VT 글자에 검은 리본을 단 버지니아 공대를 상징하는 휘장 사진이었다. 미국 전역과 다른 수많은 나라의 사람들이 총기 폭력에 대한 공포에 맞서고 희생자들에 대한 연대감을 표시하는 몸짓이 자발적 감정의 분출로 나타난 것이다.

시간이 지나 검은 리본은 사라지고 사람들의 프로필 사진은 정상으로 돌아왔다. 하지만 나는 그때 목격한 것에 깊은 감동을 받았다.

페이스북은 대학생들 사이에서 서로 말을 걸고 점심식사 사진을 올리고 공부하기보다 게으름 피우길 좋아하는 공간으로, 사소하고 일상적인 소통을 위한 공간으로 시작했다. 버지니아 공대 사건 이후의 일은 페이스북과 소셜 네트워크가 개인적 표현을 위한 공간만이 아니라 집단적 행동을 위한 중요한 무엇인가로 변모하고 있다는 걸 보여 주었다. 오늘날 버지니아 공대 때의 일은 사람들이 한 가지 사연을 놓고 인터넷 단체행동에 나섰던 하나의 사례가 되었다.

소셜 미디어는 우리 모두에게 목소리를 부여했으며, 우리는 수백, 수천 명 또는 수백만 명이 한목소리를 내기 위해서 모여드는 믿기 어려운 순간들도 목격하게 되었다. 온라인에서 어떤 이유로 사람들이 분명한 태도를 취하고 또 그것에 지지를 보내게 되면, 친구들이 가세하고 또 친구들의 친구가 다시 합세하는 방식으로 확대된다. 거대한 규모의 입소문 네트워크다. 이 모든 사람들은 함께 모여서 전 세계에 걸쳐 다양한 목적과 수많은 방식을 통해 삶과 공동체에서 변화를 촉진하는 힘이 된다.

지난 몇 년 동안 우리는 인터넷이 자선과 선한 목적을 위한 모금 운동을 폭발시킨 사례들을 보아왔다. 해마다 11월이면 모벰버(Movember)라는 멋진 행사가 열린다. 누가 가장 우스꽝스러운 콧수염과 구레나룻을 길러 자랑하는지 남자들끼리 온라인상에서 경쟁을 벌이는 행사다. 목적은 전립선암에 대한 인식을 높이고 치료 기금을 모으기 위해서다. 우리는 자선기금에 '생일기념 기부'를 하는 자비로운 영혼을 지닌 친구들도 종종 본다. '코지즈(Causes)'라는 페이스북의 앱은 암 치료부터 학살 반대 운동에 이르기까지 다양한 주제에 대한 청원을 벌여 기금을 모으고 있다. 1억 명 넘는 사람들이 참여해 35만 개의 이유에 대해 3천만 달러가 넘는 돈을 모았다.

우리는 또한 강력한 정부와 기업, 단체들의 행동을 변화시키기 위해, 또 역사적으로 무시당해 온 사람들의 이익을 대변하는 소통도구를 만들기 위해 온라인에 모인 시민과 소비자들을 보아 왔다.

2012년 3월 텍사스 주 휴스턴에 사는 아이엄마이자 블로거인 베티나 시겔(Bettina Siegel)은 미국 농무부(USDA)에 '쇠고기 살코기 찌꺼기'를 학교 급식의 분쇄육 재료로 사용하지 못하도록 요청하는 청원을 체인지닷오알지(Change.org)에서 시작했다. 쇠고기를 다듬는 과정에서 나온 찌꺼기는 '핑크 슬라임(pink slime)'으로 불리는데 아이들 건강에 좋지 않은 영향을 미칠 수 있다. 청원이 시작된 지 불과 9일 만에 20만 명 넘게 서명했고 핑크 슬라임의 잠재적인 건강위험에 대한 공개토론이 새로 시작되었다. 그 토론은 미국 농무부가 가을부터 핑크 슬라임을 사용한 쇠고기와 그렇지 않은 쇠고기를 교육청이 선택할 수 있게 하겠다고 발표하는 것으로 마무리되었다.

관심을 가진 한 엄마가 시작한 운동이 해당 산업 전체와 로비스트 집단을 당혹스럽게 만들었다. 그녀는 보건 활동가들과 저명한 요리사들이 수년 동안 바라만 보던 일을 바꾸어 냈다.

정치적 변화를 추동하는 소셜미디어의 역할은 3장에서 논의한 것처럼 충분히 알려져 있다. 지난 수년 동안 우리는 시민들이 소셜 네트워크와 스마트폰, 인터넷을 이용해 예상을 뛰어넘는 큰 규모로 집결하는 것을 보아 왔다, 오늘날에는 사람들이 웹에서 변화를 요구할 때도 거리에서 외칠 때처럼 많은 관심이 주어진다. 거리에서의 외침도 온라인에서 시작되는 경우가 많다. 아랍의 봄(Arab Spring)의 서막이라 불리는 2009년 이란의 녹색혁명, 유럽의 긴축재정 반대 시위, 2012년 미국의회 총선거를 지켜보면서 우리 모두는 온라인에서의 행동이 오프라인에서 얼마나 엄청난 결과를 이끌어 냈는지에 대해 수많은 사례를 목도해 왔다.

물론 당신이 프로필 사진을 변경하고, 페이스북의 '좋아요'를 누르고, 생일을 맞은 친구의 기부 활동에 몇 달러 보태는 데 시간을 보내는지, 아니면 실제로 어떤 행동을 하는 비정부기구의 모금 요청을 리트윗하는 데 시간을 쓰는지, 그것도 아니라면 이런 행동들은 단지 '게으름뱅이 행동주의'를 의미하는 '슬랙티비즘'(Slacktivism, slacker와 activism

의 합성어)의 그럴싸한 변명거리에 불과하다고 생각하는지 물어보는 게 타당할 것이다. 마찬가지로 온라인 운동이 실제로 어떻게 그렇게 널리 퍼지는지 따져보는 것도 의미가 있다.

과학자와 연구자들은 이런 질문들을 던져 왔다. 그리고 데이터는 아주 분명하다. 소셜 미디어의 영향력은 신화가 아니다. 광범한 입소문은 실제로 엄청나게 큰 규모를 갖고 있고, 구체적인 현실 세계에서 영향력을 만들어 낸다.

2010년 미국의회 중간선거 동안 캘리포니아 주립대학 샌디에이고 캠퍼스 연구진과 페이스북 데이터 사이언스팀은 소셜 미디어가 유권자들의 투표 참여에 얼마나 영향을 끼쳤는지에 대한 연구를 진행했다. 페이스북에서 우리는 이미 사회적 제안이 갖는 거대한 영향력을 이해하고 있었고 선거가 다가옴에 따라 친구들이 투표했다고 밝히는 페이스북 뉴스 피드가 이를 본 다른 페이스북 사용자들을 투표장으로 가게 하는 데 있어서 "투표는 시민의 의무"라고 강조하는 공익광고에 비해서 얼마나 효과가 있을지에 대해서 종종 이야기를 나누곤 했다. 나는 투표 당일 6천만 명의 뉴스 피드에 노출될 투표 격려 메시지 배너와 '투표완료' 버튼을 만들고, '투표완료' 버튼을 클릭한 친구들의 목록을 보여 주는 작업에 힘을 보탰다. 이 연구의 대조집단 사용자들에게는 단지 "투표합시다"라는 메시지만 실린 배너를 보여 주고 소셜 네트워크 정보는 아무것도 제공하지 않았다.

선거가 끝난 뒤 연구자들은 이들 집단에서 누가 실제로 투표했는지를 살펴보기 위해 공개적으로 이용 가능한 투표기록을 점검했다. 결과는 어땠을까? '소셜' 메시지를 본 사람들은 일반적인 투표 독려 메시지만을 본 사람들보다 투표율이 2% 높았다. 크지 않은 것처럼 보이지만, 2%는 해당 선거에서 대략 34만 명에 달하는 수치다. 접전을 펼치는 경쟁이나 주도권 다툼이 심한 선거에서는 결과를 바꿀 수 있는 투표수다.

사람들의 목소리를 증폭시키는 인터넷의 힘은 갈수록 커져만 간다. 2013년 3월 미국 대법원은 동성결혼의 미래를 다루는 논의를 시작했다. 3월 25일 유명한 LGBT* 옹호 집단인 휴먼 라이츠 캠페인(Human Rights Campaign)은 사람들에게 이 역사적인 토론기간 동안 결혼 평등성에 대한 지지를 보여 주는 신호로 사용자들의 페이스북 프로필 사진을 빨간색 바탕에 분홍색 등호 표시(=)로 바꿔 달라고 요청했다. 이 사람들은 페이스북 페이지에 이미지를 올리고 사람들을 초청해서 이를 사용하도록 했다.

이튿날까지 미국 전역에서, 또 세계에서 수백만 명이 자랑스럽게 자신들의 프로필에 그 이미지를 또는 살짝 변형한 이미지를 노출했다. 페이스북 연구진이 데이터를 분석한 결과, 미국에서만 24시간 동안 대략 270만 명이 프로필 이미지를 바꿨는데, 이는 평소보다 120% 증가한 수치였다.

이게 오늘날 사람들이 자신의 신념을 드러내기 위해서 기술을 사용할 때 벌어지는 현상이다. 수백만 명이 뜻을 함께하면 경외심을 불러일으키는 결과를 가져올 수 있다.

2012년 2월 퓨 리서치센터(Pew Research Center)가 공개한 연구는 우리가 페이스북에 올리는 모든 포스트는 친구의 친구를 통해서 잠재적

* 레즈비언, 게이, 양성애자, 트렌스젠더의 머리글자로 구성한 약칭

으로 평균 약 15만 명에게 도달할 수 있다는 걸 보여 주었다. 당신이 무엇인가를 온라인에 올리면 당신 목소리는 인터넷을 통해서 울림을 얻고 새로운 대화를 촉발할 수 있다. 이 모든 대화는 새로운 아이디어와 행동을 이끌어 내는 생각으로 이어질 수 있다. 우리는 역사상 가장 힘센 세대다. 세상을 바꿀 수 있는 힘을 지니고 있는데, 왜 사용하지 않는가?

| 시작은 미약하나

그러면 어떻게 해야 우리가 거대한 영향력을 가져오는 변화를 제대로 만들어 낼 수 있을까? 수천 명 또는 수백만 명에게 도달할 영향력을 만들어 내기 위해 개인들이 어떻게 기술을 사용할 수 있는가? 이에 대답하기 위해 2010년으로 거슬러 가보자.

2010년 1월 12일 카리브해 연안국가 아이티에서는 수도에서 16마일 떨어진 포르토프랭스를 거대한 지진이 강타했다. 1분도 채 안 되는 순간에 수천 채의 집과 건물이 무너져 수십만 명이 숨지고 수백만 명이 집을 잃었다.

1월 12일 늦게 재난 뉴스가 보도되기 시작했을 때 나는, 문자 그대로 또 비유적으로도, 멀리 떨어진 다른 세상에 있었다. 라스베이거스에 있는 베네시안 호텔의 화려한 로비에서 열린 스탠퍼드 경영대학원 행사에 참석하고 있었다. 당시 내 남편은 스탠퍼드 경영대학원에 다니고 있었는데 매년 경영대학원 학생들은 1970년대 의상을 차려입고 라스

베이거스로 가서 하룻밤을 지내고 오는 전통이 있었다. 거기서 우리는 폴리에스터 낙하산복, 디스코 재킷, 코믹할 정도로 커다란 옷깃의 재킷을 입은 사람들에 둘러싸여 있었는데 CNN에서 아이티의 사진들이 흘러나오기 시작했다.

나는 가능한 한 빨리 집으로 돌아가서 페이스북의 우리 팀을 소집해 커뮤니케이션을 지원해야 한다는 데 생각이 미쳤다. 브렌트와 호텔 로비 카페로 들어가 2대의 전화와 1대의 노트북을 동시에 작동시키면서 항공편 예약을 변경하고 동료들과 연락하기 위해 미친 듯이 뛰어다녔다.

백악관의 전화를 받은 것도 그 카페 한가운데에서였다.

백악관의 뉴미디어 디렉터인 메이컨 필립스(Macon Phillips)였다. "랜디, 지금 실리콘밸리에 있는 사람들에게 다 연락하고 있어요. 아이티를 돕기 위해서 주요 기술기업들이 모두 나서 줘야 합니다. 우리는 페이스북이 중요한 역할을 해 주기 바라고 있어요." 백악관은 아이티를 위한 대규모 지원과 복구 프로그램을 출범시켰고 미국 전역에서 기부와 자원을 끌어내기 위해 노력 중이었다. 이미 수많은 파트너들과 협력하는 중이었고 그중에는 대규모 온라인 기금모금을 계획하는 파트너도 있었지만 백악관은 페이스북을 활용하려는 구체적인 계획이 있었다. "당신들이 온라인에서 가장 많은 사람들과 만나는 만큼, 우리가 대규모로 사람들에게 빨리 접근하는 유일한 길입니다. 현재 진행 중인 다양한 캠페인들이 사용자들에게 더 널리 알려지도록 페이스북이 도와줄 수 있겠습니까?"

(우와!)

나는 재빨리 공항으로 향했다. 바로 사무실로 복귀해야 했다. 다행히 비행기에는 기내 무선인터넷이 있어서 샌프란시스코로 돌아오는 내내 공중에서도 동료인 아담 코너(Adam Conner)와 회의를 할 수 있었다. 착륙할 무렵 우리 둘은 아이티 지원과 복구 노력에 관한 정보를 모으는 중심축으로 구실할 수 있는 페이스북 페이지의 윤곽을 그릴 수 있었다.

이후 이어진 몇 시간 동안 페이스북에서 수많은 사람들이 나와 함께 아이디어를 현실화시키기 위해 일했고, 아드레날린의 도움과 뭔가 선한 일을 한다는 동기를 연료 삼아 밤을 지새웠다. 이튿날 아침 우리는 '글로벌 재난 지원(Global Disaster Relief)' 페이지를 출범시켜서, 아이티에 대한 최신 지원 노력과 어떻게 참여할 수 있는지를 알려 주는 아이티 지원과 관련된 개인들, 비정부기구, 정부, 모든 사람들에 대한 정보를 제공하는 조직을 만들어 냈다. 지진이 강타한 지 채 24시간도 지나지 않은 때였다.

이때까지 페이스북에서 아이티에 관해 상태 업데이트를 하는 사람들이 분당 15,000에 달했고, 적십자나 옥스팜(Oxfam) 같은 구호단체들은 자체 페이스북 페이지를 통해서 이미 수십만 달러를 모금하고 있었다. 글로벌 재난 지원 페이지를 이용해 우리는 더 많은 사람들에게 이런 시도를 알려 나가기 시작했다. 나중에 우리는 다른 전략도 사용했는데, 유엔은 물론 록밴드 링킨파크(Linkin Park)를 포함해 사람들의 인식을 높이는 온라인 타운홀 미팅을 조직하고 페이스북 기념품점에서 가상상품을 판매해서 모금했다. 하루 사이에 벌써 우리는 온라인에서 사람들을 돕기 위해 일하는 훨씬 광범한 집단의 일원이 되어 있었다.

무엇이 온라인 사회운동을 효과적으로 만드는가에 대해서 중요한 교훈이 있다. 모든 변화는 작게 시작한다. 아이티 지원 온라인 캠페인은 수백만 명의 관심과 거대한 규모의 모금을 끌어냈고 참사로 고통받는 사람들의 생활에 커다란 영향을 끼쳤다. 그러나 이런 노력들의 어떠한 것도 처음부터 규모를 갖추고 시작하지 않았다. 이 모든 게 도움을 요청하는 개인적인 전화통화, 이메일, 메시지들로 시작해 짧은 시간 안에 눈덩이처럼 거대하게 불어났다. 페이스북의 글로벌 재난 지원 페이지에서 일한 사람 중 누구도 이 페이지가 얼마나 인기를 얻게 될지 얼마나 많은 사람들이 '좋아요'를 눌러서 소식을 받아 보게 될지에 대해 생각하지 못했다. 신경도 쓰지 않았다. 우리는 이것이 우리가 하고 싶었던 일을 했기 때문이라는 것을 알고 있다. 그래서 가능한 한 빨리 페이지를 출범시켜서 쓸모 있는 역할에 나서는 데 집중했다. 그 결과 우리는 많은 사람들에게 영향을 끼쳤다.

안타깝게도 이런 문제와 씨름하는 수많은 자선단체와 조직들이 있다. 페이스북에 근무하는 동안 나는 오로지 수백만 명의 팬과 '좋아요'에만 신경 쓰는 집단들과 종종 이야기를 나눌 기회가 있었다. 그들은 '좋아요'와 팬 숫자를 늘리는 데 더 많은 시간을 쏟아붓고 난 뒤에야 자신들이 펼치는 캠페인의 진짜 목적이 무엇인지 혹은 그들이 자신들의 페이지와 내용을 통해 전달하고자 하는 가치가 무엇인지에 대해 생각한다.

무엇이 더 나은 접근법일까? 팬 숫자를 늘리는 데 집중하는 것보다 중요한 것은 당신이 정의로운 사람들과 함께 있다는 확신이다.

백악관은 주요한 실리콘밸리 기업의 사람들에게 전화를 걺으로써 아이티를 돕기 위한 인터넷 공동체를 조직해 낼 수 있었다. 나는 그날 밤

샘을 마다지 않고 페이스북 페이지를 만들어 출범시키려는 유능한 사람들로 이루어진 팀과 함께 작업할 수 있었을 따름이다.

실제로는 작은 동기로 촉발된 소규모 인원으로 이루어진 집단으로 시작해 거대한 변화의 행동으로 이어진 숱한 사례가 있다. 와엘 고님(Wael Ghonim)은 두바이에 있는 구글의 마케팅 임원이었다. 2011년 1월 '아랍의 봄'이 시작되었을 때 와엘은 그의 고국인 이집트로 돌아가 정치적 자유를 요구하는 시위에 참여했다. 와엘은 수많은 이집트인들을 거리 시위에 참여하도록 만들어 유명해진 페이스북 페이지를 개설했다. 그는 오늘날 이집트 혁명에서 가장 중요하고 용기 있는 젊은 지도자 중 한 명으로 여겨진다.

그러나 와엘은 혁명에서 거의 아무런 역할을 수행하지 못했다. 거리 시위 며칠 뒤 와엘은 경찰에 붙잡혀서 조용히 감옥에 수감되었다. 와엘의 친구들과 가족 중 누구도 그의 체포 사실에 대해 통보받지 못했다. 와엘은 감옥에 갇힌 채로 혁명이 진행되는 것을 지켜보고 있어야만 했을 것이다.

그렇지만 다행히도 와엘은 체포되기 직전에 트위터 계정을 가까스로 업데이트할 수 있었다. "#이집트를 위해 기도합시다(Pray for #Egypt)"라는 트윗을 올렸다. "정부가 내일 시민들을 대상으로 전쟁범죄를 계획하고 있는 것 같아 매우 걱정됩니다. 우리는 #1월 25일에 모두 죽을 준비가 되어 있습니다." 이 우려스러운 메시지 때문에 근심에 빠진 친구와 가족들은 와엘을 찾아서 지역의 병원과 감옥들을 샅샅이 뒤지기 시작했고 실종 사실을 알리는 온라인 캠페인을 조직했다. 그 포스트와 이야기들은 와엘이 감옥에서 풀려날 때까지 12일 동안 이어졌다.

와엘은 혁명에서 훨씬 더 큰 역할을 하게 되었다. 그러나 그를 석방시킨 것은 온라인 대중의 힘이나 새로운 사상을 위한 플랫폼으로서의 인터넷의 가치 같은 고상한 무엇은 아니었다. 와엘이 소셜 미디어를 친구들, 가족들 그리고 가까운 지원자들과 소통하기 위해 사용했다는 사실이었다. 그 사람들이 끝까지 포기하지 않고 와엘을 찾기 위해 온갖 곳을 돌아다녔고 마침내 석방에 이르게 했다는 점이다.

2013년 5월 거대한 토네이도가 오클라호마를 덮쳤을 때 소셜 미디어는 구호조직과 지원자들을 빠르고 효과적으로 조직화할 수 있었다. 트위터에 '오클라호마에 도움을'이라는 의미의 #OKNEEDS와 같은 해시태그는 재난을 당한 사람들에게 묵을 수 있는 곳, 식사할 수 있는 곳, 휴대폰을 충전할 수 있는 곳 등에 대한 유용한 정보를 제공했다. 또 커뮤니티 사이트 레딧(Reddit)은 2013년 일어난 보스턴 마라톤 폭탄테러범의 신원을 확인할 수 있도록 인터넷 사용자들을 움직이는 데 커다란 역할을 했고, 지금은 토네이도로 인한 실종자와 분실물의 사진을 제공해 이를 찾는 이에게 중요한 정보를 주고 있다. 소셜 미디어는 모든 사람들로 하여금 무기력하게 그저 주저앉아 있는 대신 무엇인가 중요한 일을 할 수 있다고 느끼게 만들었다.

2012년 적십자의 연구에 따르면, 2011년 발생한 자연재해 와중에서 소셜 미디어를 이용해 친구들이나 가족과 연락했다고 응답한 사람들이 76%였다. 44%는 911에 전화를 거는 대신에 소셜 미디어에서 친구들의 도움이나 구호대의 지원을 요청했다. 허리케인 샌디가 지나간 뒤 적십자 대원 23명은 모니터링을 통해 샌디와 관련된 트윗과 소셜 미디어 포스팅이 약 25만 개에 이르렀다는 사실을 밝혀냈다.

때로는 변화를 이끌어 내는 데 백만 명씩이나 필요하지는 않다. 진정으로 관심을 쏟는 소수의 사람으로 충분하다. 이것이 바로 사회적 선을 추구하는 모든 온라인 운동이, 무엇보다도 강력한 핵심 지원집단과 의미 있는 연결을 형성하고 오래 지속되는 관계를 구축해야 하는 게 왜 중요한지 설명해 주는 이유다.

온라인에서 사람들에게 지원을 요청할 경우, 우리는 그들에게 단지 '좋아요'를 눌러 달라거나 수동적인 정보 소비를 부탁하는 게 아니라는 것을 명심하는 것도 역시 중요하다. 소수의 집단을 한층 커다란 영향력을 지닌 운동으로 변화시키는 것은 힘든 일이고 구체적인 행동을 필요로 한다. 우리는 가능한 한 많은 사람들을 참여시켜서 실제로 중요한 일을 하게 해야 한다.

이는 사람들을 초청해 참신한 아이디어(밈)를 공유하거나 프로필 사진을 바꾸게 하거나 행사에 참여하게 하고, 또는 유튜브 동영상이나 트위터, 블로그 포스트를 통해서 아이디어와 콘텐츠를 제공하게 하는 것처럼 간단한 일일 수도 있다. 하지만 사람들을 구체적인 행동에 나서게 하려면 훨씬 큰 스케일의 방법이 필요하다.

버락 오바마가 2008년 선거운동 기간에 선거자금 모금 방식을 완벽하게 탈바꿈시켰던 게 한 사례다. 대기업 기부에 초점을 맞추는 전통적인 선거자금 모금 전략 대신에 '오바마 2008 캠페인'은 사람들에게 소액 기부를 하고 친구들도 기부에 참여하도록 권유하는 대규모 온라인 캠페인을 진행했다. 오바마 캠페인에 기부한 사람의 90% 이상이 100달러 미만의 기부자였지만, 이러한 소액 기부자들이 모여서 만든 영향력은 선거전에서 엄청난 효과를 나타냈다. 이는 또한 이후 등장한 킥스타터(Kickstarter), 크라우드라이즈(Crowdrise), 인디고고(Indiegogo)와 같은 크라우드 펀딩(crowd funding) 사이트의 토대를 마련하기도 했다.

킥스타터는 사람들에게 스스로 변화를 만들어 낼 수 있도록 하는 강력하면서도 환상적인 모델이다. 킥스타터는 사람들로 하여금 크라우드 펀딩을 통해서 창의적인 프로젝트를 위한 자금을 모을 수 있도록 해 주는 사이트다. 영화제작, 영화관, 음악, 게임, 발명품들을 만들기 위해 많은 사람들에게서 소액투자를 모으는 게 크라우드 펀딩이다. 킥스타터 이전에 당신이 '예술 후원자'가 되려면 지역의 박물관이나 오페라하우스에 거액의 돈을 기부하는 정도가 일반적인 길이었다. 그러나 이제 누구라도 예술의 후원자가 될 수 있다. 그리고 이미 일반화되었다. 2009년 출범 이래 400만 명 가까운 사람들이 4만 개의 프로젝트에 5억 8,800만 달러를 약정했다. 이 프로젝트에는 페블 전자잉크 시계를 포함해 2012년 선댄스 영화제 출품작의 10%를 지원하는 것 등 다양한 내용들이 포함되어 있다. 2013년, 다큐멘터리 「이노센테(Inocente)」는 킥스타터의 지원으로 제작된 영화로는 처음으로 아카데미상을 받았다. 수백만 인터넷 사용자들의 지원을 이끌어 냄으로써 예술가들과 기업가들은 혁신과 새로운 형태의 문화적 표현 양식을 만들어 내는 데 도움을 받고 있다.

소규모로 시작하는 것에 대해 마지막으로 강조하고 싶은 게 있다. 간혹 기구나 조직이 출발할 때 그들은 다른 조직을 시샘하면서 자기 조직의 독립성을 지키려 애쓴다. 또 자신들의 작업과 유사한 주제를 가지고 있거나 동일한 커뮤니티를 대상으로 한 다른 '경쟁적인' 작업들을 일종의 투쟁으로 바라보는 일이 있다. 그들에게 나는 생각을 달리 하라고 조언한다.

규모를 갖추고 일한다는 것은 다른 사람들과의 협업이 필수라는 것을 의미한다. 그리고 당신이 중요하다고 생각하는 것을 행동으로 이끌어 내기 위해 노력한다면, 거기에는 분명히 당신이 원하는 동일한 것을 이룩하기 위해서 일하는 또 다른 조직이 있을 것이다. 만약 당신이 달성하고자 하는 변화를 진정으로 원한다면 자존심을 버리고 여러 조직들 사이에서 적절한 파트너를 찾아내 그와 함께 변화를 이루어 내기 위해서 협력하라.

실리콘밸리 시절 나는 그토록 치열하게 경쟁하는 기술기업들 사이에서 독특하다고 여길 만한, 범실리콘밸리 차원의 몇몇 프로젝트에서 일하곤 했다. 선거 기간 동안 나는 구글과 트위터와 긴밀하게 일했다. 2008년 대통령선거 투표일에 우리는 페이스북 사용자 홈페이지에 가장 가까운 투표소를 보여 주는 구글 지도를 노출시켰다. 선거가 끝난 뒤에는 스탠퍼드 경영대학원에서 세미나 수업을 진행하기 위해 구글과 트위터의 경영진과 협력했다. 물론 아이티에 대한 지원은 산업 전체 차원에서 예상치 못한 협력의 순간이었다. 나는 실리콘밸리 주변 기업들의 주요 경영진이 모여서 페이스북 사무실에서 진행한 연방재난관리청(FEMA) 원탁회의에 참석했다. 그리고 구글의 사람찾기 앱에 관한 메시지를 받아 내기 위해서 구글과도 긴밀하게 협력했다.

이처럼 치열한 산업 내 경쟁자들도 모두 선을 이루기 위해서 협력하는데, 다른 사람들이 따라 하지 못할 이유가 없다. 그리고 이제 막 출범한 조직들이 할 수 있는 최선은, 때로는 자원을 공유하고 서로 도와

가며 홍보하고 서로 수용자와 트래픽을 모을 수 있도록 돕는 일일 것이다.

물론 아무리 절망적인 상황이라도 대중의 관심은 결국 사그라들기 마련이다. 사람들이 계속 관심을 지속할 수 있는 인간 수용력에는 태생적 한계가 있으며 특히 수행해야 할 자신의 업무가 있을 때는 더욱 그렇다. 마법은 대중적 의식이 사그라진 뒤 그리고 모든 사람들이 적십자에 기부하기를 멈추고 자신들의 일상으로 돌아간 한참 뒤에도 열정적인 커뮤니티와 사용자 기반이 가동되고 조직에 관심을 가질 수 있게 하는 것이다.

효과적인 스토리텔링이 필요한 이유다.

| 스토리텔링의 힘

2010년 페이스북은 실질 사용자 5억 명이라는 믿기 힘든 이정표에 도달했다. 회사는 어떤 방식으로든 이 일을 기념하고자 했고, 어떤 방법이 제일 좋을지 내부적으로 많은 논의가 있었다. 대규모 파티? 상품으로서 페이스북의 진화에 관한 비디오?

기업으로서는 매우 중요한 일이었고 놀라운 재능을 가진 많은 사람들이 함께 일궈 낸 결과였다. 그러나 나는 축하의 초점이 기업에 맞춰져야 한다고 생각지 않았다. 나는 항상 페이스북에서 가장 강력한 것은 플랫폼 자체가 아니라, 플랫폼을 이용해 사람들이 만들어 낸 것이라는 생각을 갖고 있다. 보통의 이용자는 페이스북에 얼마나 많은 사람들이 모여 있는지 또는 페이스북의 데이터센터(server farm)가 얼마나 큰지에 대해 전혀 신경 쓰지 않는다. 그들은 자신들의 우정과 관계에 페이스북이 가져다준 가치를 소중히 여길 따름이다.

어느 날 동료 매트 힉스(Matt Hicks)와 카페에 앉아 점심을 먹으면서 우리는 미국 전역을 버스로 누비면서 실제 사람들을 만나서 디지털 기술이 그들의 삶을 어떻게 긍정적으로 변화시켰는지에 대해 이야기하는 것을 상상해 봤다. 그 대화로부터 페이스북 스토리가 태어났다. 결국 버스를 활용하지는 않았지만 우리는 페이스북 앱을 만들기로 하고 페이스북 덕분에 힘을 지니게 된 개인들과 공동체, 조직들을 조명하고 그들 스스로 자신들의 이야기를 세상을 향해 말하도록 했다.

경험상 나는 그 앱이 매력적인 사람들의 삶을 보여 주는 것에 그쳐서는 안 되며 페이스북을 통해 홍보를 하고 싶어하는 브랜드들에게 최적의 노하우를 보여 주는 게 중요하다고 생각했다. 나는 좋은 본보기를 찾아서 플랫폼에서 다른 사람들이 복제할 수 있는 무엇인가를 만들어내야 했다. 그래서 페이스북 스토리는 사내에서 아무런 지원이나 특별한 기술적 자원을 제공받지 않은 채 제작되었다. 앱 전체가 누구든지 함께 작업이 가능한 외부 개발자들에 의해 개발되었고, 홍보도 누구나 구매가 가능한 광고를 통해 진행되었다.

우리는 사용자 스토리를 집중 조명할 앱을 만들고 세계지도에 표시하기 위해 디자인회사 제스3(Jess3)와 함께 일했다. 그 앱은 임베디드로 다른 사이트에 심을 수 있어서, 적십자 사례처럼 자신들의 페이스북 페이지에 집어넣고 재난 지원에 관한 이야기를 들려달라고 요청하거나 베이비즈알어스(Babies 'R' Us) 같은 회사처럼 소셜 미디어와 아이 출생에 관한 이야기를 보여 주고 수집하는 데 활용할 수 있다.

이 앱에서 공유된 최초 스토리들 중의 하나는 벤 타일러(Ben Taylor)의 이야기다. 켄터키 주 출신의 17살 소년 타일러는 홍수 피해로 무너진 켄터키 주의 가장 오래된 야외극장을 복구하기 위한 지원을 요청하는 데 페이스북을 활용했다. 할리 로즈(Holly Rose)는 피닉스에 사는 아이 엄마인데, 그녀의 친구가 페이스북에 이야기를 올렸다. 친구는 유방 종양이 의심되므로 검사를 받으라는 글을 올렸는데 그 뒤 로즈는 검진을 통해 초기단계의 유방암을 발견했다. 로즈는 그 덕에 암 치료를 받고 회복되었다. 그녀는 암 치료 기간 동안 페이스북에서 많은 도움을 받았고, 이후 페이스북에서 "바보같이 굴지 말고 유방암 검사를 받자(Don't Be a Chump! Check for a Lump)"라는 유방암 검진 캠페인을 조직해 나갔다.*

연결된 덕분에 인생이 바뀌고 구조되고 힘을 얻게 된 이야기들은 셀 수 없이 많다.

저스틴 비버(Justin Bieber)도 페이스북 스토리에 주목했다. 비버는 자신의 웹사이트에 이 앱으로 연결되는 링크를 올려놨다. 그 결과 '빌리버(Belieber)'로 불리는 저스틴 비버의 팬들이 몰려들어 많은 스토리를 올렸는데, 대부분은 자신들이 얼마나 저스틴을 사랑하는지에 대한 내용이었고 그래서 그와 결혼하고 싶다는 내용도 많이 있었다. 트래픽이 너무 몰려들어 우리는 일시적으로 앱을 차단해야 했을 정도였다. 그날 페이스북의 많은 직원들이 '빌리버'를 탈퇴했지만, 내게는 인상적이었다.

---

* 이를 계기로 2009년 Live and Give 재단이 만들어졌고, "Don't Be a Chump! Check for a Lump"를 구호로 내건 유방암 예방 캠페인이 펼쳐졌다.

프로젝트는 대체로 큰 성공이었다. 사용자들이 들려준 이야기들은 감동적이었고, 가슴을 저미게 하고 기억할 만한 내용이었다. 돌아보면 페이스북 스토리는 내가 일했던 페이스북 플랫폼에서 가장 중요하고 인간적인 부가서비스 중 하나였다.

한 사람 인생의 핵심에는 고유한 서사가 있다. 이는 왜 당신이 메시지를 전달할 때 관련된 내용으로 쉽게 스토리텔링을 할 때 청중이 다른 사람들의 눈을 통해서 자신들을 돌아보게 하는지를 설명해 준다. 이게 공감의 시작이다. 스토리는 사람들의 경험을 함께 묶어 주는 접착제다. 스토리는 이해를 증진시키고 어려움에 처한 사람들을 도와주고 싶게 만드는 장치이기도 하다.

자선단체와 사회조직을 위한 방송에서 이제껏 사용되어 온 많은 방법들의 생각지도 못했던 부작용은 '비극 피로감'이다. 다른 사람들과 마찬가지로 나도 끊임없이 킥스타터, 인디고고, 키바 마이크로금융, 코즈닷컴 등을 비롯해 소규모 조직과 크라우드펀딩으로 진행되는 수많은 캠페인들로부터 참여 요청을 받고 있다. 2012년 선거 기간 동안 수많은 이해집단들과 오바마-롬니 선거운동본부에서 밀려온 참여 권유는 거의 견디기 어려울 정도였다. 선거캠프가 보내려고 작정한 이메일은 끝도 없이 많았고 내용은 한결같이 비인간적이기 그지없었다. 이런 이메일은 이름말고는 나에 대해 아는 게 아무것도 없었다.

사람들은 당신에게 크라우드펀딩된 크라우드라이즈의 캠페인을 지원해 달라고 또는 자선단체에 생일기념 기부를 요청하거나, 경주, 걷기행진, 마라톤, 하프마라톤, 혹은 산타콘(SantaCon: 산타클로스 복장을 한 자선행사) 등에 참여를 부탁한다. 하지만 이런 수많은 요청들은 대개 반응을 얻어내지 못한다.

효과적인 스토리텔링은 무관심한 군중을 꿰뚫고 지나가서 적극적인 수용자와 만나게 한다. 좋은 스토리는 사람들의 관심을 끌어내는 데서 나아가 사람들이 이해하게 만든다.

기근 구호를 위한 기금을 모으려 할 때 얼마나 많은 어린이들이 매일 밤, 저녁을 먹지 못한 채 잠든다고 그 숫자를 알려 주는 것만으로는 충분하지 않다. 사람들이 원래 연결되었다는 느낌을 갖지 못하는, 아마도 외국에 있는 누군가의 곤경과 생존을 위한 분투를 감정적 차원으로 연결시키는 게 관건이다.

이런 장벽을 뚫고 나에게 도달한 한 후원 요청 이메일은 다발성 경화증 환자 돕기 자선걷기행사를 위해 모금을 펼치는 친구에게서 온 것이었다. 이런 종류의 일은 대개 묻혀 버리거나 아무도 응답하지 않는 페이스북 '이벤트'의 어중간한 상태로 처박히는 게 일반적이다. 그런데 이 요청에는 동영상 링크가 달려 있었고, 클릭해 보니 동영상에는 결혼식을 하는 남자가 다발성 경화증을 앓고 있는 자신의 엄마를 휠체어에서 안아 올린 뒤 함께 춤을 추는 모습이 희망적 분위기의 배경음악과 함께 담겨 있었다. 내가 인터넷에서 보아온 가장 애잔한 순간의 하나였다. 눈물을 닦고 나서 곧바로 '기부하기'를 클릭했다.

세라 매클라클런(Sarah McLachlan)의 노래가 잔잔히 깔리는 가운데 버려진 불쌍한 애완동물들을 천천히 카메라가 비추고 지나가는 TV 광고가 나로 하여금 얼른 리모컨을 집어들게 만들고, 올림픽 기간에 방송된 피앤지(Proctor & Gamble)의 광고 '디어 맘(Dear Mom)'을 보면서 울다가 눈이 퉁퉁 붓게 되는 이유도 바로 '스토리'에 있다. 그들은 감동적인 음악과 영상을 활용해서 효과적이고 공감할 수 있는 스토리텔링을 한다.

보는 사람을 울게 만드는 게 가장 좋은 동영상이라는 이야기가 아니다. 중요한 것은 스토리다. 효과적인 전달은 개인이나 집단이 몰입해 있는 투쟁에 집중하게 하거나, 누구에게나 공통된 인간애와 인생의 도전을 극복하려는 시도에 대해 감동을 주는 내러티브를 엮어 낸다. 본질적으로 온라인 모금운동을 하려면 한 개인의 스토리를 이야기할 필요가 있고 스크린 건너편의 사람들을 서로 연결시켜야 한다.

이것이 바로 내가 '코니(Kony) 2012' 현상에 깊은 인상을 갖고 있는 이유다. 이는 북부 우간다와 주변국가에서 조지프 코니(Joseph Kony)라는 사람의 지도 아래 싸우는 반란군인 '신의 저항군(Lord's Resistance Army)'에 납치된 소년병들의 곤경에 대해 국제적 각성을 신속하게 확산시키는 데 소셜 미디어가 활용된, 짧지만 강력한 순간이었다. 2012년 3월 '보이지 않는 아이들(Invisible Children,Inc.)'이라고 불리는 집단이 조지프 코니에 관한 30분짜리 동영상을 만들어 공개하고 #makekonyfamous, #kony2012, #stopkony 같은 해시태그를 달아 이 동영상을 소셜 미디어를 통해 홍보했다. 이 조직은 곧 입소문을 탔다. 얼마 지나지 않아 이 영상물을 수천만 명이 보고 세계적 관심이 생겨났다.

그럼에도 '코니 2012'에 대한 관심은 오래지 않아 사그라들었다. 수년 동안 코니에 대한 관심을 높이고자 노력해 온 많은 조직들은 사람들이 보여 준 일시적 관심에 무시당했다는 느낌이 들었다. 코니의 만행을 중단시킬 어떠한 가시적 조치도 실행되지 못했다. 그때 동영상 제작자 중 한 명이 공개적으로 실패를 선언했고, 그 조직은 이후 영영 회복되지 못했다. 조지프 코니는 여전히 현존하고, '코니 2012'는 이제 소셜 미디어를 기반으로 한 각성 캠페인이 보여 준, 거창하게 보이지만 실제로는 아무것도 이루어 내지 못하는 현상에 대한 일종의 냉소적 지칭이 되어버렸다.

그럼에도 '코니 2012'는 실제로 상당한 것을 이루어 냈으며, 칭찬받을 만하다. '보이지 않는 아이들' 집단은 거의 아는 사람이 없던 인도주의적 위기를 며칠 만에 인터넷 문화와 소셜 미디어의 힘을 지렛대로 삼아 전 세계에 알리는 역할을 했다. 그들은 그것이 한계일 수도 있다는 것을 보여 줬다. 그들은 신의 저항군이 저지르는 만행을 중지시키려는 최종 목표를 아직까지 달성하지 못했지만, 유엔조차 이를 어쩌지 못하고 있는 게 현실이다.

핵심적인 교훈은 이렇다. '코니 2012'가 그토록 널리 빠르게 알려진 이유는 유튜브 동영상이 효과적인 이야기를 들려주었기 때문이라는 점이다. 그 영화는 고통받는 아이들이 있다고 말하는 데 그치지 않고 당신에게 생생한 현장을 보여 주었다. 그렇지 않았으면 여느 외신 뉴스의 하나일 뿐이었을 것을 인도적인 것이 되게 하였다. 이제까지 멀리 떨어진 지역에서 일어난 참극에 대한 영화를 만들려는 사람들이 있었는가? 물론 없지 않았다. 그러나 누구도 더 빨리 더 널리 알리기 위해 인터넷의 힘을 지렛대로 활용하지 않았다. 이 집단은 자신들이 시작한 운동을 제대로 끌고 갈 수 있는 능력이 충분치 못했지만 그렇다고 해서 그들이 이루어 낸 것을 평가절하할 이유는 없다.

다음번의 '코니 2012'가 앞으로 무엇이 될지는 아무도 알 수 없다. 무엇이라도 가능할 것이다.

| 글로벌하게 생각하라

인터넷 시대에 원조를 하는 데 있어서 거리는 더 이상 장벽이 아니다. 수천 마일 떨어진 곳에 있는 조직에 기부하는 것은 당신 바로 옆에 있는 사람에게 기부하는 것과 마찬가지로 간단하다. 온라인에서 '기부하기'를 누르면 끝이다. 또는 문자를 보내면 된다.

이것이 뜻하는 것은 더 이상 순수한 지역기반 조직 같은 것은 없다는 것이다. 예를 들면 과거에는 교회 지붕을 고치러 차를 몰고 가는 것 같은 단지 작은 지역공동체의 관심사였던 것들이 이제는 지구 전체의 관심사일 수 있게 되었다. 보편적인 인간의 동정심, 꿈, 소망과 울림을 갖는 사연을 홍보하면 우리는 전 세계를 움직일 수도 있다.

한 사례로 캐런 클라인(Karen Klein)이라는 할머니의 이야기가 있다. 캐런은 뉴욕 북부의 중학교 학생들의 스쿨버스에 함께 타는 안전요원이었다. 2012년 6월 그녀는 버스에 타는 학생들에게 심한 욕설을 들었다. 학생들은 스마트폰을 이용해 그녀에게 저질 욕설을 해대는 자신들의 모습을 동영상으로 담아서 이튿날 인터넷에 "버스 안전요원 울리기"라는 제목을 달아 올렸다. 이내 수십만 명, 이어서 수백만 명이 그 동영상을 시청했다. 동영상이 입소문을 타게 되자 관심이 커졌고, 욕설을 한 학생들은 교육청의 처벌을 받고 캐런에게 사과하게 되었다.

인터넷 커뮤니티는 거기에서 멈추지 않았다. 며칠 뒤 캐런과 전혀 관계가 없는 사람이 인디고고 계정을 만들었다. 5,000달러를 모아서 캐런에게 휴가비를 주자는 제안이었다. 한 달 뒤 캠페인은 목표 금액을 70만 달러로 높였다. 현재 캐런은 그 돈의 일부로 캐런 클라인 괴롭힘 반대 재단(Karen Klein Anti-Bullying Foundation)을 설립하고 자신은 은퇴해서 쉬고 있다. 지역의 학교 이사회가 신경 쓰던 일이 이제는 온 세상의 관심사가 되었다.

여기에는 어떤 사연에 대한 자각을 끌어내기 위해 인터넷을 활용하는 사람이면 누구나 알아야 할 교훈이 있다. 세계가 귀 기울일 수 있는 바로 그때를 위해 준비해야 하고 지원을 요청할 수 있도록 준비되어 있어야 한다. 모든 사연마다 글로벌하게 생각하는 게 필요하다. 이는 지역 스토리가 글로벌 스토리로 바뀌어야 하고 지역 이슈가 글로벌 이슈로 달라져야 함을 의미한다. 사람들은 비록 자신들의 일상적 삶과 공동체 영역 바깥의 일이라고 할지라도 흥미 있는 일이면 관심을 갖는다.

2010년 말 나는 유엔재단(UN Foundation)의 글로벌 기업가 위원회(Global Entrepreneurs Council)에 합류했다. 이 위원회는 전쟁이나 빈곤, 기후변화와 같은 세계가 직면한 거대한 문제들과 씨름하면서 새로운 해결책을 찾기 위해 다양한 산업, 시민사회, 언론 분야에서 젊은 지도자들을 한자리에 모은 조직이다.

위원회에 합류해 처음에는 말라리아 이슈에 관한 행동을 끌어내기로 했다. 우리 캠페인은 말라리아가 아프리카의 사하라 이남 지역과 동남아시아를 얼마나 황폐화시키고 있는지에 대해 알려 주는 스토리텔링에 집중함으로써 보편적인 스토리를 전달하는 걸 목표로 삼았다. 거대한 문제 극복을 위해 싸우는 사람들과 사회에 관한 이야기이고, 도움을 필요로 하는 사람들을 마주했을 때 나타나는 자연스러운 선의와 미국인의 친절함을 활용하기 위해서다. 회의와 타운홀 미팅이 온라인으로 방송되었고 우리는 시청자들에게 모기에 물려 말라리아균에 감염돼 숨진 사람들 통계를 알려 주었다. 말라리아 모기는 간단하게 퇴치할 수 있다. 그리고 우리는 말라리아 생존자들이 직접 말하는 감동적 증언을 준비했다. 프로젝트의 일환으로 페이스북에서 말라리아 예방을 위한 타운홀 미팅을 조직했는데, 이는 페이스북 최초의 자선조직이었다. 이 기간에 나는 스탠퍼드 경영대학원 시절부터 알던 한 청년에 관한 개인적 스토리를 공유했다. 그는 봄방학 여행 때 말라리아에 걸려 숨졌다. 이 슬픈 이야기는 말라리아가 멀리 있는 나라만의 비극이 아니라는 사실을 보여 준다. 전 세계 모든 공동체의 많은 사람들과 각계각층에 영향을 끼치는 중요한 문제다.

결국 생존과 교육, 더 나은 삶을 위한 투쟁, 공포와 학대, 고통으로부터의 자유와 같은 보편적인 투쟁이나 갈망에 대해 말하는 것은 무엇이나 전 세계에서 동조자를 찾을 수 있는 잠재력이 있다.

2012년 1월 전 세계 수백만 소셜 미디어 이용자 프로필 사진이 시커먼 색으로 칠해졌다. 미국의 「온라인불법복제방지법(SOPA)」과 「지적재산권보호법(PIPA)」 제정이 가져올 온라인 검열의 위협에 대한 항의 표시로 사용자들이 프로필을 완전히 검게 바꿔 버린 것이다. 글로벌 보이스 온라인(Global Voice Online)과 위키피디아 같은 다른 국제적 단체들도 홈페이지를 일시적으로 폐쇄하는 형태로 항의에 동참했다. SOPA와 PIPA는 미국의 법률에 불과하지만 인터넷에 영향을 끼치고, 잠재적으로 전 세계에 영향을 줄 것이므로, 국제적 관심을 불러일으켰다. 위키피디아의 공동창립자 지미 웨일스(Jimmy Wales)는 "전체로서의 인터넷은 검열을 수용할 수 없다는 글로벌 메시지를 보내기 위해서"

홈페이지를 차단했다고 설명했다.

SOPA와 PIPA는 금방 철회되고 말았다. 온라인 시위 이튿날 법안의 공동발의자 대부분이 입법을 포기했고 공화당과 민주당의 많은 의원들이 반대 의견을 드러냈다. 이 모든 것은 그날 하루 동안 전 세계 수백만 명과 다수의 조직이 참여해 행동으로 펼쳐진 온라인상의 거대한 반대운동 때문이었다.

만약 당신이 전 세계를 상대로 하나의 이유를 내세우고 집회를 하고자 한다면, 지금이 그때다. 단지 사람들에게 무엇인가 할 일을 제공하라. 물론 세계와 공명하기 위한 조직을 위해서는 세계인들을 이해시켜야 한다. 그러기 위해서는 공통된 언어로 말해야 한다.

메시지는 단지 몇 마디 말 이상으로 널리 퍼져 나갈 수 있다. 코네티컷의 21살 난 소프트웨어 개발자인 매트 하딩(Matt Harding)의 '댄싱' 스토리 사례를 보자. 그는 세계를 돌면서 여러 나라에서 자기가 춤을 추는 모습을 재미있고 감동적으로 담은 비디오를 2005년 인터넷에 올린 뒤 일약 인터넷 스타가 되었다. 그는 2008년과 2012년에 두 번 더 비디오를 제작했는데, 수천만 명이 시청했다. 이들 동영상이 세계적으로 유명해지게 만든 것은 매트가 다양한 집단과 함께 춤을 추는 모습이 매사추세츠 주에서 몽골에 이르기까지 모든 사람들을 묶어 주는 공통된 인간애를 증명해 주었다는 점이다.

온라인과 오프라인에서 우리 모두는 공유하고 소비하고, 사진 · 모방(밈) · 음악 · 기호 · 바디랭귀지 · 춤 같은 비언어적 커뮤니케이션 형태에 의해 영향을 받는다. 동성결혼을 지지하는 빨간색 등호(=) 배너는 말이 없지만, 공유와 모방이 쉬운 공통된 시각언어로 말하고 있기 때문에 효과적이다. 사실 밈(meme)이란 용어는 리처드 도킨스(Richard Dawkins)가 사회적 모방과 변이에 의해서 더 강해지고 전염성을 띄게 되는 아이디어를 가리키기 위해, 자연계에서 유전자(gene)와 유사한 개념의 용어를 차용해 만들어 낸 말이다.

우리는 최근에 해시태그를 중심으로 형성된 새로운 보편 언어가 떠오르고 있는 걸 보고 있다. 해시태그는 당신이 온라인 어디에서나 볼 수 있는 '#' 기호 뒤에 붙여서 쓰는 단어들로, 주로 트위터와 인스타그램에서 많이 활용된다. 해시태그된 단어는 이 단어를 태그한 다른 트윗들이나 사진들로 당신을 안내하는 일종의 표지다. 해시태그는 페이스북, 인스타그램, 트위터 혹은 시위대의 구호나 벽에 스프레이로 쓰인 단어이든 간에 플랫폼을 넘어서서 특정한 아이디어에 대한 연대를 상징한다. 올바른 해시태그를 선택하라. 그러면 당신은 전 세계를 상대로 조직을 구성할 수 있다.

공동체에 기술과 생활의 균형을 이식하는 방법

오늘날 사회는 변화가 끊임없이 일어난다. 이따금 변화는 온 사회가 지켜보는 가운데 # 기호 뒤에 이어지는 단어처럼 간단한 것에서도 시작할 수 있다.

언젠가는 스마트폰이 세상의 가장 어두운 곳에서도 반짝이게 될 것이다. 그때가 되면 전화기를 손에 쥐고 놀라운 일을 할 수 있도록 도움을 주기 위해 이 팁들을 이용하라.

‘좋아요’가 아니라, 사람에게 집중한다

수많은 자선단체와 캠페인이 수백만 명의 팔로어를 끌어들이고 ‘좋아요’를 늘리는 데 집착하고 있는데, 숫자에는 집착하지 말라. 모든 변화는 확신을 가진 개인들로 이루어진 작은 집단에서 시작한다는 것을 기억하라. 사람들의 삶에 가치를 보태는 것에 집중하라. 흥미롭고 감동적인 내용을 포스팅하라. 소셜 미디어의 가치는 당신이 도달할 수 있는 사람들의 숫자에 의해서만이 아니라, 당신이 만들어 낼 수 있는 관계의 깊이에 의해서도 평가된다. 소셜 네트워킹은 우리로 하여금 확신을 갖고 변화에 나선 사람들로 형성된 핵심 집단을 찾도록 해 준다. 이들이 결과적으로 운동을 수백만 배 강하게 만들어 내는 동력이다.

적게 말하고 많이 행동한다

인터넷은 캠페인 목표에 관한 인식을 제고하고 정보를 공유하는 뛰어난 도구이기도 하지만, 동시에 협업을 위한 플랫폼이기도 하다. 후원자들이 직접 참여해 스스로 역할을 할 수 있는 다양하고 구체적인 활동들을 제공하라. 사람들에게 목표를 달성하기 위한 청원에 참여하고, 편지를 쓰고 아이디어를 따라하도록 하고 혹은 기부도 하라고 초청하라. 사람들에게 유튜브 동영상을 제작하거나 자신들의 생각을 트윗하여, 당신의 캠페인이 그들에게 어떤 의미를 가지는지 설명하게 하라. 변화는 행동을 필요로 한다. 그러므로 사람들을 움직이게 하라.

적절한 스토리를 활용한다

변화는 사람들이 감화되었을 때 일어난다. 그러므로 사람들을 감동시켜라. 인터넷은 스토리텔링을 위한 놀라운 플랫폼이다. 유튜브, 인스타그램, 페이스북, 트위터, 텀블러 등의 도구를 총동원하고 캠페인에서 관건이 되는 걸 블로그로 설명하고 인간적으로 전달하라. 누구나 좋은 스토리를 선호한다. 당신이 변화를 일으키고 싶다면 사람들에게 변화의 필요성을 확신시키고 사람들의 삶에서 구체적 가치를 보여 주어야 한다. 좋은 스토리가 모두 해결해 줄 것이다.

글로벌 언어를 사용한다

당신이 세계를 움직이고 싶다면 국제어를 말할 필요가 있다. 이는 단지 당신의 언어를 이해시키라는 뜻이 아니다. 때로 당신은 그 언어를 전혀 알 필요가 없을 수도 있다. 사진, 동영상, 음악 혹은 예술은 보편적인 인간의 가치와 감정에 다가감으로써 상이한 공동체와 문화를 건너뛰어서 한결 손쉽게 번역된다. 만약 당신이 펼치는 운동이 단순한 이미지나 매혹적인 동영상 혹은 멋진 해시태그로 규정될 수 있다면, 이러한 커뮤니케이션 형태는 지리적 경계를 넘어서 실제로 세계를 하나로 묶어 낼 수 있다.

페이스북에 근무할 당시 직원들 사이에서 가장 인기가 높았던 페이스북 페이지의 하나는 '페이스북 요리사 팀' 페이지였다. 페이스북 본사는 직원들을 위해 맛있는 식사를 준비해 아침, 점심, 저녁 식사를 무료로 제공하는데 이를 담당하는 요리사 팀이 있다. 집안 냉장고를 주로 다이어트콜라와 아기용 음료 저장 공간으로 쓰는 나로서는 페이스북을 그만 둔 뒤 더욱 아쉬워지는 멋진 특전이다. 이 요리사 팀은 식당 입구에 메뉴를 걸어 두는 대신에 페이스북 페이지에 '오늘의 요리'를 게시했다.

이 페이지는 곧 페이스북 직원 모두가 하루에 여러 차례 방문하는 필수 페이지가 되었다. 메뉴는 식사 시간 몇 분 전에야 게시되기 때문에 우리는 지키고 앉아 있으면서 계속 새로고침 버튼을 눌러대곤 했다. 파스타나 타코가 나오는 날이면 하던 일을 멈추고 재빨리 달려가야지 그렇지 않으면 30분은 기다려야 했기 때문에 그날의 메뉴 체크는 필수였다.

어느 날 나는 중요한 것을 알아냈다. 당시 팔로알토 페이스북 사무실에는 1,000여 명의 직원이 근무하고 있었는데, '페이스북 요리사 팀' 페이지의 '좋아요'를 누른 사람은 약 4,000명이나 되었다. 페이스북에서 근무하지 않지만 오늘 페이스북 직원들의 메뉴를 궁금해 하는 사람들이 적어도 3,000명이나 된다는 의미였다.

오늘날까지 그 페이지는 나에게 창의적 영감을 주는 페이지로 남아 있다. 음식 사진이라는 보편적 언어로 말함으로써 페이스북 요리사들은 진정으로 매혹적이고 멀리까지 도달하는 경험을 만들어 낼 수 있었다.

사진의 힘에 대해 이야기해 보자. 나는 최근 샌프란시스코만 연안 지역에서 음식 배달 서비스업체인 '먼처리(Munchery)'라는 근사한 기업의 설립자와 이야기하게 되었다. 그들은 그날 저녁 배달이 가능한 메뉴 사진을 담아 날마다 이메일을 보내는데, 개봉률이 일반적인 이메일 뉴스레터의 평균보다 훨씬 높다는 사실을 알려 주었다. 그가 고객 일부를 대상으로 조사한 결과, 고객들은 이 뉴스레터를 '푸드 포르노'로 간주하며, 비록 그날 저녁 아무것도 주문할 계획이 없거나 심지어 다른 지역에 있을 때에도 매일 메뉴를 열어보기를 고대한다고 말했다.

마음을 움직이는 방법과 보편적 언어를 활용해 사람들에게 도달하는 방법을 알면 단지 입소문 효과를 내거나 사람들을 허기지게 만드는 것 이상의 일을 할 수 있다. 전쟁과 평화처럼 엄청난 차이를 만들어 낼 수도 있다. 로니 에드리(Ronny Edry) 사례를 들어 보자.

2012년 3월 이스라엘의 그래픽 디자이너인 로니 에드리는 이스라엘과 이란 간의 전쟁과 관련해서, 이스라엘 국기를 든 채 어린 딸을 안고 있는 사진을 자신의 페이스북 담벼락에 포스팅했다. 사진 아래에는 "이란 사람들이여, 우리는 절대로 당신네 나라를 폭격하지 않을 겁니다. 우리는 당신들을 사랑합니다"라고 적었다. 며칠 만에 이란인들을 포함한 수천 명의 사람들이 사진에 '좋아요'를 누르고 공유했다. 일부 이란인들은 "나의 이스라엘 친구들이여, 나는 당신들을 미워하지 않아요. 전쟁을 원치 않아요. 사랑과 평화를!"이라는 메시지를 담은 포스터로 화답했다.

소셜 네트워킹 덕분에 갑자기 이스라엘인들과 이란인들이 직접 서로에게, 또 온 세계를 향해 이야기하게 된 것이다. 거의 우연히 로니 에드리는 평화운동을 시작했고, 그것이 사람들에 의해 이어졌으며 페이스북과 소셜 미디어에서 많은 사람들의 '좋아요'와 공유로 확산되었다.

간단한 사랑과 평화의 메시지가 전쟁을 멈추게 하지는 못할 테지만, 로니가 나중에 그의 포스터에 쓴 다음의 말은 그 자체로 진실이다. "평화를 이룩하는 것은 서로 각자 그리고 우리 모두가 함께 시작할 수 있

는 간단한 과정입니다. 우리가 하트 표시를 보낼 때마다 우리가 건설하고 있는 다리의 벽돌을 하나 더 쌓는 것입니다. 하트를 보내는 일이 곧 평화를 만드는 것입니다."

세상을 변화시키고자 할 때, 너무 멀리 보려고만 할 필요는 없다. 세상에는 관심을 가져 달라고 아우성치는 운동이 어디에나 있다. 만약 우리가 세상의 언어를 말한다면 우리는 어디에서나 사람들의 삶을 개선하기 위해서 이전보다 더 빠르고 커다란 영향력으로 함께 일할 수 있을 것이다.

#세상을변화시키자(#letsgochangetheworld)

제 10 장

모두가 미디어인 세상:
진실한 당신을 방송하라

• • •

페이스북 프로필은 진짜 당신이 아니라 당신의 가장 멋진
모습일 뿐이라고 사람들은 말한다. 그걸 바꾸자. 진짜 당신이
최선의 당신이 되게 만들자. 온라인과 오프라인 양쪽의
모습이 동일할 때 당신은 솔직한 삶을 위해 노력하게 된다.
마음의 평화, 우정, 사랑, 일에서의 성취를 이루기 위해,
그리고 공동체에서 선을 이루기 위해, 또 당신의 삶을
통제하기 위해서가 아니라 개선하기 위해 인터넷을 사용하라.

• • •

2011년 여름이었다. 나는 실리콘밸리에 있는 전자제품 매장 타깃의 계산대 앞에 줄 서 있으면서 잠시 앵그리버드(Angry Bird)를 한 판 했다. 녹색 돼지 한 마리가 절벽 끝에 불안하게 서 있다가 곧 떨어지려는 찰나 ……. 이제 두 번째 …….

"이런!"

다른 새를 발사할 준비를 하고 있을 때, 전화벨이 울렸다. 계산대 앞에서 줄을 선 채 통화하기에는 어울리지 않는 상당히 중요한 전화였다. 친구인 ABC 뉴스의 선임 프로듀서 앤드루 모스(Andrew Morse)였다. 그와는 2007년, 2008년, 2010년 중간선거 때까지 도합 18개월 동안 페이스북에서 선거와 관련해 협업을 진행한 사이다.

"축하해, 랜디. 우리가 에미상(Emmy Awards)* 후보로 지명됐어!"

* 미국텔레비전예술과학아카데미(ATAS)가 전년도에 방영된 미국의 TV 프로그램들을 대상으로 시상하는 미국 텔레비전 부문 최고의 상

믿기지 않았다. 놀라서 더듬거리며 가까스로 “고마워! 당신도 축하해요”라고 말했을 정도다. 그리고 집에 도착하기도 전에 정신없이 내 이름을 검색해 보았다. ATAS가 ‘ABC-페이스북 2010 선거’ 보도 프로그램을 ‘탁월한 뉴스보도’ 부문 후보로 지명했고, 그 취재팀에 내 이름이 들어 있었다.

나는 항상 이처럼 저명한 상의 수상 후보자로 지명되는 것을 상상하곤 했다. 흰 가발을 쓴 사람이 마차에서 내려서 현관 벨을 누르고 하얀 장갑을 낀 손으로 은쟁반을 치켜 든 채로 내게 봉투를 전달한다. 편지에는 멋진 글씨체로 시상식 참석을 간곡히 청하는 내용이 들어 있는 장면이었다. 하지만, 타깃 매장에서의 전화통화를 통한 통보도 기념할 만한 방식이라고 생각하기로 했다.

덧붙이자면, 후보로 지명되었다는 것만으로 정말 커다란 영광이다.

‘ABC-페이스북 2010 선거’ 투표일 저녁 보도는 내가 기술과 미디어 간의 융합현상이 점점 확대되는 것을 이해하는 데 핵심적 역할을 했다.

ABC 선거보도 방송이 진행되는 동안 나는 애리조나 주립대학에서 디지털 타운홀 미팅을 주관했다. 내 역할은 전통적인 TV 보도를 페이스북의 미국정치 앱에서 벌어지는 실시간 토론과 통합시키는 것이었다. 토론 주제는 세금 인하에서 마리화나 합법화에 이르기까지 진지한 뉴스와 사용자들이 제안한 논제가 섞여 있었다. ABC의 간판 여성 앵커 다이앤 소여(Diane Sawyer)가 선거 당일 TV 방송의 메인 리포팅을 담당하는 동안, ABC 뉴스의 남성 앵커 데이비드 뮤어(David Muir)와 나는 온라인 통신원을 맡았다. 우리 세 사람은 그날 저녁 보도에서 서로 주거니 받거니 하면서 시청자들의 관심을 사로잡았다.

대단히 흥미롭고 새로운 형식이었다. 페이스북과 텔레비전 카메라가 지닌 놀라운 힘의 특징을 한꺼번에 활용하는 이 프로젝트를 수행하면서 나는 전통미디어와 뉴미디어 그리고 텔레비전과 인터넷의 융합을 통해서 정보와 오락을 경험하는 새로운 향유 방식이 형성되고 있다는 인상적인 느낌을 받게 됐다.

나는 문자 그대로 텔레비전과 인터넷의 교차로에 앉아서 한편으로는 텔레비전 시청자들에게 말하고 동시에 디지털 청중과 소통하면서 생방송 중인 다이앤 소여에게 실시간으로 의견을 전달하는 역할을 했다. 우연한 기회였지만 방송과 오락 분야에서의 혁명이 사람들로 하여금 미디어를 소비하는 태도와 관계 맺는 방식을 근본적으로 바꿔놓는 상황을 맨 앞줄에서 제대로 볼 수 있었다.

10년 전만 해도 텔레비전과 영화 스튜디오는 콘텐츠의 생산과 유통 방식을 독점했다. 각 가정에서 사람들이 실수하는 모습을 담은 아마추어 홈비디오도 「아메리칸 퍼니스트 홈비디오(American's Funniest Home Videos)」 같은 플랫폼을 통해서만 방영될 수 있었다.

까마득한 시절로 여겨져 지금은 기억하기도 어려울 것 같지만, 전화선 모뎀을 연결해 동영상을 시청하고 어렵고 복잡한 조작법 때문에 다루기 골치 아픈 캠코더로 찍은 창작물을 온라인에 올리느라 고충을 겪은 게 사실은 그리 오래전 일이 아니다. 물론 당신이 1999년 소니 디지털 캠코더 마비카(Mavica)로 찍은 15초짜리 동영상을 3.5인치 디스크에 담아 브로드캐스트닷컴(broadcast.com) 사이트에 올렸다면 시대를 앞서간 사람이겠지만, 이는 예외적 경우일 따름이다.

이제 방송할 수 있는 능력은 누구에게나 특별할 게 없어졌다. 1990년대에 미래에 대해 가장 열광하던 사람들이 꿈꾸던 것은 이제 현실이 되었다. 오늘날은 모든 사람이 언론인이고 누구나 미술관인 동시에 신문, 잡지, 통신 서비스이며 또 이 모든 게 합쳐진 존재다.

그래서 모든 사람이 하나의 자그마한 미디어 제국이다.

과거에는 미술관이든 텔레비전 쇼든 무엇이든지 대규모 청중을 만나고자 한다면 먼저 소수 콘텐츠 게이트키퍼(gatekeeper)의 승인을 받는 게 최우선이었다. 제공될 수 있는 갤러리 공간이나 빈 주파수 대역이 제한되어 있었기 때문이다. 그리고 만약 당신의 작업이 전시되거나 방영될 수 있으려면, 무엇보다 수익성이 높아야 했다.

이제는 더 이상 그렇지 않다. 스마트폰으로 데이터 통신을 이용하는 이상, 전 세계가 당신의 청중이 될 수 있다. 인터넷 덕분에 더 이상 게이트키퍼는 존재하지 않게 되었다. 인간 상상에는 한계가 없다.

이는 예술적 '장면'이 더 이상 대도시에 자리 잡은 소수집단의 문화적 거주공간에 국한되지 않고, 어느 곳으로부터도 글로벌한 문화적 시금석이 도래할 수 있고, 도래할 것임을 의미한다. 싸이의 '강남 스타일'에서 할렘 셰이크(Halem Shake)까지, 키보드 캣(Keyboard Cat)에서 그럼피 캣(Grumpy Cat)까지, 니얀 캣(Nyan Cat)에서 릴붑(Lil Bub), 사람처럼 소리지르는 염소까지 ……. 이 모든 것들이 좋은 사례다.*

이는 또한 트위터 계정을 가지고 있는 사람이 좋은 위치만 선점하면 직업 기자보다 훨씬 훌륭한 현장 뉴스보도를 할 수 있다는 것을 의미한다. 예를 들어, 2013년 4월 보스턴 마라톤 테러 때 트위터는 사건의 진

---

* SNS와 유튜브를 통해 널리 공유된 노래, 춤, 애완동물 등의 동영상이다.

행 상황에 관한 사실과 정보를 제공하는 사이트로 기능했다. 사람들은 뉴스매체들이 보도를 준비할 때까지 기다릴 필요가 없었다. 이용자들은 주요 뉴스 공급원을 바로 방문했다. 테러 혐의자를 최종 체포하기까지 약 25만 명이 보스턴 경찰의 무전망*에 주파수를 맞춘 단순 웹캠 라이브 방송을 유스트림 사이트(Ustream.tv)의 스트리밍을 통해 청취했다. 전체 추격전 과정에서 약 250만 명이 이 무전망을 청취했는데, 이는 라디오 방송으로서는 상당한 청취율이었다.

재능이 충분하고 스마트폰을 지닌 사람에게 적절한 상황이 닥치면 주요한 TV 뉴스보다 얼마든지 큰 영향력을 발휘할 수 있다. 텔레비전 쇼가 지닌 엄청난 영향력을 평가절하하거나, 중요하지 않다고 말하는 게 아니다. 이미 널리 확산된 진실을 상기시키는 것일 뿐이다. 콘텐츠 배포의 장벽은 무너졌고, 이제 누구나 사람들의 주의를 끌어모을 수 있다.

물론 방송미디어가 민주화되고 게이트키퍼가 사실상 사라지는 현상은 자연스럽게 진행 중인 추세다. 그러나 만인이 미디어기업이라고 해도, 모든 사람이 방송에 적합한 가치판단 기준을 갖추고 있거나 훈련을 받은 것은 아니다.

우리들은 모두 정통한 소식통으로 인정받고 싶고, 관계망 안에 있는 팔로어들을 즐겁게 해 주고 싶은 나머지 '속보'에 집착하게 된다. 정확한 보도보다 신속한 보도에 가치를 두는 경향이 있다. 그렇기 때문에, 깊이 생각하거나 통찰력 있는 해설을 덧붙이는 것에 대해서는, 또는

* 미국 경찰의 무선통신망(폴리스 스캐너)은 공개돼 있어, 누구나 해당 주파수를 맞추면 경찰이 무전망을 통해 교신하는 내용을 청취할 수 있다.

사건 보도가 가져올 잠재적인 결과나 그에 대한 사람들의 감정 등에 대해서는 가치를 덜 부여한다. 저널리즘이 채택한 행보는 내러티브가 팩트에 지나치게 길을 많이 내주어, 그 과정에서 충분한 이해가 희생되는 경로다.

트위터로 표현 가능한 140자로 한계를 만들어 놓고 그 안에서 삶을 살게 되는 위험이 있다. 우리 같은 평범한 시민이 뉴스원이 될 수 있다는 사실이 반드시 그리 해야 한다는 의미는 아니다. 사람들, 기업, 정부, 예술가, 아이디어들에 관한 평판은 모두 한 번의 눈깜빡임이나 버튼 클릭으로 만들어질 수도 찢겨나갈 수도 있다.

잘못 이해되거나 정확하지 않은 정보가 광범위하게 확산되면 실제 삶을 피폐하게 만들 수 있다. 월스트리트의 주식 거래인들은 국제 뉴스에 관한 트윗을 반영하는 거래 알고리즘을 사용하고 있고, 불리한 뉴스에 기반한 자동 거래를 실행한다. 벌떼 같은 공격에 의해 부당하게 범인으로 몰리는 사람들도 생길 수 있다.

브라운 대학 학생인 서닐 트리파시(Sunil Tripathi)의 사례를 보자. 그는 2012년 4월 보스턴 마라톤 폭탄테러가 발생하기 몇 주 전에 실종되었다. 폭탄테러 용의자를 찾기 위한 추적이 시작된 직후, 익명 게시판 서비스로 인기 높은 레딧(Reddit)은 서닐을 주요 용의자로 지목하는 내용을 초기화면에 끌어올렸다. 심지어 "레딧이 범인을 잡았다"라는 축하 포스트가 있었을 정도로, 레딧 이용자들은 테러범이 실종된 학생이라는 추측이 정확하게 맞아떨어졌다고 자화자찬했다. 몇 시간 뒤 진짜 용의자들의 이름이 공개되었고 이들을 찾아내기 위한 범인 수색이 맹렬하게 진행되었다. 그러나 익명의 사람들이 쏟아낸 심한 욕설과 분노로 상처 입은 서닐을 돕기 위한 페이스북 페이지는 없었다. 며칠 뒤 레딧의 소유주는 공개 사과를 했지만, 이미 사태는 돌이킬 수 없는 상황이었다.*

모든 사람에게 확성기를 제공하는 것은 큰소리를 내거나 자기몰입적인 사람을 선호하는 사회를 만드는 경향이 있다. 하지만 동시에 수많은 사람들이 이야기한다고 해서 가치 있는 것은 아니다.

모든 사람들이 자신을 지도자라고 생각하고 자신들의 추종자(팔로어)들에게 외치는 세상에서 누가 실제로 귀 기울여 듣겠는가?

셀러브리티(celebrity, 유명인사)의 개념이 완전히 달라졌지만, 더 나은 쪽으로만은 아니다. 평범한 사람들이 누구인지 모를 익명 상태에서 자신이 동의하거나 알지도 못하는 가운데 순식간에 유명해질 수 있게 되었다. 트위터는 기존 유명인들에게는 훨씬 편리한 수단이 되었지만 그들을 비난하는 일도 훨씬 쉽게 만들었다.

누구나 어디에서 무엇을 하고 있었는지에 관계없이 싸움 장면을 만나면 가던 길을 멈추고 구경하게 된다. 거의 원초적인 인간 본능이다. 그래서 인터넷이라는 강력한 플랫폼을 이용해 누군가를 헐뜯고 싸우면 그 자체로 클릭이 많아지게 마련이지만, 그게 전부다.

어떻게 이런 뉴미디어 환경을 헤쳐 나가야 할까? 어떻게 하면 정보를 신속하면서도 정확하게 얻는 방법을 알 수 있을까?

그러나 익명 기반의 사이트는 초심자가 온라인에서 진실한 정체성의 개념을 받아들이는 데 혼란을 줄 수 있다. 초심자들은 익명의 댓글 때

* 서닐 트리파시는 보스턴 마라톤 폭탄테러를 저지른 진짜 범인의 체포가 공식 발표된 이후인 4월 23일 로드아일랜드 주의 프로비던스(Providence) 강에서 사망한 채 발견되었다.

문에 심각한 피해를 입을 수 있는 실제 사람들이 있다는 것을 잊지 말고 적절하게 행동해야 한다. 익명 상태에서 군중은 변덕스러워지고, 모든 상황이 악화되면 계정을 삭제하고 어둠 속으로 사라져 버릴 수도 있다. 군중은 항상 익명이라는 보호막 아래 숨고 악행을 감춰 왔다. 온라인 군중도 전혀 다르지 않다.

속보가 뜰 때는 성급하게 결론을 내리지 말고 트위터에서 다양한 출처의 정보를 검토하고 수집된 팩트들에서 제대로 된 내러티브가 나타나기를 기다리는 게 좋다. 속도는 품질과 동일한 게 아니다. 들은 것을 다 믿거나 누군가 트윗에 올린 것을 모두 리트윗해서는 안 된다.

결국 온라인에서 진실한 정체성을 수용한다는 것은, 만약 당신이 누군가를 면전에서 욕하지 않는다면 온라인에서도 똑같이 처신해야 한다는 걸 의미한다.

마찬가지 이유로, 온라인에서 벌어지는 토론에 참여하는 걸 두려워하지 말라. 당신 의견은 다른 사람들의 생각과 마찬가지로 중요하고, 특히 당신 친구들에게 더 소중하다. 기술과 미디어의 융합은 매스커뮤니케이션에 둘러쳐 있던 전통적 장벽을 제거했을 뿐 아니라, 미디어 세계를 복잡하게 만들면서 이전에는 불가능했던 방식의 토론을 가능하게 했다.

'ABC-페이스북 2010 선거' 방송 도중 통신원 자리에 앉아 있으면서 나는 텔레비전 시청자들 일부의 생각을 다른 시청자들과 소통할 기회가 있었다. 뛰어난 조정자들이 그러하듯 나는 시청자들과 이야기하기에 가장 좋은 걸 선택했다.

ABC-페이스북 팀은 그해 에미상 수상에 실패했다. 허리케인으로 황폐해진 아이티의 도랑에서 재난에 둘러싸여 있으면서도 티없이 깨끗한 티셔츠를 깔끔하게 차려입은 채 리포팅한 앤더슨 쿠퍼(Anderson Cooper)가 수상의 영예를 안았다. 우리는 시상무대에 오를 기회는 얻지 못했지만, 그걸로 충분했다.

| 기술은 새로운 대중문화다

'2010 선거' 보도를 공동 기획하기 전에 ABC 뉴스와 페이스북은 2009년 텍사스 주 오스틴에서 열린 '사우스 바이 사우스웨스트(South by Southwest) 인터랙티브 페스티벌'에서 디지털 보도를 위한 공동 팀을 조직해서 함께 일한 적이 있다. 페이스북 파티 개발자 개라지(garage) 행사에서 진행된 4시간짜리 방송을 막 끝냈을 때, 키 크고 머리카락이 북실북실한 러셀 브랜드(Russel Brand)라는 영국인 홍보대행인이 갑자기 나타나 우리에게 자기네 고객을 인터뷰해 달라고 요청했다. 아무도 그를 알지 못했지만 그는 「포게팅 사라 마셜(Forgetting Sarah Marshall)」이라는 개봉예정 영화를 가지고 있었다. 나는 인터뷰를 하기로 했는데, 금세 이상한 방향으로 일이 진행되었다.

인터뷰에서 내가 페이스북을 언급하자마자 그는 콕북(Cockbook)이라는 소셜 네트워크에서 자기가 더 나은 아이디어를 구현하고 있다고 말했다. 그가 소셜 네트워크 일반에 대해 쓰레기라고 했는지, 자기네 것에 대해서만 그렇게 말했는지는 명확하지 않다. 말할 필요도 없이 인터뷰는 아주 짧게 끝났다.

인터뷰 내용이 어떠했든 나는 내것이라고 부를 만한 텔레비전 방송망 없이도 인터뷰를 진행했다는 점과 TV 방송에서 오락프로 통신원을 했다는 사실에 만족했고 살짝 경이롭게까지 느꼈다. 모든 게 인터넷 덕분이다.

기술적 혁신은 항상 새로운 공적 인물을 만들어 낸다. 토머스 에디슨(Thomas Edison)이 영화카메라를 발명하기 전에는 영화스타가 존재하지 않았다. 기술적 진전은 항상 사람들이 읽고 보고 듣는 것에 영향을 준다. 그리고 팝문화는 무엇보다 기술과 인터넷에 의해 규정된다.

페이스북의 초기 시절 소비자 마케팅에서 내가 처음 맡았던 업무 중 하나는 영화, TV, 인쇄매체에서 페이스북이 어떻게 등장하는지를 다루는 일이었다. 나는 이런 공짜 마케팅으로 회사가 누릴 수 있는 가치가 수억 달러 수준에 이른다고 평가했다. (많이 낮춘 것이긴 하지만 말이다.)

초기에 우리 브랜드를 사용하고자 했던 텔레비전 프로그램들은 주로 범죄드라마였는데 페이스북을 끔찍한 살인범이나 스토커와 관련지으려 했다. 그런 식의 방송 노출이 효과 있었을지도 모르지만 당시 페이스북 브랜드가 음울한 맥락에서 인식되지 않도록 하는 것은 매우 중요했다. 우리는 당시 그런 제안은 모두 거절했고 그 드라마들은 불가피하게 마이페이스, 페이스스터 같은 짝퉁 사이트 명칭을 사용했다.

물론 우리가 수용한 멋진 기회도 많았는데 우리가 알아차리기도 전에 이미 페이스북은 대중문화의 한복판에 자리 잡고 있었다. 유명인들의 요청이 몰려오기 시작했다.

2000년대 중반으로 가 보면 당시 페이스북은 세계에서 지배적인 소셜 네트워크가 될 것이라는 전망과는 상당히 거리가 있어 보였다. 페이스북은 재빨리 프렌드스터(Fiendster)를 합병했지만 맹렬하게 유명인들을 자신의 플랫폼으로 끌어들이는 마이스페이스에 여전히 뒤져 2위에 머물러 있는 상태였다. 그 시기의 아이들은 지금도 '마이스페이스 세대'로 불릴 정도다.

그래서 페이스북의 동료인 크리스 팬(Chris Pan)과 지금은 패스(Path)의 최고경영자가 된 데이브 몰린(Dave Molin)과 함께 우리는 즉석에서 정예팀을 만들어 유명인들이 페이스북을 사용하도록 끌어들이는 역할을 수행하기로 했다. 우리는 근무시간 외에는 유명인 커뮤니티에서 페이스북 전도사 노릇을 하는 임무를 수행했다. 나는 애쉬튼 커처(Ashton Kutcher)의 집에서 포크(Poke)에 대해 설명하며 하루 온종일을 보냈고, (하지만 우리는 아직도 그 기능을 모른다.) 브리트니 스피어스(Britney Spears) 콘서트 무대 지하에서는 현장 판매할 자선용 사이버 상품(virtual goods)으로 브리트니 의상을 구성하는 건 어떨까 궁리하기도 했다.

페이스북이 유명인에 초점을 맞춰야 하는지 그렇지 않은지에 대해서는 내부 논쟁이 적잖게 벌어졌다. 사내 일부 직원들은 유명인들과 협력하는 것은 시간낭비라고 여겼다. 다른 일부 직원들은 유명인들의 문화적 영향력이 매우 크기 때문에 중요하게 고려되어야 한다고 생각했다. 또 어떤 직원들은 그가 페이스북 사이트에 가입하는지 안 하는지는 안중에도 없고, 단지 매력적인 애쉬튼 커처가 페이스북 사무실을 방문하기만을 고대하기도 했다.

우리는 사람들을 연결시켜서 세상을 변화시키려는 의도를 품고 있는 동시에 회사를 경영하고 있는 만큼, 유명인들의 홍보는 매우 소중한 마케팅 기회였다. 그 이유 때문만이 아니라 페이스북과 소셜 미디어가 대중문화에 끼치는 영향 때문에 유명인들은 이미 우리에게로 다가오고 있었다.

우리는 살짝 은밀한 뒷문을 이용했다. 2009년 당시 우리는 애쉬튼 커처와 CNN이 새로운 형태의 소셜 네트워크이자 우리 경쟁자인 트위터에서 누가 먼저 100만 팔로어를 달성하는지를 엄청 집중해서 그리고 부러워하며 지켜봐야 했다. 그 경쟁은 트위터의 전체 사업에 상당히 큰 추진력으로 작용했다. 이후 누구도 페이스북에는 왜 유명인이 많지 않은지 묻지는 않았지만, 명사들을 유치해야 한다는 의욕이 우리에게도 생겨났다.

비록 텔레비전에서는 주로 멍청한 역할을 맡아 왔지만, 애쉬튼 커처는 방송 매체로서 소셜 미디어의 힘을 이미 텔레비전 방송망과 대등하거나 엇비슷하게 여기는 예지력을 갖고 있었다. 커처는 2009년 트위터에서는 한 개인이 미디어 기업처럼 커다란 목소리를 지닐 수 있는 놀라운 특성이 있다고 말한 바 있다. 또 자신이 100만 팔로어 달성에서 CNN을 앞선다면 다음에는 테드 터너(Ted Turner)*에게 누가 먼저 벨을 울리는지 내기를 걸겠다고 말했다.

그 결과 테드 터너만 시청자를 보유한 게 아니라, 애쉬튼 커처도 현재 트위터에서 1,600만 명이 넘는 팔로어를 보유하고 있다. 이러한 방송의 힘은 역사상 없던 일이다. 「요절복통 70 쇼(That '70s Show)」에서 켈소(Kelso) 역을 연기한 애쉬튼 커처는 인터넷 이전의 어떤 종이신문보다 더 많은 사람들에게 재빨리 그리고 직접 접근한다.

---

* 24시간 뉴스채널 CNN을 설립한 미디어재벌

애쉬튼이 기준점을 세워놓고 얼마 지나지 않아 유명인사들이 떼를 지어 페이스북 본사로 물밀 듯 몰려들었는데, 그 사람들 뒤에는 항상 날카로워 보이는 홍보담당자들이 따라오곤 했다. 페이스북이 놀라울 정도로 빠르게 성장하던 때였고, 카니예 웨스트가 페이스북 카페테리아에서 테이블 위로 뛰어올라 즉흥적으로 노래를 부르던 시절이었다. 나중에 카니예 웨스트와 함께 페이스북 회의실 앞에서 찍은 사진을 보면서 우리는 그 방의 이름을 그의 히트곡명을 따 '임마 렛 유 피니시(Imma let you finish)'라는 애칭으로 바꾸었다. 그는 나중에 MTV 비디오 음악상 시상식에서 테일러 스위프트(Taylor Swift)의 수락연설을 중단시킨 일로 악명을 떨쳤다. SNL(새터데이 나이트 라이브) 스타 앤디 샘버그(Andy Samberg)가 페이스북 본사를 방문했을 때 그는 마크 저커버그처럼 옷을 입고 와서 일부 엔지니어들을 혼란스럽게 만들었다. 그즈음 어떤 녀석이 내 책상 앞에 앉아 있길래 비키라고 이야기하려고 보니 그는 다름 아닌 키스 어번(Kieth Urban)*이었다. 그래서 나는 키스 어번에게 다른 자리로 옮겨 앉아 달라고 부탁해야 했다.

페이스북 사무실을 찾아오거나 우리 플랫폼의 장점을 이용하는 모든 유명인들은 소셜 미디어가 대중문화를 완전히 바꿔 버렸다는 사실을 이해했다. 잘 다듬어지고 포장된 유명인의 이미지는 더 이상 통하지 않게 되었다. 사람들은 당신이 소셜 미디어 계정을 가지고 있을 거라고 기대하며 그것을 통해 당신에게 접근하고 싶어한다.

물론 사람들은 언제나 팬클럽에 가입해서 활동할 수 있었다. 그러나

* 1967년 뉴질랜드 태생의 컨트리음악 가수, 작곡가, 기타 연주자

팬클럽이 항상 이상했다는 사실은 제쳐 두더라도 소셜 미디어는 완전히 다른 종류의 야수 같은 것이다.

무엇보다 '콘텐츠'의 개념이 달라지고 있다. 월터 크롱카이트(Walter Cronkite)*가 당신에게 전해 주던 '뉴스'가 이제는 친구들이 당신에게 공유해 주는 것으로 달라진 것처럼, '콘텐츠' 역시 전문적으로 생산되던 것에서 이제는 스마트폰으로 녹화된 5초짜리 동영상 클립 또는 트윗으로 공유되는 스쳐 지나가는 생각이 되었다.

물론 스마트폰을 지닌 모든 사람이 곧바로 (단지 데이터요금제를 쓴다는 사실만 다를 뿐인) 작은 루퍼트 머독(Rupert Murdoch)** 같은 미디어 세계의 거물이 되는 것은 아니다. 그러나 중요한 것은 사안이 복잡미묘하다는 점이다. 소셜 미디어를 통한 콘텐츠 영역이 중요해지고 있지만, 여전히 영화는 영화 스튜디오에서 제작되고 방송 프로그램은 TV 스튜디오에서 만들어지고 있다. 인터넷이 전통 미디어 플랫폼을 능가하는 대신에 전통 미디어 속으로 인터넷의 모든 기상천외하며 다양한 시도가 함께 병합되고 있다. 그리고 콘텐츠 생산자들과 유명인들은 이에 적응할 필요가 있다. 많은 사람들이 이미 이를 받아들였기 때문이다.

호러스 맨(Horace Mann) 고교 시절로 돌아가 보면 나는 '기술 마니아(geek)'로 여겨져 일종의 따돌림을 받았지만, 오히려 지금은 멋진 사람으로 받아들여진다. 미국뿐 아니라 다른 나라에서도 학생들은 이제 미래에 마이클 조던이 되고 싶어하는 것만큼 스티브 잡스 같은 사람이 되고자 열망하고 있다. 믿기 어려운 일이다. 인터넷에 따르면 한 엄마는

---

* 1950년대부터 1980년 은퇴하기까지 오랜 기간 CBS 앵커를 지낸 전설적인 뉴스 진행자
** 전 세계에 걸쳐서 신문과 방송 등 미디어 산업을 운영하는 오스트레일리아 출신의 미디어 재벌

아기 이름을 '해시태그(Hashtag)'라고 지었고, 어떤 이스라엘 커플은 딸 이름을 '좋아요(Like)'라고, 또 어떤 이집트 커플은 '페이스북(Facebook)'이라고 지었다고 한다.

요즘 인기 높은 영화와 텔레비전 드라마들은 기술과 그 사용자들을 소재로 삼는 경우가 많다. 「빅뱅 이론(The Big Bang Theory)」에서 「소셜 네트워크(The Social Network)」, 「샤크 탱크(Shark Tank)」에 이르기까지 요즘 텔레비전 드라마들은 기술에 초점을 맞춘 요소들을 갖고 있다. 거기에다가 최근에는 TV 드라마, 광고, 입소문을 겨냥한 인터넷 동영상에서도 항상 해시태그, 페이스북 주소, 샤잠(Shazam)* 로고를 만나지 않을 도리가 없다.

대중 스타는 엔젤 투자자이기도 하다. 최근 집계에 따르면, 유명인 벤처 투자자 명단에는 애쉬튼 커처만이 아니라 레이디 가가(Lady Gaga), 제이지(Jay-Z), 저스틴 비버와 팀버레이크(Timberlake), 브리트니 스피어스, 킴 카다시안 등도 이름을 올렸다. '와이 콤비네이션 데모 데이(Y combination demo day)'** 같은 기술 위주 행사에서 애쉬튼 커처나 엠시 해머가 패널로 발표를 하거나 관객으로 앉아 있는 것을 보는 일은 더 이상 드문 현상이 아니다. 유명인이 트위터 사무실을 방문해 구내 식당의 베이컨 구이를 맛보거나 구글 본사에 들러 비치발리볼 코트에서 운동하는 일은 거의 날마다 일어난다.

기술은 새로운 대중문화이고, 기크(geek)들은 새로운 록스타가 되었다. 그리고 기술 공동체는 그 대중문화적 특성을 잘 활용해 영향력을

* 주변에서 들리는 음악을 인식하여 검색을 통해 어떤 노래인지 알려 주는 스마트폰 애플리케이션
** 신생 스타트업 기업들이 자사의 제품이나 서비스를 처음으로 공개 발표하는 행사

확대해야 한다.

최근 나는 백악관 선임자문관인 발레리 재럿(Valerie Jarrett)과 함께 컴퓨터 프로그래밍 학습에 여성, 특히 여학생들이 관심을 갖게 할 방안을 모색하는 소규모 원탁 토론에 참여했다. 실리콘밸리 문화는 주로 남성들이 지배하고 있어서 기술 공동체는 이 분야에 여성의 참여를 늘릴 방법을 찾는 게 절실히 필요하다. 토론회 패널들은 학교에서 프로그래밍 교육을 필수과목으로 지정하는 게 좋은 방법이라고 생각하는 것 같았다. 그런데 내 생각은 달랐다. 여학생들에게 프로그래밍을 가르치는 가장 좋은 방법은 대중문화와 미디어에서 그것을 멋지게 보이도록 하는 것이라고 제안했다.

여학생들은 단지 멋있고 섹시해 보이면 만사 오케이라거나, 만약 여성을 기술에 개입하게 만들려면 그저 맥북 몇 대를 반짝거리게 하면 끝이라고 말하려는 게 아니다. (맥북을 정말로 반짝거리게 하려면 어떻게 해서라도 일단은 그걸 멀리 떨어뜨려 놓아야 한다.) 이는 여학생들에게 긍정적이고 기술중심적인 역할 모델을 제시하는 데 있어서 기술과 오락산업은 모두 주요한 역할을 한다는 이야기다. 프로그래밍 작업이 멋지게 묘사되고 이것이 사람들의 생활을 어떻게 바꾸고 있는지를 보게 되면 아이들은 프로그래밍을 하게 될 것이다.

이는 MTV가 우리에게 찾아와서 '페이스북 다이어리(Diary of Facebook)'를 제작해 회사 막후의 모습을 소개하고자 했을 때 우리 회사 엔지니어들만 다룰 게 아니라 페이스북에 의해서 생활이 달라진 페이스북 바깥의 일반인들을 불러와 카메라 앞에서 프로그래머들을 만나도록 해야 한다고 고집했던 이유이기도 하다. 사람들과 기술의 기능적 측면을 연결시킴으로써 기술이 실제 사람들의 생활에서 어떻게 실질적으로 영향을 끼칠 수 있는지 보여 줄 수 있었다. 그래서 우리는 작전지역에 배치된 고참 군인에게 자신의 아들이 태어나는 것을 페이스북 비디오 채팅을 통해서 볼 수 있도록 해 주고 그 애플리케이션을 개발한 엔지니어와 만나도록 했다. 우리는 자녀들을 어렵게 입양한 사람들에게도 페이스북 메시지를 통해서 같은 경험을 하게 해 주었고 그 밖의 몇몇 사례들에도 비슷한 방법을 적용했다.

어떤 업무가 실제 세계에 끼치는 영향이 분명하게 드러날 때 사람들은 그 일에 더 열중하고 싶게 된다. 저명한 심리학자 애덤 그랜트(Adam Grant)가 최근에 펴낸 「기브앤테이크(Give and Take)」에 이를 입증할 좋은 사례가 있다. 대학 콜센터에서 일하는 학생들은 그들이 기금 모금을 독려하는 장학금을 받은 사람들의 이야기에 10분이라도 노출된 경우, 나중에 동문들과 142% 더 오래 통화했고 기부도 171% 더 받아냈다.

어떤 작업이 진행된 뒤의 이야기에 대해 말하는 것은 이를 인간적인 것으로 만들고 의미를 부여하며 중요하게 만드는 데 핵심적이다. 대중문화가 세상의 프로그래머들과 사람들이 아직 잘 모르는 시스템 관리자들을 위해 이런 역할을 할 수 있을 때 여성을 비롯한 더 많은 사람들이 세상의 변화를 만들어 내기 위해 기술 분야에서 일하는 걸 보게 될 것이다.

| 다시 문제는 콘텐츠다

매년 혹은 격년으로 페이스북은 'F8'이라는 소셜 미디어 개발자 대회를 개최한다. 이 행사에서 페이스북은 새로운 개발 결과를 소개하고 페이스북 플랫폼에서 작동하는 사업을 창안해 낸 사람들을 초청해서 개발팀들을 만나고 발표를 직접 들을 수 있게 해 준다.

2010년 4월 샌프란시스코 행사 약 1주일 전에 아이슬란드 화산 에이야퍄들라이외퀴들(Eyjafjallajökull)이 폭발하면서 내뿜은 화산재 구름이 유럽의 거의 모든 항공기 운항을 중단시켰다. 예정된 참석자들의 20퍼센트가 오지 못했다.

페이스북이 움직이기 시작했다. 우리는 이 문제를 해결해야 했다. 주제연설들을 실시간 스트리밍으로 제공하기 위해 노력하는 것은 당연했지만 그것만으로는 충분치 않다고 생각했다. 대신 나는 온라인에 작은 미디어 회사를 만드는 일에 착수했다. 회사 엔지니어들과 함께 'F8 라이브'를 만들었다. 모든 주제발표 세션과 개발자들 연쇄 인터뷰를 포함한 내용 등 행사장 주변에서 이루어지는 3가지 출처의 콘텐츠를 동시에 3개 채널로 송출하는 플랫폼이었다. 화산 폭발에 의해 오도 가도 못하게 된 사람들이 실제로 행사에 참석하고 있는 것처럼 느낄 수 있게 하기 위한 방법이었다. 우리는 심지어 휴식시간도 촬영해서 송출하고 음식 사진도 전송했다.

행사 마지막 날까지 약 15만 명이 온라인 컨퍼런스를 시청했는데, 기술과 관련된 전문적인 회의였다는 점과 참석이 불가능해진 사람들의 숫자가 15만 명에 크게 미치지 못하는 점을 감안할 때, 15만 명은 엄청난 수치였다.

이 경험은 생각할 거리를 던졌다. 우리는 기술과 미디어가 어우러져 더 나은 결과물을 만들어 내도록 하는 일을 시작하고 있었다. 그런데 왜 우리는 이 일을 개발자회의 기간에만 했을까? 왜 우리는 페이스북 TV 채널과 비슷한 방식을 1년 내내 운영하지 않았던 걸까? 만약 전적으로 페이스북 플랫폼 위에서만 만들어진 TV 채널이 있다면 그것은 어떤 모습일까?

몇 달 뒤 밤새 진행된 페이스북 해커톤이 열린 늦여름 나는 이런 생각을 시험해 볼 기회를 맞았다. 'F8 라이브'를 본떠, '페이스북 라이브'라고 부를 수 있을 것 같다. 페이스북 사무실에는 재미있는 사람들, 유명인, 최고경영자, 정치인들이 끊임없이 찾아오기 때문에, 일부 방문자들의 모습을 페이스북 방송 채널을 통해 라이브로 내보내지 못할 이유가 없었다.

몇 주 후, SI 그룹(Sports Illustrated Group)의 회장이 페이스북을 방문했을 때 나는 그를 인터뷰하면서 미래의 스포츠, 기술, 미디어에 대한 의견을 물었다. 흥미로운 대화였고 좀 더 이야기를 나누고 싶었다.

하지만 안타깝게도 이 프로젝트에 투입할 수 있는 자원이 별로 없었다. 그래서 나는 사내 절차에 따라 청소도구 보관실처럼 보이는 공간을 찾아내서 '페이스북 라이브'라는 안내판을 달고 인터뷰를 제작하는 작업을 시작했다.

이후 이어진 몇 달 동안은 아주 흥미로웠다. 정신없이 바쁜 소비자 마케팅팀을 이끄는 일상을 책임지는 한편, '페이스북 라이브'도 여전히 아주 작은 규모지만 열정 삼아서 하는 프로젝트로 병행하여 상당한 성과를 내기 시작했다.

어느 날은 여배우 아메리카 페레라(America Ferrera)가 그녀의 새 독립영화를 홍보해 달라고 찾아왔고 또 어느 날은 팝가수 케이티 페리(Katy Perry)의 매니저 글렌 밀러(Glenn Miller)가 전화해서 케이티가 새로운 순회공연을 홍보하기 위해 '페이스북 라이브'에 출연할 수 있는지를 문의해 왔다. 케이티는 온라인을 통해 공연활동을 시작했고 매니저들은 그녀의 순회공연을 혁신적 방법으로 출범시키는 길을 모색하고 있었다. 그래서 2011년 1월 케이티 페리는 옅은 푸른색 레이스 드레스를 입고 찌를 듯한 하이힐을 신은 채 페이스북 사무실에 나타나 그날 식단이었던 나초를 맛보고 나서, 정성을 다해 '페이스북 라이브'를 통해 방송했다.

우리의 온라인 대화는 아주 재미있었다. 케이티는 인터뷰 동안 내 노트북으로 스트리밍되는 수많은 팬들의 질문에 답하고, 어느 매체보다 먼저 페이스북을 통해서 '2011 캘리포니아 드림'의 북미 일정을 공개했다. 케이티의 연주여행 티켓은 몇 분 만에 매진되었고 '페이스북 라이브' 출연은 많은 언론의 주목을 받았다.

일단 케이티 페리의 인터뷰가 진행되자, '페이스북 라이브'는 공식적인 게 되었고 되돌아간다는 게 불가능해졌다. '핵주먹' 마이크 타이슨(Mike Tyson)은 자신이 아끼는 비둘기에 대한 이야기를 상세히 쏟아놓은, 친절한 신사였다. 피위 허먼(Pee-Wee Herman)*은 어찌나 인기가 있었는지 사람들은 그를 잠깐이라도 보고싶어 고래고래 소리를 지를

* 미국 코미디언 폴 루벤스(Paul Reubens)가 창조한 자신의 캐릭터

정도였다. 록그룹 린킨파크(Linkin Park)의 멤버들은 페이스북 로고를 새긴 전신 의상을 입고 왔는데 카니예 웨스트는 새 싱글 곡을 목청껏 노래했고, 자신의 다이아몬드 치아의 유래에 대해 이야기했다. 하루는 텍사스 주지사이자 대통령 후보였던 릭 페리(Rick Perry)가, 이튿날은 방송진행자 겸 영화배우 코난 오브라이언(Conan O'Brian)이 출연했다.

래퍼이자 영화배우인 스눕 독(Snoop Dogg)은 인터뷰가 예정되어 있었으나 무슨 이유에선지는 모르나 잠을 자느라 불발되었다. 그는 나중에 동영상을 올려서 나에게 "랜디, 샌프란시스코에 다시 가게 되면 바로 출연을 할게요"라고 말했다. 여기서 나는 그날 참 대단했다는 말을 해 두어야겠다.

일은 점점 미친 듯이 진행되었다. 돕스 페리로부터 먼 길을 떠나왔다. 그리고 아직 갈 길이 멀다는 것도 안다.

나는 '페이스북 라이브' 진행자로서의 경험을 살려, 골든글로브 상의 공식 온라인 파트너로서 시상식이 개최되는 화려한 레드카펫에서 한자리를 차지했다. 행사에 앞서 페이스북의 쇼 시청자들이 참석자들에게 던지는 질문을 취합한 뒤 페이스북을 통해 라이브로 방송했다. 평소와 다름없이 인터넷 사용자들은 흥미로운 질문들을 내놨다. 폴 매카트니(Paul McCartney)가 지나갈 때 그의 의상에 대해서 의례적 질문을 던지는 대신에 "폴! 비틀스에 당신이 매긴 최고점수는 몇 점인가요?"라고 물었다. 그는 웃어넘기며, 자신이 하루 종일 받은 질문들 중 가장 창의적이라고 답했다.

그 뒤에 제임스 캐머런(James Cameron) 감독이 지나갈 때 「아바타」를 촬영하기 위해 그가 발명한 새로운 카메라에 적용된 기술의 상세한 내용을 인터넷 시청자들에게 설명해 달라고 질문하자 그의 눈이 반짝거렸다. 나는 전날 클래러티 미디어 그룹(Clarity Media Group)의 재능 넘치는 최고경영자 빌 맥고완(Bill McGowan)과 미디어 훈련을 할 때 가상의 제임스 캐머런과 인터뷰하면서 하루를 보냈기 때문에 특별히 그 순간에 준비가 잘 되어 있었다고 느꼈다.

나중에 레드카펫을 따라 걸어 들어갈 때에는 그해 페이스북과 마크 저커버그를 주제로 한 영화인 「소셜 네트워크(The Social Network)」를 제작한 다나 브루네티(Dana Brunetti)의 뒤를 따라가게 되었다. 영화 속 동생의 또 다른 자아와 함께 사진을 찍으면 상당히 재밌을 것 같았다. 그러나 그러기도 전에 출연자들이 내게 먼저 다가와 사진을 함께 찍어 달라고 부탁했다.

이 모든 일들이 계속해서 벌어지고 있었고, 오바마가 나의 자그마한 해커톤 프로젝트인 '페이스북 라이브'를 이용해 모든 미국인들에게 말하기 위해 페이스북에 찾아오는 운명의 날까지 거침없이 이어졌다.

청소도구 보관실에 차린 나의 자그마한 미디어 회사는 미디어의 미래에 관해 아주 중요한 교훈을 알려 줬다. 가장 중요한 가르침은 소셜 미디어를 어떻게 항해하고 이용할지 알면 그 자체로 특별한 종류의 전문가가 될 수 있고, 미래의 방송인과 언론인들에게는 필수적인 소양이 될 것이라는 점이다. 나는 또한 저널리즘에서의 온라인 에티켓이 급속하게 변하고 있는 것을 목격했다. 마침내 사람들이 텔레비전을 향해 되받아 소리 지를 수 있고 그 대답을 들을 수 있는 세상이 된 까닭에, 스크린에 등장하는 사람들은 좀 더 잘 들을 준비가 되어 있어야 한다.

더 이상 아름다운 얼굴로 텔레프롬프터(자막제공 모니터)의 자막을 읽는 것만으로는 충분하지 않다. 연결된 새로운 세상에서는 텔레프롬프터가 당신에게 말을 건다. 미래의 미디어 통신원은 새로운 기술을 사용할 줄 알아야 한다. 동시에 통신원, 커뮤니티 관리자, 큐레이터, 청중의 일원이 되는 능력을 지녀야 한다.

쉽게 달성할 수 있는 일은 아니다. 이는 지금까지의 텔레비전 산업이 익숙해 있는 모든 것들로부터 달라져야 하는, 매우 어려운 전환이 될 것이다. 앵커들은 그들이 앉아 있던 뉴스룸 한군데만이 아니라 여러 곳을 중계해야 하고 진행 중인 사건들에 대한 반응을 알기 위해 소셜 미디어를 능숙하게 모니터링할 수 있어야 할 것이다. 미디어 기업들은 이런 일을 할 수 있는 재능을 지닌 사람들을 길러 내야 할 것이다.

텔레비전 뉴스 시청자들은 더 이상 단정하게 차려입은 진행자가 큐시트에서 그날의 헤드라인을 읽어 주는 것만을 기대하지 않는다. 시청자들은 인터넷에서 접촉했던 대화의 참여자인 사람을 만나고자 한다. 이는 기꺼이 카메라를 벗어나 자신들의 팔로어들과 소통하려는 사람이 되고, 자신의 관점에 파묻히지 않고 그 너머를 보는 사람이 될 것을 요구한다.

소셜 미디어의 부상은 텔레비전 방송의 제작진 규모를 이전보다 한결 축소시켰기 때문에 미래의 앵커는 비디오 편집과 제작 경험 등을 갖춰야 할 것이다. 예산은 더 축소되고 한계 제작시간은 더 짧아진다. 뼈대만 남은 소수의 직원을 데리고 앵커는 과거에 비해 1/10의 시간 동안 모든 것을 처리해야 한다.

인터넷은 콘텐츠의 전혀 새로운 중간층을 만들어 냈고, 각자 흥미를 느끼는 주제에 대해 5분 동안만 청취하고 더 이상은 말하려 하지 않을 사람들을 탄생시켰다. 과거에는 전문적인 방송인과 시청자들만 존재했지만 이제는 모든 주제에 대해서는 아니지만 특정한 주제에 대해서 아주 소중한 이야기를 해 줄 수 있는 수천 명의 준전문가 집단이라는 중간층이 생겨났다. 이들은 「허핑턴포스트(The Huffington Post)」 같은 정보가공(aggregation and curation) 사이트에서 활동하는 미시적 분야의 전문가들과 여론 주도층이다. 이들은 인터넷에서 당신의 즐겨찾기에 있는 '게스트 포스터(guest poster)'들이다. 여러 미디어에서는 흥미로운 재능을 지닌 사람들이나 500단어에서 800단어로 도발적인 말을 던지고는 이내 슬며시 물러서는 사람들이 주요한 역할을 하고 있다.

실리콘밸리에는 텔레비전을 무너뜨리려 위협하는 기업들이 넘쳐나는데, 이들은 TV 시청 경험을 모바일이라는 (또 다른 스크린이라기보다는) 품질 낮은 콘텐츠의 앱들로 대체하려 하고 있다. 그러나 텔레비전은 실리콘밸리에 의해서 붕괴되지 않는다. 텔레비전은 더 많이 받아들여지고 고양되어야 한다.

우리는 모든 사람과 브랜드가 자신을 미디어 기업이자 공유 전략을 지닌 콘텐츠 생산자라고 여길 수 있는 흥미로운 신세계로 진입했다. 예를 들어, 스타벅스는 「모닝 조(Morning Joe)」 같은 잠재적 고객층에 도달할 수 있는 TV 아침드라마에 수백만 달러의 광고비를 집행한다. 그러나 스타벅스는 페이스북에서도 수많은 팔로어를 보유하고 있어 페이스북 플랫폼을 통해 아침 방송에 매일 노출되는 동일한 광고보다 더 많은 수용자에게 도달할 수 있다.

온라인 플랫폼은 기업들에게 페이스북, 트위터, 그밖의 소셜 네트워크를 팔로잉하고 있는, 훨씬 접근하기 쉽고 인구통계학적으로 분류 가능한 수백만 명의 개인들에게 직접 다가가게 해 준다. 스타벅스나 JC 페니(JCPenney) 혹은 메이시(Macy's) 백화점이나 다른 어떤 기업이라도 자신들만의 모닝쇼를 만들어 인터넷에서 팔로어들에게 방송하지 못할 이유가 없게 되었다.

텔레비전 방송의 초창기, 브랜드들은 항상 직접적으로 TV쇼를 스폰서했고 비용은 매우 높았다. 이제 대역폭 비용이 크게 하락해, 브랜드가 일종의 오리지널 콘텐츠를 제작할 역량이나 의지가 있으면 수용자에게 직접 다가가, 적은 비용으로 엄청난 효과를 얻을 수 있다. 연속극도 작품 속 광고(PPL)에서 탄생한 것이다.

소셜 미디어들은 기업들에 그들의 수용자에 관한 방대한 규모의 전문적 정보를 제공한다. 기업들이 수용자들을 위해 더 나은 콘텐츠를 제작하기 위한 정보를 활용해 효과를 극대화하지 못할 이유가 없다. 사람들이 '스타벅스 모닝커피 시간'을 시청할까? 안될 리 없다. 특히 오락적이면서 유용한 정보를 담아 TV 모닝쇼가 지향할 바를 하면 된다.

그리고 스스로 고유의 미디어 기업이 되어야 하는 것은 비단 브랜드만이 아니다. 예술가 개인들에게도 적용되는 사실이다. 모든 사람들이 스스로의 홍보담당자가 될 잠재력을 갖고 있는 것처럼, 유명인들도 직접 자신의 홍보담당자, 기획자, 감독, 티켓 판매 대행사가 되어야 한다. 최근 코미디언 루이스 C.K.(Louis C.K.)는 자신이 출연하는 공연 티켓을 직접 판매하고 콘텐츠를 온라인에서 스스로 배급함으로써 표준적인 콘텐츠 유통 채널을 우회했다.

이뿐 아니라 유명인들은 과거에는 불가능했던 방식으로 자신들의 프로젝트를 위한 후원을 얻기 위해 인터넷을 이용한다. 영화감독 잭 브라프(Zach Braff)는 영화 「화성의 베로니카(Veronica Mars)」 제작비 전액을 킥스타터 기부로 조달했다.

이제는 누구나 새로운 개념의 제작자가 될 수 있다. 사람들은 자기 목소리를 전달하고 싶어한다.

내가 새로운 미디어 회사를 직접 만들 기회를 얻었을 때 나는 '페이스북 라이브' 경험에서 배운 것에 주목하여 미디어와 대중문화가 상호작용하는 방식을 변화시키고자 하였다. 이 모든 걸 가져다준 것은 아이슬란드의 화산, 자그마한 청소도구 보관실, 그리고 꿈이었다.

| 커뮤니케이션 도구, TV와 인터넷

페이스북을 떠났을 때 첫 번째 목표 중 하나는 실리콘밸리 사람들의 삶을 다루는 텔레비전 드라마를 제작하는 것이었다. 인터넷 기반 미디어의 부상에도 불구하고 TV는 여전히 매우 중요하며 대중문화의 동력이라는 것을 알고 있었다. 비록 내가 인터넷 기반 미디어 회사를 만들고 있지만, 단지 유튜브에 몇 개의 동영상을 올릴 뿐이고 이것도 하루 종일이 걸린다. 공들여 작업을 해도 아무도 그 쇼에 전혀 관심을 가지지 않을 수 있다. 여전히 TV 프로그램을 대상으로 시상하는 에미상이 존재하고, 사로잡아야 할 더 많은 수용자가 있고 텔레비전에서 이루어져야 할 많은 일들이 있다.

TV와 인터넷 사이의 차이는 점차 줄어들고 있지만, TV는 여전히 내러티브를 추동하고 콘텐츠를 큐레이팅하고, 문화를 형성하는 지배적인 힘이다. 2013년 퓨 리서치 센터(Pew Research Center)의 연례 보고서 「뉴미디어 실태」에 따르면, "어제 어떤 경로를 통해 뉴스를 접했는가"라는 물음에 미국인 50% 이상이 "텔레비전으로"라고 응답한 것에 비해, "온라인이나 모바일로"라는 대답은 39%에 그쳤다.

"할리우드는 잊어버려. 디지털이 너의 점심을 가로채러 오고 있어!"라고 내가 주장하고 다니길 사람들이 바라는 걸 알고 있다. 그러나 나는 이는 사실이 아니라고 생각한다. 뉴욕, 로스앤젤레스 그리고 실리콘밸리가 파이를 공유해야 하고, 주위에 먹을거리는 충분하다고 생각한다. 유튜브조차 자신들의 플랫폼에서 시작하는 드라마에 대해 항상 보도자료를 배포하고 결국 TV로 이어지게 만든다. 이 점은 TV가 그 자체로 여전히 중요하다는 증거다. 한때 TV는 콘텐츠의 유일한 원천이었지만 적어도 이제는 큐레이터로도 기능한다.

'정말로 좋은 게 있다면 TV에 나와야 한다'는 것은 여전히 일반적으로 통용되는 견해다. 아마도 넷플릭스(Netflix)*가 만들어 내는 콘텐츠의 시대에는 달라질 수 있지만, 아직까지는 변화되지 않았다. 넷플릭스가 1억 달러를 투입해 자체적으로 만들었고, 케빈 스페이시(Kevin Spacey)가 주연을 맡은 드라마 「하우스 오브 카드(House of Cards)」는 온라인에서 진정한 프리미엄 콘텐츠를 위한 돌파구를 여는 계기가 되었다. 그러는 동안 TV 쇼를 제작한다는 것은 우리 회사에 있어서는 현상 유지 권력인 방송으로부터 승인 도장을 받는다는 의미가 있었다. 방송

* 세계 최대 유료 동영상 스트리밍 서비스

은 기존 존재를 유지하면서 잡음도 넘어서려 한다.

비록 내가 페이스북 출신이기는 하나 할리우드 사람들은 내가 기대했던 것만큼은 나를 진지하게 여기지 않는다는 걸 알고 있었다. 그들은 나를 '인터넷 동영상 업계의 한 사람' 정도로 간주했고, 내가 그전에 샌프란시스코는 로스앤젤레스의 북쪽에 있다고 확인해 준 적이 있는데도 어떤 사람은 "아랫동네에서 당신들이 뭔가 하고 있다니 참 깜찍하군요"라고 말할 정도였다. 제대로 미팅을 갖기도 어려웠지만 나는 그들이 틀렸다는 걸 입증해 보이기로 마음먹었다. 비록 실현 가능성이 거의 없는 백일몽처럼 보일지 모르나 TV 쇼 제작은 항상 나의 꿈이었다.

리얼리티 TV를 통해서 그런 기회가 나에게 제공될 것이라고 어찌 생각이나 해 봤을까?

2011년 가을 나는 소문을 통해서, 또 동료 에린 캐널리(Erin Kanaley)의 부지런함 덕분에 브라보(Bravo) TV가 실리콘밸리 리얼리티 쇼의 출연자를 찾고 있다는 소식을 들었다. 브라보 TV는 그 쇼에 캐스팅하기 위해 내게 카메라 테스트를 제안하는 등 적극적으로 움직였지만, 나는 잠시 생각해 보고 거절했다. 앤더슨 쿠퍼에게 밀려 에미상을 놓치기도 했지만, 리얼리티 TV 스타가 될 준비가 되어 있지는 않았다.

브라보 TV는 흥미로운 제안을 들고 다시 찾아왔다. 그들은 실리콘밸리에서 제작담당으로 일할 임원을 찾고 있다며 관심이 있는지를 물었다. 생각하면 할수록 이 쇼가 내가 오랫동안 추구해 오던 할리우드로의 진입을 가능하게 해 주는 통로가 될 것이라는 생각에 빠지게 되었다. (어쨌든 만약 당신의 목표가 TV 쇼를 만드는 것인데, 마침 기회가 난데없이 나타나서 당신 무릎 위로 떨어지는 일이 날마다 생기지는 않을 테니까.)

몇 달 뒤 브라보 TV는 「스타트업: 실리콘밸리(Start-Ups: Silicon Valey)」라는 리얼리티 쇼 제작계획을 공표했다. 기업가 6인의 경험을 반영하면서 기술기업들의 문화를 조명하는 프로그램이었다. 제작책임자로 참여했는데 계약서에 서명한 뒤 우리는 바로 제작에 들어갔다. 실제 스타트업 형태로 진행되는 동안 많은 것을 배웠다.

장르의 특성상, 우리 리얼리티 쇼는 깊이 있는 대인관계 드라마와 종종 요란한 파티를 여는 일중독자들의 이야기, 그리고 사람들이 보통 생각할 수 있는 재미, 열정, 돈, 사랑이 모두 녹아들어 있는 드라마를 보여 주었는데, 이 모든 것들을 실리콘밸리라는 독특한 커뮤니티에 가득 채워 넣었다.

우리는 시리즈 방영을 앞두고 입소문을 엄청나게 많이 냈다. 때는 페이스북이 기업공개에 들어간 해이기도 했다. 온 나라에 기술 발전을 가속화시키는 사람들과 인큐베이터들이 잇따라 출현했고 '거품'과 '시리즈 A 투자* 부족'에 관한 대화가 한창이었다. 이런 시대 분위기를 타고 우리는 리얼리티 드라마와 기술 커뮤니티에 대해 높아지는 국민적 관심을 완벽하게 결합시켰다.

물론 모든 입소문이 긍정적인 것은 아니었다. 실은 즉각적인 비난도 상당히 많았다.

페이스북에서 나온 뒤 텔레비전이라는 '올드 미디어'에서 일하기로 결정한 것은 '뉴미디어'에 대한 전면적인 배신처럼 보였다. 일부 기술 블로거들은 칸막이 없는 사무실에 앉아서 10시간 동안 노트북 작업을

* 스타트업 기업의 최초 투자 라운드를 지칭하는 말

한 뒤에 화려한 통근 버스를 타고는 후드티에 침을 흘리며 실신하듯 쓰러져 자는 젊은이들이 흔하게 목격되는 실리콘밸리의 실제 모습 대신에, 멋쟁이 남녀가 즐거운 시간을 보내는 곳처럼 실리콘밸리를 비현실적으로 묘사했다며 나를 비난하기도 했다.

브라보 TV에서 방영된 그 드라마가 불편한 진실도 그대로 보여 주는 CNBC 스타일의 다큐멘터리를 지향하는 게 아니라고 시청자들을 충분히 설득하지 않았기 때문이라고 짐작한다. 아마도 이 블로거들은 「뉴저지 진짜 주부들(Real Housewives of New Jersey)」에 대해서는 욕실 타일의 묵은 때를 닦아 내는 장면과 남편이 퇴근하기 전에 맛있는 스테이크를 굽는 장면의 묘사에서도 정확성이 떨어진다고 비판할 것이다.

어쨌든 입소문이 긍정적이든 부정적이든 혹은 코믹하든 전적으로 불쾌하든, 모두 그에 대해 이야기하고 있었다. 2012년 대통령 선거 전날 밤 트위터에서 우리가 인기 주제(trending topic)가 되었을 때 나는 황홀감을 느꼈다.

하지만 불행하게도 우리는 열광적인 입소문을 실제 시청률로 연결해 내지 못했다. 시청률은 처음에는 높았지만 곧바로 추락해 줄곧 실망스러울 정도의 낮은 상태에 머물렀다.

우리 드라마가 일반 시청자들이 보기에는 지나치게 전문적이었고, 기술자 집단들이 보기에는 너무 리얼리티 쇼에 가까운 데 문제가 있었다고 생각한다. 벤처 투자자들이 스타트업 기업들에게 자그마하게 시작해서 초기 사용자들을 매혹시킨 뒤에 규모를 키우라고 조언하는 것처럼, 우리도 한쪽의 시청자 집단을 선택해 그들을 매혹시켰어야 했다. 지나고 나서 드는 생각이지만, 우리는 기술에 대해 지식이 거의 없는 사람들을 시청층으로 상정하면서 실리콘밸리는 단지 배경으로만 사용하는 방법이나, 그게 아니면 기술기업의 기업가 정신에 관심 깊은 층을 대상으로 해서 스타트업 기업들의 내부로 깊숙이 들어가 스타트업 기업들이 겪는 공동창업자 간의 갈등, 경쟁의 압박과 그로 인한 시너지 효과 등을 화면에 더 많이 담았어야 했다. 그러나 우리는 중간지점을 택해서 양쪽 시청자들에게 호소하려 했고 어느 쪽도 매혹시키지 못한 채 끝을 맺었다.

숫자로 나타난 결과와 무관하게 나는 「스타트업: 실리콘밸리」가 큰 영향을 끼쳤다는 것을 알고 있다. 우리는 여섯 기업가들의 삶을 변화시켰고, 실리콘밸리에 근거지를 둔 TV 드라마에 관해 할리우드에서 더 많은 이야기를 하도록 관심을 불러일으켰다. 그리고 이 드라마를 본 뒤에 프로그래밍을 하거나 기술기업 인큐베이터에 지원하기 위해서 컴퓨터과학을 전공하거나 창업 대학원으로 돌아가기로 결심했다는 이야기를 수천 명에게 들었다.

이 드라마에 처음 참여하기로 했을 때, 내가 이 나라에서 기술 분야 취업을 희망하는 단 한 명의 여성에게라도 영감을 줄 수 있다면 성공으로 여길 것이라고 말했다. 이 점에서는 성공이었다.

또한 나는 몇 가지 차원에서 이 일을 개인적 승리로 여긴다. 드라마 이후에 텔레비전 방송계에서 입지를 다지게 되어 할리우드의 좀 더 중요한 모임에 참여하게 되었다. 텔레비전 연속 드라마를 만든다는 것은 대단한 일이고, 만약 당신이 신출내기 제작자라면 더욱 그렇다. 거기에 보태 나는 혼자서, 무언가 크고 우렁차고 자랑스러운 일을 해냈다.

그 드라마가 5개 짜리 별점 평가에서 한 개도 받지 못했다는 리뷰를 동료인 브래들리에게서 건네받았던 일을 기억한다. 화를 내고 실망하는 대신 즉시 웃음을 터뜨리고 기뻐 뛰어오르기까지 했다. 드라마와는 전혀 관계없는 이유에서였다. 그 리뷰는 나를 "마크 저커버그의 누나인 랜디 저커버그"라고 설명하지 않은, 내가 읽은 첫 번째 기사였다. 대신에 "텔레비전 제작자인 랜디 저커버그"라고 써 있었다. 나에게는 5개 별점표에서 6개를 받은 것만큼 가치 있는 일이었다.

그 뒤 나는 기술과 미디어가 협업할 필요가 있다는 전제 아래 저커버그 미디어를 설립했다. 샌프란시스코와 LA는 서로 싸우지 말고 협업에 나서야 한다. 두 세계는 사용자를 즐겁게 하고 사용자의 주의를 끌고, 지속적 개입을 위해 브랜드 충성도를 만들어 내야 하는 동일한 목표를 지니고 있다.

그러나 둘의 세계는 또한 극단적으로 다르다. 나에게 흥미로운 부분은 어떻게 하면 둘을 연결시킬 수 있을지, 그 방법을 찾아내는 것이다.

둘 사이의 다리가 된다는 것은 힘든 일이다. 전체적으로 우리 팀 사람들은 수천 시간 동안 TV 프로그램을 제작해 왔고, 페이스북, 트위터, 유튜브를 통해 수억 명의 사람들에게 콘텐츠를 전달했으며, 수십 명의 A급 연기자들과 함께 일해 왔지만, 더 큰 능력이 있다는 것을 보여 주기 위해 아직도 노력 중이다. 그래도 우리는 목표에 거의 다가가고 있다.

여느 스타트업 기업들처럼 제품을 '베타 상태'로 출시하고 피드백을 받아 악착같이 보완해서 마침내 놀라운 것을 만들어 낼 수도 있지만 헛되이 돈을 다 써버리고 고생할 수도 있다. 페이스북에서의 경험은 나에게 빠르게 움직여서 일을 저지르는 것이, 그리고 때로는 이른 출시가 완벽함보다 더 낫다는 걸 가르쳐 주었다. 우리는 그 드라마를 재빨리 출범시켰다. 매우 열심히 일했고 그 과정에서 많은 걸 배웠다. 그리고 다음번에는 꼭 성공시킬 것이다.

온라인으로 하든 TV로 하든, 또는 주로 두 가지를 높은 수준으로 결합시켜서 하든 간에 나는 절대로 중도포기하지 않는다. 우리는 글로벌 산업 변화의 들머리에 서 있다. 그리고 우리는 이제 막 출발했을 따름이다.

커뮤니케이션에서 기술과 삶의 균형 달성을 위한 방법

신속성보다 나은 건 정확성이라는 사실을 이해한다

유비쿼터스의 정보 세계에서는 정보의 질과 상관없이 남들이 모르는 것을 안다는 데 특별한 의미가 부여된다. 이것이 바로 유명인이 죽었을 때 사람들이 왜 그 일을 제일 먼저 포스트하기 위해 인터넷에 몰려드는지 설명해 주는 이유다. 그것은 마치 유명인이 자기들과 어떤 관계에 있는지, 또 그 사람의 인생이 자기들에게 어떤 의미를 지니는지를 말하는 것보다 더 중요한 것처럼 여겨지게 한다. 이런 종류의 행동 그리고 간혹 보스턴 마라톤 폭탄테러 이후의 일에서처럼, 1등이 되려고 돌진하는 것은 선량한 구경꾼들에게 매우 큰 피해를 끼치는 결과로 이어질 수 있다. 어떤 일에 대해서 제일 먼저 말하는 것보다 정확하게 말하는 편이 훨씬 낫다.

새 시대를 위한 새로운 기술을 배운다

영화, 음악, 그리고 텔레비전 스타들은 예전에는 여러 명의 로드매니저, 조수, 홍보담당자, 매니저의 지원을 받았다. 이제 당신은 이 모든 일을 스스로 할 수 있다. 단지 글만 쓰지 말고, 당신 자신의 콘텐츠를 업로드하는 법을 배워라. 당신의 기능을 향상시키기 위해 온라인에서 제공되는 무료 교육 도구를 이용하라. 이제 사회적 존재를 향한 요구는 과거보다 훨씬 커졌다. 만약 당신이 아직 트위터나 블로그를 하는 법을 모른다면, 또는 직접 인스타그램에 사진 올리는 법을 모른다면, 즉시 배워라.

인터넷은 영원히, 놀라운 힘이다. 거의 눈 깜짝할 새 도움을 줄 수 있는 수많은 사람들을 온라인에서 집결시킬 수 있다.

동시에 당신이 공유하는 모든 것은 다른 사람들의 판단에 스스로를 맡기는 것이라는 점을 명심해야 한다. 공유는 멋진 일이다. 긍정적 측면이 부정적 측면보다 훨씬 크다. 하지만 사람들은 때로 잔인해질 수 있기 때문에 낯을 두껍게 하고 마음을 단단히 먹어야 한다.

당신이 더 성공할수록 또 할 말이 많을수록, 더 많은 사람들이 인터넷에서 당신에게 비열하게 굴 것이다. 유일한 진로는 당신을 미워하는 사람들을 포용하는 것이다. 키보드 워리어들을 겁내지 말라. 그들과 맞서라. 나는 처음에는 조금이라도 비열한 블로그 글이나 부정적인 트윗을 보면 가슴이 울렁거렸다. 하지만 이제는 오히려 반갑게 맞으려 한다.

주의는 화폐와 같다. 나는 온라인의 부정적 댓글에 겁먹은 사람들이나 조직에 대해서 종종 "당신을 미워하는 사람들은 당신을 좋아하기 일보 직전인 사람들"이라고 말해 준다. 만약 누군가 시간을 들여 뭔가를 읽고 반응한다면, 간혹 그 사람이 원하는 것은 단지 자기 말을 들어 달라는 것이다. 정성을 기울이면 당신은 그 사람을 멀리 있는 열정적이고 적극적인 옹호자로 바꿀 수 있다. 그리고 그렇게 변화시킬 수 없을지라도, 당신을 미워하는 사람들은 적어도 당신에 대해 계속해서 이야기하게 될 것이다. '나를 사랑하거나 또는 미워해 달라. 하지만 나를 잊지는 말아 달라.'

언제나 질투심에 빠져 있거나 두려워하는 사람들이 있다. 세상에 영향을 끼칠 만한 용기나 힘, 또는 확신을 지니지 못한 사람들이다. 이런 사람들이 자기 인생에 대해 갖고 있는 불안감과 좌절감이 당신을 머뭇거리게 하거나 당신의 기분에 영향을 끼치지 않게 하라. 그들은 그저 컴퓨터 화면에 떠 있는 몇 마디 말에 지나지 않는다.

기술과 삶의 균형의 한 측면은 스마트폰을 내려놓고, 노트북을 덮고 디지털 장비를 휴대하지 않을 수 있는 능력이다. 절대로 온라인의 과대평가를 믿지 말라. 당신은 절대로 온라인에서 남들이 생각하는 것처럼 근사해질 수 없다. 마찬가지로 당신은 절대로 온라인에서 남들이 생각하는 것처럼 고약한 사람이 될 수도 없다. 실제로, 진정으로 중요한 유일한 관계는 당신이 문자메시지를 그만두고 이메일도 치워 놓고 바로 옆에 있는 사람들과 맺는 관계다.

페이스북 프로필은 진짜 당신이 아니라 당신의 가장 멋진 모습일 뿐이라고 사람들은 말한다. 그걸 바꾸자. 진짜 당신이 최선의 당신이 되게 만들자. 온라인과 오프라인 양쪽의 모습이 동일할 때 당신은 솔직한 삶을 위해 노력하게 된다. 개인적 평화, 우정, 사랑, 일에서의 성취를 이루기 위해, 그리고 당신 공동체에서 선을 이루기 위해 또 당신의 삶을 통제하는 게 아니라 개선하기 위해 인터넷을 사용하라.

기술은 우리에게 세상을 바꿀 힘을 주었다. 먼저 우리를 변화시키는 것으로 시작하자. 복잡하게 연결된 우리의 삶을 조금은 편안하게 그리고 한결 놀랍게 만들자.

오바마 대통령의 페이스북 타운홀 미팅 때 엠시 해머의 자리를 마련해 달라는 요청을 받은 때로부터 1년이 지난 어느 화창한 날이었다. 나는 엠시 해머와 나의 투자자인 조디 게소(Jody Gessow)와 함께 샌프란시스코만에서 오클랜드로 향하는 배에 타고 있었다. 내가 새로 만든 벤처기업 저커버그 미디어의 제작공간으로 쓸 만한 장소를 물색하기 위해 오클랜드 잭런던 스퀘어로 가는 길이었다.

오클랜드 방문 길에 엠시 해머보다 더 훌륭한 동행이 있을 수 있을까? 오클랜드는 엠시 해머의 고향이니까. 그리고 배편을 이용한 것도 탁월한 선택이었다.

우리가 베이브리지(Bay Bridge) 아래를 지나갈 때 출렁이는 파도 위로 햇빛이 반짝였다.

해머가 나를 향해 돌아서더니, "랜디, 좋은 생각이 떠올랐는데, 우리가 함께 프로덕션 회사를 만들면 좋겠어"라고 말했다.

"좋지. 이름을 뭘로 할까?"

둘 다 생각에 빠졌다.

갑자기 생각이 떠올랐다. "Z=MC²"*는 어때?" 내가 외쳤다.

---

* 아인슈타인의 상대성이론(E=mc²)을 패러디해, 엠시 해머의 'MC'와 랜디 저커버그의 'Z'를 한 데 표현한 말

어색한 침묵이 흘렀다.

그랬다. 나는 그 배 안에서 가장 따분한 범생이라는 걸 인증받았다. 이내 해머는 웃음을 터뜨렸다.

배가 오클랜드를 향해 갈 때 나는 멀어지는 샌프란시스코를 바라보았다. 그러고는 한숨을 쉬면서 '인생이 얼마나 낯설고 모든 게 얼마나 빠르게 변하는지 …….' 혼잣말을 하면서 여러 생각이 밀려드는 혼자만의 시간을 가졌다.

돕스 페리의 막다른 골목에서 동생들과 눈을 치우던 시절이 그리 오래전 과거가 아니다. 호러스 맨 고교에서 뮤지컬 「42번가」의 페기 역을 맡아 열창하던 시절이, 음악시간에 '꽃향기를 맡기 위해 걸음을 멈추던' 때가, 바로 며칠 전 같이 생생했다. 나의 첫 콘서트였던 하버드 오퍼튠스와의 무대에서 「좀비 잼보리(Zombie Jamboree)」를 노래한 일도 기억났다. 그리고 눈 한번 깜빡였는데, 4년이 흘렀고 지금에 이르렀다. 네이키드 카우보이, 따뜻한 여름철 금요일에 마시던 미드타운의 음료, '브랜트 T'의 인스턴트 메시지도 생각났다. '더 페이스북'에 합류하기 위한 캘리포니아행 비행기 표, 브렌트와의 눈물 나던 이별과 이후에 눈물이 더 쏟아진 재회와 달콤한 연애, 아웃룩 일정 프로그램이 보내온 결혼식 알림, 페이스북 타임라인을 가득 채운 사진의 주인공인 금발의 귀여운 아기 어셔에 대한 기억도 떠올랐다.

주머니에서 휴대폰을 꺼내 어셔의 사진을 넘겨보면서 인터넷에 올릴 만한 사진을 찾았지만 적당한 게 없어서, 눈앞에서 멀어져가는 샌프란시스코의 전경을 촬영하다가 이내 그만두고 스마트폰을 집어넣었다. 몸을 돌려 해머를 바라보며 오클랜드에 대해, 그의 인생과 경력에 대해 몇 가지 질문을 던졌다.

이는 스마트폰 위에서 이루어질 수 있는 시간이 아니었다. 스마트폰을 위한 시간은 나중에 따로 주어질 것이다. 내 손에 지니고 있는 자그마한 5온스(약 142그램)짜리 통신기기는 「스타트렉(Star Trek)」에서 곧바로 뛰쳐나온 것 같다. 항상 온라인에 연결되어 있는 스마트폰과 소셜미디어는 모든 사람들이 소통하는 방식을 전적으로 변화시켰다. 친구, 연인, 가족, 직장, 사회, 유명인들 사이에 놓여 있던 견고한 경계선들이 모두 무너지기 시작했다. 기술은 매사를 더 쉽게도 또 동시에 더 어렵게도 만들고 있는 것으로 보인다. 우리는 놀라운 소통기기를 사용할 수 있게 되었지만, 서로 간에 어떻게 소통해야 하는지는 잊어버린 것 같다.

나에게 있어 이런 뒤죽박죽된 상태에서 빠져나오는 길은 기술 도구의 본질을 이해하는 것이다. 이는 정확하게 말해, 도구는 삶을 악화시키는 게 아니라 더 낫게 만들 수 있는 것이라는 의미다. 온라인에서 진실한 삶을 삶으로써 우리는 이런 도구를 기술과 삶의 적절한 균형을 달성하는 데 어떻게 사용할지 이해하기 시작한다.

그러고 나서는 모든 것이 그렇듯, 실행의 길로 가면 된다. 해머타임(Hammer time)!*

엠시 해머가 언젠가 말한 것처럼 "열심히 일하지 않으려면 그만 두는 게 나아." 남들은 모르지만, 나는 할 수 있는 한 최선을 다하려고 해.

우리가 가진 경력은 화려할 수도 그렇지 않을 수도 있고, 돈을 벌거

* 1990년 발표된 엠시 해머의 히트곡 「U Can't Touch This」의 가사에 들어 있는 후렴구를 패러디한 표현

나 손해를 보기도 한다. 또 우리 모두는 엄청난 승리도 심각한 패배도 경험할 수 있다. 우리는 아기사진, 졸업사진, 결혼사진, …… 그리고 두 번째 아기사진을 갖게 될 수도 있다. 가까운 친구가 실망을 안겨 줄 때도 있고, 낯선 이가 기쁨을 가져다줄 때도 있다. 어쩔 수 없는 취약함은 함께 존재하지만 공유란 인생을 그토록 멋지게 살고 싶게 만들어 주는 사람들 사이의 연결 아닐까?

화면이나 문자메시지, 사진, 이메일 뒤에 숨는 것은 쉽다. 어려운 일은 정말로 거기에서 나와서 자신에게 진실하게 그리고 다른 사람들과 연결된 채로 자신의 삶을 사는 것이다. 기술은 우리에게 새로운 세상을 보여 주었다. 그러나 우리 세대와 또 이후 세대를 위해서, 세계를 아름답고 정감 넘치는 곳으로 만들기 위해서는 이루어야 할 일들이 있다.

열심히 일하고, 열심히 놀고, 열심히 포스팅하고, 열심히 트윗하라. 그러나 가장 중요한 것은 열심히 '사는' 것이다. 그만둘 이유가 없는 정당한 길에 들어서 있으니까.*

---

* 1991년 발표된 엠시 해머의 히트곡 「Too Legit to Quit」을 패러디한 표현